CBA联赛职业化改革的困境与路径研究

郝家春 著

北京工业大学出版社

图书在版编目（CIP）数据

CBA 联赛职业化改革的困境与路径研究 / 郝家春著
. — 北京：北京工业大学出版社，2025.7重印
ISBN 978-7-5639-5995-2

Ⅰ. ①C… Ⅱ. ①郝… Ⅲ. ①男子项目－篮球运动－联赛－研究－中国 Ⅳ. ①G841.735

中国版本图书馆 CIP 数据核字（2018）第 293111 号

CBA 联赛职业化改革的困境与路径研究

著　　者：郝家春
责任编辑：何林立
封面设计：孙　洋
出版发行：北京工业大学出版社
（北京市朝阳区平乐园 100 号　邮编：100124）
010-67391722（传真）　bgdcbs@sina.com
经销单位：全国各地新华书店
承印单位：三河市元兴印务有限公司
开　　本：787 毫米×960 毫米　1/16
印　　张：14.25
字　　数：260 千字
版　　次：2021 年 10 月第 1 版
印　　次：2025 年 7 月第 4 次印刷
标准书号：ISBN 978-7-5639-5995-2
定　　价：48.00 元

前 言

“天行健，君子以自强不息”。习近平总书记强调，中华民族是一个自信、自新、自强的民族。深受中华优秀传统文化的影响，在习近平总书记治国理政的目标设计上特别突出一个“强”字。正如习近平总书记所说：“中国要变成一个强国，各方面都要强。”2014年在参加索契冬奥会期间，习近平总书记接受俄罗斯电视台采访时明确指出：“中国体育事业不断发展，中国政府高度重视体育事业，我们的目标是建设体育强国。”① 体育强国是今后相当长一段时间我国体育事业发展的总纲领，而这一目标的实现绝不是轻轻松松敲锣打鼓就能实现的，因此需要“时不我待、只争朝夕”的精神，加快推进体育强国建设。

中国体育事业的发展，作为体育强国建设的重要内容，对加快推进我国职业体育发展具有重要的示范和引领作用。而篮球在我国具有广泛的群众基础和市场潜力，探索我国竞技篮球职业化对于推进我国职业体育发展具有积极的促进作用。职业篮球是相对业余篮球而言的，它是市场经济条件下竞技篮球发展方式的改革与创新，也是竞技篮球发展的高级阶段。本书以世界竞技篮球职业化发展趋势为参照，以我国竞技体育职业化改革探索的社会体制环境为背景，以辩证的思维方式，用发展的眼光，对我国竞技篮球职业化的发展困境进行了比较系统而全面地分析与研究，旨在寻求我国竞技篮球职业化发展困境的解决路径并提供务实而理性的建议和思路。

相比较西方职业篮球自下而上的自发演进形式，我国竞技篮球职业化是在政府相关职能部门的主导下，由多种所有制形式参与的一种

---

① 习近平接受俄罗斯电视台专访［N］. 人民日报，2014－02－09.

自上而下的社会化、市场化改革探索。国内外实践证明，职业体育产生和发展必须依托一定的社会环境作为条件，我国竞技篮球职业化改革实践，是在职业体育社会条件并不齐全的背景下开展的。首先，我国市场经济体制还处于完善阶段，计划和行政手段还发挥着重要影响；其次，举国体制作为我国竞技体育管理体制，它的使命决定了我国竞技体育的价值追求在于持续培养优秀竞技体育人才、创造优异竞技成绩、实现为国争光；再者，我国竞技篮球竞技水平及其人才储备与职业化篮球标准尚有不小差距。因此，在我国竞技篮球职业化的初步探索阶段，面临发展困境是正常的。既往的困境主要表现形式有：指导思想过于理想化、竞技成绩未有突破、职业化水平较低、市场开发薄弱、竞赛体系不完善、人才培养效益较低。产生困境的根源主要有：管理体制制约、职业化目标定位不清晰、人才瓶颈制约、法制建设滞后、社会转型期的局限以及市场主体地位未确立等。其中，管理体制和人才瓶颈制约是产生困境的主要根源。

我国竞技篮球职业化改革探索作为我国改革开放大系统的一个构成部分，它的改革模式、改革进程不可能超越国家整体发展模式。改革需要一个过程，需要在探索中总结，在实践中发展。走出困境需要时间、勇气和智慧。第一阶段，保障国家队竞技成绩、整合我国篮球人才培养资源。保障和提升我国竞技篮球竞技成绩是职业化改革的原始动机，职业化只是为了达到原始目的的新手段。而竞技篮球激烈竞争的终端还在于高水平篮球人才的质量和数量，因此必须有效整合篮球人才培养资源，扎实推进人才培养工程。第二阶段，充分发挥政府的监督管理职能、深化职业联赛职业化建设。政府作为联赛的所有者、管理者，务必创造旨在促进联赛健康、平稳发展的制度环境，充分发挥监督管理职能制止联赛失范行为。第三阶段，依托体育管理体制改革、完善职业化运行机制创新。我国竞技篮球职业化作为发展手段和方式的改革探索，困境突破路径以及发展远景，最终取决于管理体制给予的体制环境和政策依据，在此基础上进行运行机制的创新。

目录

导论

一、研究背景

实行高度集中的计划经济体制是新中国在特殊国情下的必然选择，在较长的时间内对我国政权的巩固、经济的快速发展和社会的稳定起到了决定性作用。但是随着社会经济的不断发展，原有高度集中的计划经济体制弊端日益显现，集中表现为阻碍和束缚了生产力的发展。因此，必须对这种传统经济体制进行根本性改革，不改革就没有出路，改革是必由之路。要从根本上改革原有计划经济体制，建立什么样的经济体制，就成为必须面临和探索的重大而全新的课题。党的十四大确立了建立社会主义市场经济体制的目标模式。经过十几年的改革探索，目前我国经济体制改革已经进入到第三个阶段。这个阶段是从完善社会主义市场经济体制到建成完善的社会主义市场经济体制的过程。十四大以来，我国经济体制改革在诸多方面取得了举世瞩目的发展成就，其中有两个方面尤为引人注目。首先，以公有制为主体、多种所有制经济共同发展，取得了突破性的发展；其次，市场配置资源的基础性改革取得重大进展，为整个市场经济体制的框架创造了良好的基础和环境。

在我国计划经济体制向市场经济体制的转轨时期，必将面临一个现实而重大的课题，那就是如何正确处理好政府和市场的关系。这也是世界各国面临的共同课题。正如美国政治学家林德布洛姆所说："撇开专横残暴的政府与主张自由的政府之间的区别不说，一个政府同另一个政府的最大不同，在于市场取代政府或政府取代市场的不同程度。无论是亚当·斯密，还是卡尔·马克思都懂得这一点。所以，政府和市场的关系既是经济学又是政治学的问题，它对计划制度和市场制度来说同样重要[①]"。现实的国情是我国不仅是以公有制为主导的社会主义国家，而且还处于社会主义初级发展阶段，在政府和市场的关系处理上不能照搬西方的模式。因此，必须探索建立具有中国特色的社会主义市场经济体制。

在整个社会向社会主义市场经济体制迈进的历史机遇下，长期得益于计划经

① 查尔斯·林德布罗姆. 政治与市场［M］. 上海：三联书店，上海人民出版社，1996.

济体制的我国竞技体育改革就显得更加迫切，也是主动性的顺势而为。在此背景下，将一些市场前景好、群众基础好、观赏性强的竞技体育项目推向市场，走社会化、产业化的发展道路就成为决策者思考和面临的重大课题。我国竞技篮球职业化正是在此环境下开启了改革探索的历程。如果说我国竞技篮球职业化改革探索只是我国社会整体改革的一滴水，那么滴水反射阳光。我国竞技篮球职业化改革同样遵循我国社会整体改革的模式，同样面临如何优化政府和市场两种资源配置手段的问题。经过十几年的改革探索，我国竞技篮球职业化取得了客观性的成效，但是还处于初级发展阶段，存在问题和矛盾也是在所难免。

相对于 NBA 自下而上、自然演进的发展模式，我国竞技篮球职业化是政府职能部门主导的社会化、市场化改革探索，旨在寻求一种新的发展方式和运作手段。职业化改革探索之前，我国竞技篮球作为竞技体育项目之一，它的发展、规划、投资以至运动员的身份认同、就业保障都由国家独办。竞技篮球作为集体项目，是一项投资大、周期长、见效慢的竞技体育项目。随着我国实施奥运战略和各省市实施的全运战略，国家把有限的体育发展资金重点扶持到奥运金牌项目中，而各省市也把有限的体育经费划拨到争金夺银的重点项目上，后来大多省市取消了竞技篮球项目设置。由于我国竞技篮球整体水平的低下，在国际大赛中创造优异成绩的概率相对较低。因此，奥运战略在我国篮球项目中的效应在短期内较难实现。一时间，我国竞技篮球的发展陷入了资金短缺、人才匮乏、“无人喝彩”的局面。

篮球项目作为我国社会大系统的一个微小组成部分，它的改革发展必然受到大环境的引领和导向。随着 1992 年党的十四大提出建设有中国特色的社会主义市场经济体制，我国竞技体育的改革也明确了基本的方向，即要以管理体制和运行机制的转轨为核心，积极寻求和探索适合中国国情的与社会主义市场经济相适应的体育管理体制。在我国竞技体育管理体制的改革历程中，职业化无疑是最为深刻的改革探索。我国竞技篮球职业化也是在这种社会背景和体育改革前提下开展的。改革的动机旨在寻求有别于过去国家一家独办的局面，开展职业化改革，通过市场的运作手段解决发展资金困境的同时，有效提高社会资本投资职业篮球的积极性，同时通过联赛平台实现培养篮球人才、提高竞技水平和培育球市的多重目标。

篮球和足球在我国是社会化程度较高、社会影响力较大的体育项目。一直以来，关于两者谁是中国第一运动，成为国民甚至是项目管理者热议的问题。2008 年北京奥运会上，中国足球的竞技表现、精神风貌与国民的期望值具有很大的差异。2009 年开始的足球“反黑、打假、肃贪”风暴，彻底打碎了足球在国民心中的希冀和愿景。正如刘鹏局长所说："足球的表现与中国大国形象难以匹配。"在相同体制环境下开展职业化探索的中国篮球，由于竞技成绩相对稳定，CBA联赛的品牌影响力在不断提升。但是客观而言，我国"职业篮球"与中国"职业足球"有着相同的体制环境，中国足球失败的教训值得中国篮球的深刻反思和借鉴。前车之鉴，防患于未然是我国竞技篮球职业化必须高度重视的问题。质变是量变的累积，我国"职业篮球"虽然没有表现出中国"职业足球"的重大问题，但是，必须客观而理性地面对我国竞技篮球职业化存在的发展困境，继而采取务实的举措解决存在的矛盾和问题。

二、研究意义

相对于NBA的纯商业行为，我国竞技篮球职业化是在职业化条件尚不齐全的社会背景下，由政府职能部门主导的市场化、社会化探索。由于国情和体制的约束，加之我国竞技篮球的发展现状，我国竞技篮球职业化不能单纯地追求经济效益或者说市场开发，而人才培养和提高竞赛成绩则是政府的原始动机。但同时，也不能忽略或轻视我国篮球职业化多种投资主体的积极性和利益回报。因为，单纯依靠政府自身的力量和经验不可能实现我国竞技篮球职业化的持续发展。当然，由于职业化探索的初级阶段，加之投资者不同的投资动机以及裹挟其中的短视行为和市场自身缺陷，离开了政府有效的引导和监管，我国竞技篮球职业化也不可能平稳发展。因此，面对发展中不可避免的困境和矛盾，既不能固步自封，也不能冒失激进，科学的方法是直面困境、剖析根源，继而采取理性的态度和务实的举措，实现投资主体的不同层面、不同时期的利益回报。

（一）理论意义

随着1980年国际奥委会在章程中删除了业余规定，随后一些项目的职业运动员参加了奥运会，标志着职业体育已经纳入奥林匹克运动体系，这也极大地促进了职业体育的快速发展，使得职业体育成为世界竞技体育发展的趋势和潮流。相比较国外职业体育自下而上的演进形式，我国竞技体育职业化是在政府职能部门的主导下开展的。在政府的强力推动下，我国竞技体育职业化启动速度相比较自然演进显得快捷。但是不可否认，我国竞技体育职业化是在"举国体制"和"市场机制"的双轮驱动下开展的，在目前的"双轨制"发展模式下，我国竞技体育职业化发展实践中不可避免地存在一些矛盾和问题，篮球职业化也是如此。因此，在理论上急需深刻总结我国竞技篮球职业化发展经验和教训，找准阻碍我国篮球运动发展的瓶颈和症结，寻求符合我国国情的篮球运动改革和发展的思路及措施，逐步提升我国篮球运动发展水平。理论来自实践探索和总结，反过来理论指导实践更好地发展。本书通过对我国竞技篮球职业化不同投资主体的问卷调查和访谈，在导师的把关下，同时结合前人研究成果，从而对我国竞技篮球职业化发展困境进行了较为全面、深入的理论探讨，为类似理论研究拓宽了思路。

（二）现实意义

我国竞技篮球职业化是我国竞技体育职业化的探索之一。CBA 联赛作为我国竞技篮球职业化的“试验田”，经过十几年的探索发展，目前已经成为我国职业体育改革较为成功的赛事品牌。客观而言，我国竞技篮球职业化改革是在职业化条件不完全具备的前提下开展的市场化、社会化的探索尝试。现代西方职业化篮球成功经验表明，高水平篮球人才的质量和数量是职业篮球的主要依托和载体。我国国情及体制特点决定了篮球职业化不是简单地开发市场、赚取利润。因为举国体制决定了竞技体育职业化发展必须符合国家的需要，而不仅仅局限于联赛领域的得失。竞技篮球职业化也是如此，政府开展职业化改革探索只是丰富举国体制的发展方式，探寻在新形势下发展竞技体育的路径和模式。而举国体制最终目标是为国争光、为国家利益服务。但是，我国 CBA 联赛的发展融入了多种所有制形式的资本参与，不同的资本有着不同的投资动机和发展理念。政府追求人才培养和竞技成绩，社会资本追求市场回报和商业利润。因此，我国竞技篮球职业化具有两大主要目标：“为国争光”与“为大众服务”，或者说“金牌效益”和“市场效益”。如何在最大程度上协调各种投资主体的利益回报既是一个棘手的问题，也是一个无法逃避的现实问题。因此，充分发挥政府的宏观调控优势，同时充分利用市场化俱乐部运作模式以及我国篮球职业化改革的成功经验，促进我国竞技篮球职业化平稳发展具有重要的现实意义。

三、研究对象

本书以目前我国竞技篮球职业化（以 CBA 联赛为例）发展的困境为研究起点，在此基础上剖析困境根源，探索走出发展困境的路径。

四、研究方法

根据研究需要，本书主要研究方法有以下几种。

（一）文献资料法

文献资料法是体育科学研究必不可少的研究方法，旨在最大程度地掌握前人的研究成果和进展，借鉴经验，发现不足，确立自己研究课题的视角和切入点，从而不断创新和完善。本书通过国家图书馆、福建师范大学图书馆、首都体育学院图书馆、中国篮协 CBA 联赛办公室以及网络数据库查阅和检索了大量与本书相关的文献资料，涉及领域涵盖政治学、经济学、自然辩证法、体育学、社会学等学科，同时还查阅了体育统计年鉴，国家及体育部门领导人的相关讲话。同时，导师所藏丰富的专业书籍也为本书研究提供了直接帮助。

（二）逻辑分析法

逻辑分析法是哲学研究或哲学史研究必备的或特有的方法，也是体育学研究常用而重要的研究方法。用这种方法考察策划客体，是从对象纯粹的、概括的状态上考察客体发展的必然性，在揭示其内部逻辑的基础上再现其发展。本书的研究涉及我国竞技篮球职业化发展现状、发展困境的表象形式、发展困境的根源，首先梳理和剖析三者之间的逻辑关系，继而运用归纳、演绎、分析、综合的逻辑方法，对我国竞技篮球职业化发展困境的突破路径进行阐述。

（三）问卷调查法

CBA 职业篮球俱乐部是职业篮球市场主体形式之一，它的发展状态和运营情况是衡量 CBA 联赛发展水平的重要指标。真实而全面地了解俱乐部的发展状态，是研究我国竞技篮球职业化的前提条件。因此，在导师的指导下特地设计了针对 CBA 俱乐部总经理的调查问卷：《我国竞技篮球职业化发展困境与路径研究》职业篮球俱乐部调查问卷，然后经过 10 位专家的指导和效度检验（逻辑效度，见表 1）。在导师的安排下，利用 2009－2010 赛季中国篮协 CBA 联赛总结会之际，对于 CBA 俱乐部总经理进行了现场问卷发放并及时得到回收，发放和回收情况见表 2。

表 1　问卷的效度检验

很合理	合理	基本合理	不合理	很不合理
4	5	1	0	0

表 2　问卷的发放与回收情况

发放问卷	回收问卷	有效问卷	回收率	有效率
18	18	17	100%	94.4%

(四) 访谈法

为了全面了解和掌握我国竞技篮球职业化发展真实情况，在导师的安排下，在不同时间段有幸拜会和请教了不同领域的专家、管理者和经营者，见表 3。

表 3　部分访谈专家、管理者、经营者的基本情况

姓名	职称/职务	单位
池　建	教授	北京体育大学
刘玉林	教授	北京体育大学
陈俊钦	教授	福建师范大学
郝　勤	教授	成都体育学院
李鸿江	教授	首都体育学院
于振峰	教授	首都体育学院
周登嵩	教授	首都体育学院
李颖川	教授	首都体育学院
陈　钧	教授	首都体育学院
王守恒	教授	首都体育学院
谭朕斌	教授	首都体育学院
杨铁黎	教授	首都体育学院
张　雄	CBA 联赛办公室主任	国家篮球运动管理中心
白喜林	篮管中心科研、训练部部长	国家篮球运动管理中心
都　娟	篮管中心青少部副部长	国家篮球运动管理中心
刘宏疆	俱乐部总经理	广东宏远俱乐部
鲍志荣	俱乐部总经理	辽宁盼盼俱乐部
许　克	俱乐部总经理	福建 SBS 俱乐部
生锡顺	俱乐部总经理	青岛双星俱乐部
张北海	俱乐部总经理	山西中宇俱乐部
陈　忠	俱乐部总经理	江苏南钢俱乐部
许　均	俱乐部副总经理	陕西东盛俱乐部

（五）数理统计法

定性研究与定量研究相结合的方法是体育科学研究的主要路径，本书采用常规统计方法，对俱乐部问卷数据以及其他联赛相关数据进行处理。

（六）观察法

由于兴趣使然加之研究需要，笔者长期关注联赛的发展，观看电视 CBA 联赛转播并及时记录相关信息。同时结合现场观看的途径。了解和感受联赛的发展现状和存在问题（观看场次主要集中于北京首钢主场部分比赛）。

五、研究思路

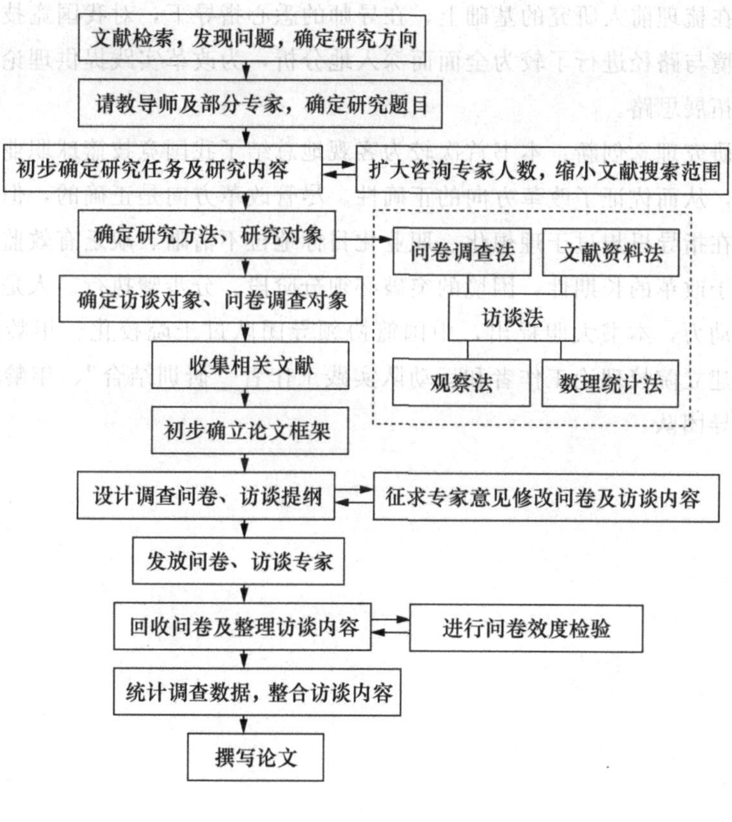

六、研究创新点

（1）立论视角创新：本书通过对篮协官员、理论学界的专家学者以及 18 家俱乐部总经理的问卷调查和访谈，获取了较为翔实而丰富的第一手资料，对 CBA 联赛不同参与主体的动机、困境进行对比、综合、整理，避免一家之言，从而使得立论和论证更加理性、全面和深刻。在此基础上，把我国竞技篮球职业化置于世界篮球运动发展潮流和我国社会发展大环境背景下，从而确保立论合理、逻辑顺畅。

（2）研究深度和广度创新：尽管篮球职业化是我国竞技体育职业化改革的亮点，同时也是理论研究热点，但是对于发展的困境、困境的根源以及困境的解决路径，不管在理论上还是在实践探索中都缺乏全面总结和深入剖析。本书通过调查访问，在梳理前人研究的基础上，在导师的悉心指导下，对我国竞技篮球职业化发展困境与路径进行了较为全面而深入地分析，为改革实践提供理论参考，为类似研究拓展思路。

（3）研究理念创新：本书首次较为客观地总结了我国竞技篮球职业化取得的成绩效益，从而佐证了改革方向的正确性。尽管改革方向是正确的，但是在改革实践中存在指导思想过于理想化、职业化目标地位不清晰、缺乏有效监督和民主管理。鉴于改革的长期性，困境的突破必须分阶段、分步骤执行。人是改革开放最深层的动力，本书大胆提出，中国篮协领导团队过于院校化、年龄结构单一化，应该建立院校理论工作者和运动队实践工作者“研训结合”、年龄结构合理优化的领导团队。

第一章　世界篮球运动竞技水平现状及职业化发展概况

"篮球运动是世界文明进步的绚丽文化标志和社会人文现象。篮球运动本质是一种活动性游戏，作为竞技体育运动项目，其意义在于它是一个举世瞩目的奥运会和世界重大国际体育竞技比赛的重要项目。当代篮球运动更集现代科技学、教育学、人文学、社会学，以及各类自然科学于一体，成为一门多学科交叉的多元化新型边缘化性运动和科学学科①。"现代篮球运动从最初的冬季室内儿童活动性游戏，逐步发展成为具有广泛国际影响的重要竞技体育比赛项目。其中，竞技性、文化性、产业性构成了篮球运动发展的主线。竞技篮球是篮球运动的高端资源，竞技性一直引领着篮球运动的创新与发展，当今世界篮球先进国家的竞技水平已经达到技艺化境地。

第一节　世界竞技篮球运动发展进程

"篮球运动本质是一种活动性游戏，是在特殊的规则限制下，以特殊的形式和方法、手段、集体地进行攻守对抗，引人入胜，从而逐步演变成为现代竞技体育的运动项目"②。可见，篮球运动早期只是单纯的活动性游戏，后来随着外界因素的介入而逐步演变成为竞技型运动。"竞技篮球运动是篮球运动的重要组成部分之一，是以篮球训练为核心，以篮球竞赛为主要表现特征，以创造优异运动成绩、夺取比赛优胜为主要目标的集体对抗性运动，它除了篮球训练、篮球竞赛外，还应包括在此基础上形成的特殊人际关系、行为规范和情感体验"③。时至今日，竞技篮球运动已经成为篮球运动的高端资源，它引领着世界篮球运动的创新发展。虽然，关于篮球运动的起源存在争议，但是篮球运动的发明者和创始人毋庸置疑。1891 年，美国马萨诸塞州斯普林菲尔德学院体育教师、加拿大人詹

---

① 孙民治．现代篮球高级教程［M］．北京：人民体育出版社，2004：1—2.

② 李征．中国民族传统文化对我国当代竞技篮球发展影响的研究［D］．苏州大学，2008.

③ 国际篮联官方网站［EB/OL］. http：//www. fiba. com.

姆士·奈史密斯博士发明了篮球运动。詹姆士·奈史密斯博士发明篮球运动的初衷是为了解决寒冷冬季里学生们正常体育锻炼的困境，而篮球运动日后在全球范围内快速普及提高，所以逐步成为人民喜闻乐见的现代体育运动项目。

回顾篮球运动发展历程，国际业余篮球联合会的成立、篮球运动成为奥运会比赛项目、世锦赛的定期举行、职业篮球进入奥运会等对世界竞技篮球的创新发展起到了积极、重大的推动作用。

一、国际业余篮球联合会的成立

威廉·琼斯是国际篮联的召集人、创始人。威廉·琼斯当时作为瑞士篮球联盟的代表，为成立篮球单项，他和意大利篮球联合会主席阿尔多纳迪一起，并应在日内瓦的国际基督教青年会体育学校主任埃尔默贝里的邀请，召集了瑞士、葡萄牙、罗马尼亚、希腊、意大利、阿根廷、拉脱维亚和捷克斯洛伐克八个国家的篮球组织代表，于 1932 年 6 月 18 日在瑞士日内瓦召开了第一次国际篮球会议，“国际业余篮球联合会”[①] 从此宣告成立。“国际业余篮球联合会”简称“国际篮联”（FIBA），在此次会议上制定了第一部《国际篮球规则》（1932—1936）。“国际业余篮球联合会”的成立，标志着篮球运动有了规范、统一的国际游戏规则，为篮球运动国际化趋势奠定了基础。时至今日，国际篮球联合会已经拥有了遍布全球 213 个成员国或地区，2006 年 8 月，门的内哥罗（黑山）成为国际篮联第 213 位成员。国际篮联的主要职责体现在以下方面：

第一，制定正式的篮球规则，规范比赛装备和设施以及协会内部所有的执行规则，这些规则和规范贯彻执行于所有国际比赛和奥运会比赛。此外，国际篮联还制定了系统的比赛体系。

第二，支配和管理国际裁判员的任命。

第三，控制和管理篮球运动员的国际之间的人才流动。

第四，支配和管理所有重大国际篮球比赛。[②]

二、篮球项目正式进入奥运会

1936 年 8 月 1 日，篮球运动正式登上了现代体育运动的最高殿堂——奥运

① 孙民治．从篮球运动本质及发展进程论国际强队的格局与形成要素［J］．体育学刊，2003，10（6）：109－112.

② 国际篮联官方网站［EB/OL］．http：//www.fiba.com.

会。在柏林第 11 届奥运会上，男子篮球项目正式成为奥运会比赛项目。四十年后，1976 年蒙特利尔第 21 届奥运会上，女子篮球正式成为奥运会比赛项目。篮球运动进入奥运会，是篮球运动发展史上具有里程碑式的意义。众所周知，现代奥运会是现代竞技体育最高殿堂，极具世界范围内的影响力和号召力。对于项目的准入，国际奥委会一直持谨慎态度并严格把关。准入的主要标准之一就是项目的受众基础，即该项目在世界范围内的普及程度以及受众的口碑和喜爱程度。篮球运动进入奥运会标志着篮球运动在世界范围内已经得到较为广泛地普及和认可。在奥运会这个最高的竞技体育平台上，借助奥运会的全球传播效，应使得篮球运动在世界范围内得到更快、更好地普及和发展。回顾奥运会篮球历史，欧美竞技篮球一直占据统治地位，见表 1-1：

表 1-1　历届奥运会男篮比赛奖牌及中国男篮名次统计表

时间（届别）	金牌	银牌	铜牌	中国男篮名次	备注
1936（11）	美国	加拿大	墨西哥	11～21 档次	
1948（14）	美国	法国	巴西	18	
1952（15）	美国	苏联	乌拉圭		
1956（16）	美国	苏联	乌拉圭		菲律宾第 7
1960（17）	美国	苏联	巴西		
1964（18）	美国	苏联	巴西		
1968（19）	美国	南斯拉夫	苏联		
1972（20）	苏联	美国	古巴		
1976（21）	美国	南斯拉夫	苏联		
1980（22）	南斯拉夫	意大利	苏联		
1984（23）	美国	西班牙	南斯拉夫	10	
1988（24）	苏联	南斯拉夫	美国	11	澳大利亚第 4
1992（25）	美国	克罗地亚	立陶宛	12	
1996（26）	美国	南斯拉夫	立陶宛	8	澳大利亚第 4
2000（27）	美国	法国	立陶宛	10	澳大利亚第 4
2004（28）	阿根廷	意大利	美国	8	
2008（29）	美国	西班牙	阿根廷	8	
2012（30）	美国	西班牙	俄罗斯	12	
2016（31）	美国	塞尔维亚	西班牙	12	

由表 1-1 可知，在过去的 19 届奥运会男篮比赛中，美国男篮获得 15 次冠军，苏联 2 次，南斯拉夫和阿根廷各 1 次，同时在前三名中都是欧美强队，亚洲最好成绩是菲律宾在 1956 年奥运会上的第 7 名，而中国男篮奥运会最好成绩是 1996 年、2004 年和 2008 年三届奥运会上的第 8 名。回顾历史可以看出，在奥运

会的男篮比赛中，欧美强队一直占据统治格局，这种格局将会在今后较长时期内延续。

三、世锦赛的定期举行

奥运会的平台使得篮球运动得到空前发展，但是奥运会四年一个比赛周期显得较长，为了丰富国际篮球比赛氛围，进一步加强篮球运动国际交流、提高竞技水平，在1948年伦敦奥运会期间，FIBA召开会议决定在两届奥运会期间，举办一次世界篮球锦标赛。1950年10月22日，第一届世界男子篮球锦标赛在阿根廷首都布宜诺斯艾利斯举行。1953年3月7日，第一届世界女子篮球锦标赛在智利首都圣地亚哥举行。世锦赛的定期举办同样对世界竞技篮球运动具有积极地推动效应。虽然，篮球世锦赛的影响力和知名度不及奥运会，但是世锦赛的竞技水准也代表了世界篮球的发展趋势。由于和奥运会错开举办，因此为世界范围内竞技篮球的频繁交流和对抗提供了竞赛平台。在各国竞技篮球的较量和比拼中，各种流派和风格相互碰撞和交融，从而积极地推动和促进了世界竞技篮球整体水平的提升。回顾篮球世锦赛发展历程，占据统治地位的依旧是欧美篮球强国，见表1-2：

表1-2　历届男篮世锦赛比赛奖牌及中国男篮名次统计表

时间　届次	金牌	银牌	铜牌	中国男篮名次	备注
1950（1）	阿根廷	美国	智利		
1954（2）	美国	巴西	菲律宾		
1959（3）	巴西	美国	菲律宾		
1963（4）	巴西	南斯拉夫	苏联		
1967（5）	苏联	南斯拉夫	巴西		
1970（6）	南斯拉夫	巴西	苏联		
1974（7）	苏联	南斯拉夫	美国		
1978（8）	南斯拉夫	苏联	巴西	11	
1982（9）	苏联	美国	南斯拉夫	12	
1986（10）	美国	苏联	南斯拉夫	9	
1990（11）	南斯拉夫	苏联	美国	14	
1994（12）	美国	俄罗斯	克罗地亚	8	
1998（13）	南斯拉夫	俄罗斯	美国	中国未入围	
2002（14）	南斯拉夫	阿根廷	德国	8	

续表

时间 届次	金牌	银牌	铜牌	中国男篮名次	备注
2006（15）	西班牙	希腊	美国	15	
2010（16）	美国	土耳其	立陶宛	16	
2014（1）	美国	塞尔维亚	立陶宛	中国未入围	首届世界杯

（注：从 2014 年起，世锦赛更名为世界杯）。

对照表 1-2 和表 1-1 可知，世锦赛的影响力和品牌效应不及奥运会，美国男篮没有给予足够重视，从而造成美国男篮在世锦赛上竞赛成绩并没有显示统治地位，美国男篮在世锦赛历史上只获得了 5 次冠军和 2 次世界杯冠军，而南斯拉夫共获得了 5 次冠军。值得一提的是，菲律宾男篮在第二届、第三届连续两届获得季军，这也是目前亚洲男子篮球在国际大赛上取得的最好成绩。

四、职业篮球进入奥运会

国际业余篮球联合会（FIBA）成立于 1932 年，美国职业篮球联赛（NBA）成立于 1949 年。FIBA 和 NBA 是两个独立运行的篮球组织。国际奥委会为了维护奥林匹克运动的业余性和非商业化，一直以来拒绝职业运动员参加奥运会。但是随着商业元素对竞技体育的不断“侵蚀”和渗透，以及竞技体育自身运行发展的实际需要，尤其是洛杉矶奥运会纯商业模式的成功运作，国际奥委会为了顺应世界竞技体育职业化和商业化发展潮流，陆续开放了职业运动员参加奥运会。1992 年，巴塞罗那第 25 届奥运会上，国际奥委会正式允许 NBA 职业篮球运动员代表美国参加奥运会，人们习惯地称为“梦一队”。“梦一队”犹如一道光彩夺目、令人眩晕的闪电划破世界竞技篮球的夜空，让世界篮球观众第一次欣赏到了“艺术篮球”的视觉享受，更令比赛对手感受到了竞技水平的巨大差距（表 1-3）。

表 1-3 美国“梦一队”与对手比分统计

VS	安哥拉	克罗地亚	德国	巴西	西班牙	波多黎各	立陶宛	克罗地亚
美国	116：48	103：70	111：68	127：83	122：81	115：77	127：76	117：85

（资料来源：网络数据整理）

数据显示，“梦一队”平均每场得 117.3 分，平均每场胜对手 43.8 分。为了体现美国职业篮球的风采及对对手的尊重，在“梦一队”所有比赛期间，主教练查克·戴利没有使用一次暂停。巨大的比分差距虽然不能完全真实地反映实力的差距，但是至少可以说明三个问题。首先，由 NBA 超级巨星组成的美国男篮不管在个人能力，还是在整体实力上确实高出对手较多。其次，在心理上完全处于劣势。对于“梦一队”的对手而言，平日里只是在电视等媒体上欣赏到的美国篮球天才球员，大多是自己崇拜的偶像，对他们高超精湛的球技更是惊叹不已。再者，由于一直以来 FIBA 和 NBA 是两个独立运行的篮球组织，世界各国篮球很少能与美国职业篮球同场竞技，因此，对美国职业篮球的高速度、强对抗的风格和打法极不适应。心理畏惧、能力不济、风格不适应，溃败当然在情理之中。“梦一队”尊重每一个对手，也赢得了每一个对手的尊重，并让世界篮球真切地感受了篮球风格的“另类”和自身实力的差距。寻找差距、发现问题是解决问题、缩短差距的前提和基础。随着频繁地接触和较量，国际篮球日益了解和适应了美国职业篮球的风格打法，并针对自身优势及对手特点反复进行研究。一时间，美国篮球成为世界篮球强国的“公敌”，战胜美国男篮成为世界篮球强国的最高目标。随着自身实力的提高及对对手研究的深入，加之美国男篮自身准备的松懈。2000 年悉尼奥运会夺冠后，至 2008 年北京奥运会之前的近八年时间内，美国男篮再也没有品尝到世界冠军的喜悦。客观而言，与其说世界篮球打败了美国男篮，不如说 NBA（国际球员）打败了美国男篮。NBA 的国际化战略培育了众多国际优秀篮球人才，奥运会对职业篮球的接纳更是促进了世界篮球的整体交融和吸收，对世界篮球运动的普及和提高同样具有里程碑式的重要意义。

第二节　世界篮球运动竞技水平现状及竞技篮球强国保障条件

“篮球运动作为当代社会一种世界性文化，遍及五大洲，篮球人口已达 15 亿左右，成为国际体育组织中单项运动人口最多的运动项目之一，然而篮球运动的普及，与篮球运动全球性整体水平的提高又极不平衡。”① 竞技篮球是篮球运动的重要组成部分，而国家队又是竞技篮球的高端资源，它在世界大赛上的成绩和表现代表了该国篮球的整体实力和发展水平。自从 1936 年篮球运动进入柏林奥运会至 2008 年北京奥运会，由表 1-1 可知，在 17 届奥运会篮球比赛中，美国获得 13 次冠军，前三名球队全部由欧美球队占据。同样，在过去 15 届男篮世锦赛的历史上，前三名几乎全部是欧美球队包揽（除去 20 世纪 50 年代菲律宾获得 2 次季军）。因此，世界竞技篮球发展格局始终由欧美篮球强国统治。竞技篮球强

① 孙民治．从篮球运动本质及发展进程论国际强队的格局与形成要素［J］．体育学刊，2003，10（6）：109－112.

国的形成和保持必须具备一系列保障条件作为依托，了解世界竞技篮球强国保障条件对于发展我国篮球运动有着积极的借鉴和启示意义。

一、世界篮球运动竞技水平现状

美洲是现代篮球运动开创最早的区域，整体水平最高，尤以美国篮球代表着世界篮球最高水平。各国打法的风格基本相似，以娴熟的篮球技巧与优良的身体天赋条件相结合，形成了以崇尚个人能力为基础的整体配合，体现智、快、准、巧、变等特点，基础技术好，个体水平高，整体实力强。在悉尼奥运会后至北京奥运会前，美国男篮在 8 年时间内未能夺取世界冠军，甚至在 2002 年本土举行的第 14 届世界男篮锦标赛上未能进入前三名。究其原因主要是，首先，世界竞技篮球与美国篮球水平差异在缩小；其次，美国男篮未能动员最优秀球员组队且备战时间不充分；再者，美国男篮通常重视奥运会比赛，一般不组派实力最强队伍参加世界锦标赛（对比表 1-1 和表 1-2 可知），因此不能简单得出美国队整体水平下降的结论。应该既承认世界各国竞技篮球水平提高较快，又看出美国等传统篮球强国之间水平差距缩小的事实，但不可否认的是当今篮球“王国”仍是美国。在美洲仍以美国为代表，阿根廷男篮近年来也显示出强大实力，分别取得 2002 年世锦赛亚军、2004 年奥运会冠军、北京奥运会季军。阿根廷男篮的强势表现更加提升了美洲篮球的整体竞争实力。另外，巴西和加拿大篮球也有不俗实力。

欧洲篮球普及面广，整体水平较高，球员身材高大、身体素质均衡、篮球基本功扎实稳重且战术素养优良，在打法上，强调整体配合基础上个人能力的有效发挥。近年来，欧洲整体篮球的优异表现对美国男篮造成强有力的挑战，西班牙男篮便是其中的杰出代表。分别取得 2006 年世锦赛冠军、2008 年北京奥运会亚军。同时，欧洲各篮球强国之间的水平差异较小，相互熟悉对手，竞争十分激烈，见表 1-4：

表 1-4　近十二届欧洲篮球锦标赛前六名统计表（1、2...6 代表名次）

时间	1	2	3	4	5	6
1995	南斯拉夫	立陶宛	克罗地亚	希腊	意大利	西班牙
1997	南斯拉夫	意大利	俄罗斯	希腊	西班牙	立陶宛
1999	意大利	西班牙	南斯拉夫	法国	立陶宛	俄罗斯
2001	南斯拉夫	土耳其	西班牙	德国	俄罗斯	法国
2003	立陶宛	西班牙	意大利	法国	希腊	塞黑

续表

时间	1	2	3	4	5	6
2005	希腊	德国	法国	西班牙	立陶宛	俄罗斯
2007	俄罗斯	西班牙	立陶宛	希腊	德国	克罗地亚
2009	西班牙	塞尔维亚	希腊	斯洛文利亚	法国	克罗地亚
2011	西班牙	法国	俄罗斯	马其顿	立陶宛	希腊
2013	法国	立陶宛	西班牙	克罗地亚	斯洛文利亚	乌克兰
2015	西班牙	立陶宛	法国	塞尔维亚	希腊	意大利
2017	斯洛文利亚	塞尔维亚	西班牙	俄罗斯	拉脱维亚	德国

（资料来源：欧锦赛官网）

由表 1-4 可知，欧洲男篮没有明显的统治格局，各队实力相当，互有胜负，连 NBA 马刺队主力后卫帕克领衔的法国男篮也没取得北京奥运会的入场券，甚至连落选赛的机会都没有，可见欧洲篮球的竞争是何等激烈。

亚洲篮球运动整体水平较低，打法上以“快、巧、灵、准”的整体型为主体。多年来，亚洲竞技篮球的发展格局一直由东亚地区的中国、韩国、日本三个国家所统治，其中以中国篮球的主体水平最高，见表 1-5。

表 1-5　历届亚洲男篮锦标赛（亚洲杯）前八名球队名单（第一届只有七支球队）

时间	届次	一	二	三	四	五	六	七	八
1960	1	菲律宾	中国台北	日本	韩国	中国香港	印度尼西亚	马来西亚	
1963	2	菲律宾	中国台北	韩国	泰国	马来西亚	中国香港	新加坡	越南
1965	3	日本	菲律宾	韩国	泰国	中国台北	马来西亚	印度	中国香港
1967	4	菲律宾	韩国	日本	印度尼西亚	中国台北	印度	泰国	马来西亚
1969	5	韩国	日本	菲律宾	中国台北	印度	泰国	马来西亚	中国香港
1971	6	日本	菲律宾	韩国	中国台北	印度	泰国	马来西亚	巴基斯坦
1973	7	菲律宾	韩国	中国台北	日本	伊朗	印度	泰国	印度尼西亚
1975	8	中国	日本	韩国	印度	菲律宾	泰国	印度尼西亚	泰国
1977	9	中国	韩国	日本	马来西亚	菲律宾	伊拉克	印度	泰国
1979	10	中国	日本	韩国	菲律宾	印度	巴基斯坦	马来西亚	伊拉克
1981	11	中国	韩国	日本	菲律宾	印度	马来西亚	泰国	伊朗

续表

时间	届次	一	二	三	四	五	六	七	八
1983	12	中国	日本	韩国	科威特	伊朗	印度	中国香港	约旦
1985	13	菲律宾	韩国	中国	马来西亚	日本	中国台北	泰国	伊朗
1987	14	中国	韩国	日本	菲律宾	中国台北	印度	马来西亚	泰国
1989	15	中国	韩国	中国台北	日本	伊朗	印度	沙特阿拉伯	菲律宾
1991	16	中国	韩国	日本	中国台北	朝鲜	伊朗	菲律宾	约旦
1993	17	中国	朝鲜	韩国	伊朗	中国台北	沙特阿拉伯	阿联酋	科威特
1995	18	中国	韩国	日本	中国台北	哈萨克斯坦	沙特阿拉伯	乌兹别克斯坦	吉尔吉斯斯坦
1997	19	韩国	日本	中国	沙特阿拉伯	阿联酋	中国台北	约旦	伊朗
1999	20	中国	韩国	沙特阿拉伯	中国台北	印度	马来西亚	泰国	伊朗
2001	21	中国	黎巴嫩	韩国	叙利亚	卡塔尔	日本	中国台北	印度
2003	22	中国	韩国	卡塔尔	黎巴嫩	伊朗	日本	哈萨克斯坦	印度
2005	23	中国	黎巴嫩	卡塔尔	韩国	日本	伊朗	沙特阿拉伯	约旦
2007	24	伊朗	黎巴嫩	韩国	哈萨克斯坦	约旦	中国台北	卡塔尔	日本
2009	25	伊朗	中国	约旦	黎巴嫩	中国台北	卡塔尔	韩国	菲律宾
2011	26	中国	约旦	韩国	菲律宾	伊朗	黎巴嫩	日本	中国台北
2013	27	伊朗	菲律宾	韩国	中国台北	中国	卡塔尔	约旦	哈萨克斯坦
2015	28	中国	菲律宾	伊朗	日本	黎巴嫩	韩国	卡塔尔	印度
2017	1	澳大利亚	伊朗	韩国	新西兰	中国	黎巴嫩	菲律宾	约旦

（资料来源：网络数据整理，注：从2017年起亚锦赛更名为亚洲杯）

由表1-5可知，在亚锦赛上，中国、韩国、日本是三支成绩比较稳定且排名靠前的亚洲强队，1975年—1997年期间的12届亚洲男篮锦标赛上，上述三国10次占据前三名。尤其是韩国男篮在亚锦赛历史上，除去第1届和第25届两届外，其余26届始终占据前三名的位置，足以说明韩国男篮是亚洲传统强队。中国男篮自1975年参加亚洲男篮锦标赛以来，成绩优异表现突出，1975年—2017

年，这 42 年时间里的 22 届亚锦赛上（包括 1 届亚洲杯），14 次夺取冠军。由此可见中国男篮是亚洲公认的亚洲强队，见表 1-6。

表 1-6　中国男篮参加的历届亚锦赛（亚洲杯）比赛成绩

时间	届次	成绩	主教练
1975	8	冠军	钱澄海
1977	9	冠军	钱澄海
1979	10	冠军	马清盛
1981	11	冠军	钱澄海
1983	12	冠军	钱澄海
1985	13	第 3 名	钱澄海
1987	14	冠军	钱澄海
1989	15	冠军	孙邦
1991	16	冠军	蒋兴权
1993	17	冠军	蒋兴权
1995	18	冠军	蒋兴权
1997	19	第 3 名	张斌
1999	20	冠军	蒋兴权
2001	21	冠军	王非
2003	22	冠军	蒋兴权
2005	23	冠军	尤纳斯
2007	24	第 10 名	阿的江
2009	25	亚军	郭士强
2011	26	冠军	邓华德
2013	27	第 5 名	扬拉基斯
2015	28	冠军	宫鲁鸣
2017	1	第 5 名	杜峰

（资料来源：根据篮球大辞典及篮球杂志整理统计得出。注：从 2017 年起亚锦赛更名为亚洲杯）

由表 1-6 可知，中国男篮在亚锦赛上两次实现五连冠，一次实现四连冠。但是随着亚洲篮球的不断发展，尤其是近年来西亚球队的快速崛起，使得中日韩三国统治亚洲篮坛的格局彻底改变。尤其是 2009 年在中国天津举办的第 25 届亚洲男篮锦标赛上，伊朗男篮大比分战胜中国男篮成功卫冕，而前四名球队西亚占据三席。当然一次失利并不能完全说明中国男篮的整体实力衰退，亚洲男篮锦标赛上中国男篮依然是亚洲整体实力最强的球队（正如美国男篮在世界篮坛的位置一样，成绩不能完全代表实力），但是不得不正视这样的现实，中国男篮在亚洲已经没有了昔日的绝对夺冠实力，或者说亚洲各个篮球强国之间的实力差距逐步缩小。综合各国篮球实力现状，短期内亚洲男篮将进入“群雄纷争”的阶段，这也必将促进亚洲篮球整体实力的提升。2017年国际篮联决定，澳洲赛区并入亚洲赛区争夺世界杯出线权，随着澳大利亚男篮加入，亚洲赛区的竞争格局由“群雄纷争”瞬间变成“一骑绝尘”。2017 年首届亚洲杯，澳大利亚轻松战胜伊朗夺得冠军。

大洋洲（人们习惯上又称为澳洲），该洲竞技篮球受美洲和欧洲篮球的双重影响，风格上属于两者的有机结合。球员身体健壮，对抗能力强，打法上追求欧洲整体篮球的理念。其中，澳大利亚男篮是澳洲篮球的实力代表，见表 1-7。

表 1-7　近八届奥运会澳大利亚男篮比赛名次

时间	届次	举办地	名次
1988	24	韩国（汉城）	4
1992	25	西班牙（巴塞罗那）	6
1996	26	美国（亚特兰大）	4
2000	27	澳大利亚（悉尼）	4
2004	28	希腊（雅典）	9
2008	29	中国（北京）	7
2012	30	英国（伦敦）	7
2016	31	巴西（里约热内卢）	4

（资料来源：维基百科）

从表 1-7 可知，澳大利亚男篮在近八届奥运会上表现良好，特别在汉城奥运会、亚特兰大奥运会、悉尼奥运会、里约奥运会等四届奥运会上均获得第 4 名，这也是非欧美球队在奥运会男篮比赛中夺取的最好名次。

非洲篮球：由于社会发展水平所限，非洲篮球普及面不广，篮球受众基础薄弱。相比较其他各大洲，非洲竞技篮球水平较低，一直没有形成抗衡世界强队的实力。打法上尚未形成鲜明特点，球员技术比较粗糙，身高不占优势，在内线劣势情况下，非洲球队进攻倚重外线。非洲球员的身体素质较为优秀，弹跳出色，体能充沛，个人攻击意识较强，个别球队已具有挑战亚洲强队的实力。安哥拉队是非洲篮球的传统强队，多次获得非洲冠军，历史成绩：5 次参加世锦赛，最好名次第 10 名；5 次参加奥运会，最好名次第 10 名（北京奥运会第 12 名）；10 次参加非洲男篮锦标赛，9 次夺冠。安哥拉男篮队员速度过人，从中锋到后卫都能突能投。截止到 2008 年北京奥运会，安哥拉男篮与中国男篮的 10 次比拼中，双方平分秋色。

为了整体显示各个国家篮球竞技水平，国际篮联根据一系列国际 A 级赛事表现进行评分，然后根据积分情况综合评定各国篮球实力排名。2016 年里约奥运会后，国际篮联（FIBA）进行了最新排名，见表 1-8。

表 1-8　国际篮联最新排名[①]（注：选取其中前 16 名）

WORLD RANK	COUNTRY	ZONE RANK	IOC	CURRENT POINTS	+/- RANK *
1.	USA	1.	USA	1000.0	0
2.	Spain	1.	ESP	665.0	0
3.	Serbia	2.	SRB	553.0	+3
4.	France	3.	FRA	444.0	+1
5.	Lithuania	4.	LTU	442.0	-2
6.	Argentina	2.	ARG	360.0	-2
7.	Brazil	3.	BRA	323.0	+2
8.	Turkey	5.	TUR	281.0	0
9.	Russia	6.	RUS	255.0	-2
10.	Australia	1.	AUS	234.0	+1
11.	Croatia	7.	CRO	184.0	+1
12.	Slovenia	8.	SLO	163.0	+1
13.	Greece	9.	GRE	155.0	-3
14.	China	1.	CHN	131.2	0
15.	Venezuela	4.	VEN	115.4	+7
16.	Nigeria	1.	NGR	106.2	+9

由表 1-8 可见，在前八名排序中，美洲球队 3 支，其余 5 支全部为欧洲球队。在前 16 名排序中，美洲 5 支，欧洲 11 支，亚洲 1 支，澳洲 2 支，非洲 1 支。

综上所述，现代篮球运动美、欧两洲篮球处于传统优势地位。除美国外，阿根廷、巴西等美洲国家基本保持在世界强列。欧洲球队除西班牙外，俄罗斯、希

① 国际篮联官方网站［EB/OL］. http://www.fiba.com.

腊、德国、法国、克罗地亚、立陶宛、意大利等各国实力较为接近，欧洲篮球整体实力最高，欧洲列强均能与美洲区列强展开前8名抗衡，它们分别处于第1、2层次水平上。亚、非区整体水平处于第3层次上。

二、世界竞技篮球强国的保障条件

“作为现代体育项目之一的篮球运动，由于其简便易行，对人体的锻炼价值高，竞赛过程富有趣味性、对抗性、配合性、技巧性和观赏性等，它深受我国人民的喜爱”①。尤其国家队是篮球运动技术水平的代表，是带动篮球事业发展的龙头。国家队在世界大赛上的成绩，不仅为包括球迷和国家领导在内的广泛关注，而且也关系到项目的市场与普及。“国家队是篮球的高端资源，它的开发对篮球整体资源开发具有引领作用。回顾国家队的历史，国家男篮在世界大赛上的最好成绩是四次获得第8名，其余都在9—15名之间徘徊。即便是取得第8名的成绩时，与当时前七名的比分差距都在30分以上，这说明我们的真正实力还没有达到这个水平。这与我们篮球大国的基础地位是极不相称的。”② 纵观世界竞技篮球发展历程，在世界重大比赛中，欧美强队一直引领着世界竞技篮球的发展和创新。他山之石，可以攻玉。剖析和借鉴世界强队的保障条件，对于提升我国竞技篮球发展具有积极的启示意义。

（一）高水平教练员的数量与训练质量保障

“帅乏智，而卒不悍，则战必溃”③，高水平竞技篮球比赛胜负主要体现一支球队的综合实力，既是反映运动员和球队整体竞技能力水平，同时也反映着教练员的智慧、谋略、执教的艺术风格与水平。因此，有强帅才能有强兵。“寻求和选聘具有专项个性的人格魅力、独特的现代理论造诣和组织训练、管理与指挥才华的教练员，在篮球项目中尤为重要”④。纵观世界篮球强队的教练员团队人员构成，各队都拥有多名同心协力、司职不同、互补性强，有较丰富的世界大赛实战经历和督战经验的高水平教练员做率军之帅。多数教练员不仅具有较高文化知

---

① 陈钧．中国篮球职业化可持续发展战略研究［D］．北京体育大学，2001.

② 李元伟在济源《篮球与城市发展》报告上的发言［EB/OL］．http：//sports. sina. com. cn/cba/2006－01－25/00502013247. shtml

③ 孙民治．篮球运动高级教程［M］．北京：人民体育出版社，2000：22—23.

④ 华凤岩．影响篮球项目竞技能力的主要因素分析［J］．北京体育大学学报，2009，32（6）：109—111；114.

识素养，而且具有极强的敬业精神，更为重要的是他们能够深刻把握现代篮球运动发展的前沿趋势，并根据自身队伍实际形成独特的篮球观点和理论体系。

（二）篮球后备人才资源保障

“竞技篮球后备人才是指在身体、心理和运动能力上具有发展的潜力，正在接受科学、系统的篮球训练和参加有组织的篮球竞赛，在篮球项目上具有创造优异运动成绩可能性的青少年人才集合体”[①]。纵观世界竞技篮球强队，各队拥有庞大的身体条件，适合项目特征的运动员后备人才的数量与质量的保障。“同时他们具有较高的文化教育程度，悟性较强，挚爱篮球事业，敬业不懈，自觉刻苦训练。全队平均身高达到2.05米，而且全面技术与位置技术各显个性优势，其中是否具有特殊高大中锋队员，是能否进入世界强队的重要保障”[②]。

（三）绝招与特技球星保障

随着现代篮球运动的创新与发展，运动员技术愈来愈全面，场上位置概念愈来愈模糊。世界强队在保障队员攻守全面的同时，又重视在全面中培养特长，特别重视培养能够稳定场上局势、打关键球的核心队员及绝招式明星队员，拥有多点强攻神投手、多区强守手的数量与质量保障。

（四）战术风格与特点保障

风格，是一支球队进行人员配置和技战术选择的前提；是运动员个人技战术特点的集中体现；风格，反映着一支球队的整体精神面貌与技战术水平。两队相遇，往往是有风格者胜，无风格者败。“纵观当今世界篮球强国，如美国、阿根廷、希腊、西班牙等队，都是根据自己的实际，充分发挥自身的优势和特长，形成自己独特而鲜明的风格，而且风格的传承也相当到位，所以每每在国际大赛上取得好成绩”[③]。

（五）实战训练与大型竞赛保障

现代篮球运动向着高速度、高对抗、高技巧方向发展。这对运动员的意识、

① 唐建倦．中国竞技篮球后备人才培养运行机制研究［D］．北京体育大学，2007.

② 孙民治．现代篮球高级教程［M］．北京：人民体育出版社，2004：20—21.

③ 张振东，陈永亮．我国男子篮球技战术风格研究［J］．体育文化导刊，2010，5：46—50.

身体训练水平、运动技巧、心理稳定性提出了很高的要求。“为了适应现代篮球的发展趋势，科学合理地安排大运动量训练是提高运动成绩的有效途径”①。可见，训练是比赛的前提，训练是手段，比赛是目的。纵观世界篮球强队，训练强调实战对抗，同时频繁参加与世界其他强队的比赛对抗，从而不断累积国际比赛经验以及适应高强度、强对抗的生理机能、体能素质基础。

（六）社会组织与经费保障

篮球运动作为体育系统的组成部分，而体育系统又从属于一定的社会大系统。篮球运动或竞技篮球运动的发展离不开社会体系的支撑和保障。总结世界篮球强国的发展经验，他们具有促进篮球运动提高发展的对应性社会保障体系，包括国家和地区性篮球运动层次性管理体制、训练竞赛制度、后备队伍及教练员人才培养系统及其与国际接轨较为完备的相关人寿保险、俱乐部组织保障和运作资金的充分保障。

（七）科研与医务、生活保障

现代竞技篮球运动已经成为多学科交叉运用的体育项目，训练与比赛、负荷与恢复、营养与膳食等技术环节都具有较高的科技含量。世界篮球强国拥有健全的篮球科研设施和相关的科研及医务监督、营养调配、体能恢复等人力资源与物质资源保障。

第三节 世界竞技篮球职业化发展概况

回顾篮球运动发展的历史，走向职业化是篮球运动发展的必然结果。“目前，篮球职业化已成为世界发展潮流。除美国外，职业篮球在意大利、西班牙、法国、德国、波多黎各、阿根廷、希腊、韩国、日本、菲律宾等国已十分普遍。近些年，我国的香港、台湾和非洲的埃及、南非等国家和地区也出现了职业篮球的发展趋势”②。尽管职业篮球已经成为世界竞技篮球的主流发展趋势，但是基于各国自身发展实际的差异，职业篮球在不同国家表现出不尽相同的发展模式以及

---

① 苗凤藻，郭涤．篮球赛前训练与比赛负荷强度之关系［J］．上海体育学院学报，1997，21（1）：65－69.

② 张宏成．从世界职业篮球的发展看中国职业篮球改革［J］．体育文化导刊，2002，6：16－18.

发展效果。根据研究需要，本书以美国、西班牙、菲律宾、韩国等国家的职业篮球发展情况为参考，希冀借鉴成功经验，汲取失败教训，从而为我国竞技篮球职业化发展提供启示和帮助。

一、美国职业篮球联赛（NBA）

篮球运动的发源地是美国，同时美国也是最早出现职业篮球俱乐部的国家。早在 1898 年，美国就出现了效仿职业棒球的职业篮球俱乐部，但限于竞技水平和经济实力有限，俱乐部发展名存实亡。直到 1925 年，美国篮球联盟（The American Basketball League，简称 ABL）的成立，美国职业篮球俱乐部的发展才趋于稳定，当时 ABL 拥有 9 家职业篮球俱乐部。1937 年，美国成立了由 14 家俱乐部组成的国家篮球联盟（Natioanl Basketball League，简称 NBL），由于经济及运营困难，到 1942 年 NBL 只剩下 4 支俱乐部。二战后，NBL 扩张到了 12 支球队，但同时面对来自拥有 11 支俱乐部的美国篮球协会的有力竞争（Basketball Association of America，简称 BAA）。在 1949 年，BAA 吞并了 NBL 组成了国家篮球协会（National Basketball Association，简称 NBA）。由 17 支俱乐部组成的 NBA 从此开始了新的探索发展历程。1967 年，美国又成立了另一个职业篮球联盟 ABA，ABA 开始与 NBA 展开了篮球人才的激烈竞争。1975—1976 赛季，ABA 解散，NBA 趁机吸收了其中的 6 支俱乐部。至此，NBA 俱乐部数量增加到了 22 家，并从此实现了对美国职业篮球人才、资金、市场的全部垄断，为以后 NBA 的发展奠定了坚实的原始积累。进入 20 世纪 80 年代，在大卫斯特恩总裁的成功经营下，NBA 的发展模式日益成熟，形成了一整套完善的运作体系。目前，NBA 拥有 30 家职业篮球俱乐部，进行着跨年度长达 8 个月的联赛，联盟年产值已达到 40 亿美元。可见，NBA 堪称世界职业体育的典范[①]。杨铁黎教授等研究认为 NBA 的成功主要基于以下几点："拥有市场经济条件下的特殊运营机构；保证 NBA 迅速发展的特殊政策；具有严格的法规制度（如选秀制度、转会制度、限薪制度）；与媒体建立密切的合作关系（即媒体篮球）；全面灵活地运用公关策略和手段；拥有优秀的经营管理人才"[②]。方武、刘买如研究认为 NBA 职业联赛的成功秘诀是："拥有完善的工作效率；极高的运营机构和科

---

① 陈钧，孙民治．美国篮球职业化的起因、发展给我们的启示［J］．西安体育学院学报，2002，19（4）：65—67.

② 杨铁黎，张建华，王必琪．NBA 职业篮球市场的成功经验及启示［J］．北京体育大学学报，2000，23（3）：300—302.

学的分工；特殊的政策和法律保护；高水平的联赛吸引了世界各地的球迷、观众；与媒体的密切合作，充分挖掘明星球员的价值，塑造NBA文化；积极进行海外市场的拓展”①。陈新键、杨欣研究指出：“NBA职业篮球成功取决于健全的运行机制，主要包括管理机制、经营机制、法律法规机制、激励和制约机制”②。

美国职业篮球（NBA）已经成为世界职业体育“教科书”式的模板，它的成功之道是多种要素的综合结果。发达的资本主义市场经济体系是其生存发展的土壤，在此基础上，竞技水平和丰富的人才储备才是根本保障条件。在竞技水平方面，美国竞技篮球水平一直居于世界领先地位，一方面本国高水平球员数量巨大，另一方面，通过高额薪水和市场化手段在全球范围内募集国际顶级水平球员，拥有了世界最高水平球员集合体的NBA联盟，其竞技水平有了坚实的保障，而竞技水平是职业篮球的生存之本。在后备人才方面，美国无疑是世界篮球人才储备最为丰富和合理的国家。美国人口约两亿，而拥有中学和大学篮球运动员约80万，美国NCAA联赛，仅男子甲级队就有1000多所大学参加，能够进入最后淘汰赛第一轮的还有64支，号称64强。NCAA规定，中学毕业在高中阶段各科平均成绩必须达到C并在SAT（学术倾向测试）中达到700分才有资格被吸收入大学篮球队。因此，美国NCAA篮球运动员一般都具备较高的文化水平③。而这些具有很高篮球智商的大学球员组成了NBA球员储备库。

二、西班牙篮球甲级联赛（ACB）

众所周知，篮球在西班牙并非第一运动，因为足球在西班牙有着深厚而广泛的受众基础。但是西班牙篮球的发展，尤其是最近几年在国际大赛上的优异表现赢得世界瞩目。分析西班牙职业篮球的发展经验，对于我国竞技篮球职业化探索发展同样具有积极的借鉴意义。

尽管职业篮球联赛在西班牙没有西班牙足球甲级联赛那样有影响力，但是在篮球界却是赫赫有名，被公认为除了NBA外发展最为均衡迅速的联赛。雅典奥运会冠军阿根廷队的5名主力中，只有吉诺比利没有西班牙联赛背景。西班牙职业篮球联赛分为两个阶段，常规赛共34轮比赛。17支队伍进行主客场双循环赛

① 方武，刘买如．浅谈NBA的起源和成功秘诀［J］．湖北体育科技，2007，26（4）：414－415.

② 陈新键，杨欣．NBA运行机制对CBA职业化改革启示的研究［J］．广州体育学院学报，2003，23（4）：27－28.

③ 潘前．中美体育后备人才培养体制初探［J］．西安体育学院学报，2003，20（3）：23－25.

制。按胜率高低排在常规赛前八名的球队进入季后赛。季后赛对阵为 1 对 8、2 对 7、3 对 6、4 对 5，常规赛胜率高的球队多获得一个主场优势。季后赛采取淘汰制，首轮采取的是 3 战 2 胜制，半决赛和决赛采取的是 5 战 3 胜制。西班牙联赛培养了众多 NBA 球星，如纳瓦罗、卢比奥、加索尔兄弟等。在 ACB 联赛之外，西班牙篮协还举办职业的 LEB 和 LEB－2 两级联赛，每一级有 16 支球队。在职业 3 级联赛之外，还有非职业的 EBA 联赛，引人瞩目的是它共有 90 支球队参与。相比 ACB 一线球队，它的二线队可以称得上是纯粹的西班牙篮球队，不允许有外籍球员混杂其中。西班牙的青年联赛公认世界第一。前南斯拉夫解体后，一些名教头纷纷到西班牙青年队执教。巴萨总经理马塞拉斯认为："培养一位优秀球员，比拿 5 次青年锦标赛冠军更重要"①。由于球员薪水较为丰厚吸引了众多高水平外援加盟，加之本土球员整体水平较高，从而造就了西班牙篮球职业联赛观赏性高，从而保证了较高上座率和收视率。

三、菲律宾职业篮球联赛（PBA）

篮球运动 1898 年传入菲律宾，随后在该国得到快速发展和普及。20 世纪 50 年代，菲律宾男篮在世界大赛上取得了非常好的名次，在 1954 年和 1958 年的连续两届世界男篮锦标赛上，菲律宾都取得了第三名的亚洲男篮历史最好成绩②。菲律宾职业篮球联赛起始于 1975 年，是亚洲最早实施篮球职业化的国家，也是继美国 NBA 之后开展最早的职业篮球联赛。篮球运动在菲律宾是最受欢迎的体育项目之一。由于美国文化的影响，菲律宾的篮球十分盛行，他们建立了亚洲很标准的职业篮球联赛——菲律宾篮球联赛（PBA），并且把职业篮球变得红火异常。参与菲律宾篮球联赛，冠军获得总督杯，实行 NBA 一样的规则（连选秀、转会规则和 NBA 都几乎一样），可看性很强，联赛包括像可口可乐队和阿拉斯加队以及咯噔杜松子酒队等球队。目前，PBA 拥有 10 支俱乐部组成，主要由美国和澳大利亚外援加盟，其中包括在 CBA 联赛广东宏远效力 10 年之久的美国球员积臣。1995 年，中国球员马健曾加盟 PBA 联赛，并帮助球队夺冠，同时获得当年最佳外籍球员。菲律宾的职业联赛特别注重竞争防守、对抗性。所有菲律宾篮球联赛的球队所有权归属投资企业，球队名称一般由三部分组成，即公司名称＋公司产品＋绰号（通常与公司及业务紧密联系）。

① 西班牙篮球人才培养［EB/OL］. http：//www.fibaeurope.com/.

② 孙民治. 篮球运动高级教程［M］. 北京：人民体育出版社，2000：12—13.

尽管菲律宾男篮目前在亚洲竞争实力较弱，但是不可否认，PBA 联赛是亚洲职业化程度最高的联赛。PBA 联赛拥有独立的管理组织，类似于美国的 NBA 联盟，联赛管理组织是独立于菲律宾篮协的独立机构。管理组织的任务是保持和提升联赛的精彩程度，最大程度地宣传和营造企业文化，为企业发展服务。而篮联的使命之一是提高本国篮球在世界大赛上的成绩，因此在国家队的问题上二者多次产生矛盾和分歧。与此同时，菲律宾篮协和篮联关于国内篮球管理权的争夺由来已久，这也是制约菲律宾篮球进一步发展的不利因素。近年来，由于菲律宾国内球员的身高普遍较低，尤其是内线中锋队员身高的限制，因此在同亚洲其他球队对抗时处于劣势。

四、韩国篮球甲级联赛（KBL）

在韩国，足球是第一运动，2010 年韩日世界杯，韩国队历史性地闯入前四名，创造了亚洲男子足球世界最佳名次。棒球是继足球之后第二大受欢迎的体育项目，而篮球项目排名第三。随着河胜镇等球员登陆 NBA，韩国球迷对于篮球的喜爱程度也在增强。韩国职业篮球联赛创始于 1997 年，赛季从 10 月开始，次年四月结束。每支球队进行 54 场比赛，其中 27 个主场比赛和 27 个客场比赛，两支球队之间每支球队允许 2 名外籍球员参赛，通常情况下包括一名前锋队员和一名内线中锋队员。在联赛刚开始之际，原则上外籍球员的身高不超过 2.03 米，但随着高水平外籍球员的不断涌入，这一身高限制现在改为 2.08 米。两名外援只能在第二节同时上场。

目前 KBL 共有 10 支球队，除星期一外每天都有比赛（周五至周日或法定休息日是下午 3 时开始，周二至周四是下午 7 时开始）。由于赛程紧密，常规赛季每支球队都要打 54 场（每队之间是 6 场），前 6 名进入季后赛。季后赛共 3 轮，首轮是 3 战 2 胜制，4 强赛是 5 战 3 胜制，冠军杯决赛是 7 战 4 胜制。相比中国的 CBA 联赛，KBL 的比赛强度显然要大得多①。尽管 KBL 比 CBA 创立较晚，在亚洲乃至世界上的影响力也不及 CBA，但是由于较为丰厚的薪水，还是吸引了大批高水平外援的加盟，在一定程度上，KBL 与 CBA 形成了高水平外援争夺局面。

尽管韩国男篮竞技水平整体上落后于中国男篮，尤其是 2006 年亚运会后，但是 KBL 联赛相比较于 CBA 联赛有着自身的优势。首先娱乐氛围突出，在联赛的整体设计上以及在比赛的间歇中都贯穿各种娱乐元素，试图通过娱乐氛围紧紧

① 韩国职业篮球发展现状［EB/OL］. http：//bbs. hoopchina. com/68084. html.

吸引观众和扩大球迷基础。其次，KBL 联赛的精彩度较高，比赛节奏更快。高水平外援的不断加盟以及本土球员速度快、投篮准的有机结合，从而使得联赛整体技战术特色表现为外围、速度、快攻为主。和 CBA 一样，在 KBL 联赛中外援无疑成为联赛的主角，但是 KBL 发展理念认为，高水平外援是刺激本土球员快速提升的有效路径。由于开支过大，目前 KBL 盈利球队几乎没有，因此控制球队开支，采取有效措施扩大球迷基础，继而通过市场手段和策略促进发展是 KBL 必须面临的问题①。

随着国际篮联允许职业篮球运动员参加 1992 年奥运会后，国际篮联开始关心职业篮球的发展，职业篮球的国际化趋势日渐明显②。时至今日，职业篮球的发展模式已经覆盖五大洲几十个国家，但是不可否认，NBA 的运作模式和成功经验是其他国家发展自身职业篮球时必须审视和借鉴的模板。但是，借鉴不是照搬，各国都有自身的特点和实际。实践证明，职业篮球虽然成为一种不可抗拒的发展潮流和发展方式，但是纵观美国、西班牙、菲律宾以及韩国等几个国家发展职业篮球经验表明，竞技成绩和篮球人才是职业联赛做大、做强、做久的根本保障。

本章小结

我国篮球运动发展水平和竞技实力必须置于世界篮球运动发展环境中衡量与检验，因此必须充分了解世界篮球运动历程，深刻剖析世界竞技篮球竞争格局，同时借鉴世界竞技篮球强国的发展经验。研究表明：

（1）在世界篮球运动发展历程中，国际业余篮球联合会成立、篮球运动进入奥运会、世锦赛的定期举办、职业篮球进入奥运会对于世界篮球运动的发展产生了积极而深远的影响。

（2）在世界竞技篮球竞争格局中，欧美篮球强国一直居于主导地位，而在亚洲，近年来西亚球队的快速崛起改变了传统东亚主导的竞争格局。

（3）总结世界竞技篮球强国长盛不衰的保障条件可以看出，除了人力资源充

① Young Han Lee. Evaluating Management Efficiency of Korean Professional Teams Using Data Envelopment Analysisi (DEA) [J] . International Journal of Applied Sports Sciences, 2009, 21 (2): 93—112.

② 梁建平，李敦杰，汤悟先．对我国篮球职业化改革的思考［J］．北京体育大学学报，1996，22 (2)：24—27.

沛以及训练、比赛科学外，社会经济的发展水平也是重要的保障基础。

（4）随着世界篮球运动不断创新，发展手段和方式已经发生了较大变化，其中职业化是世界竞技篮球强国普遍采用的方法，职业化篮球已经成为世界竞技篮球发展趋势和潮流。

（5）通过世界竞技篮球职业化发展概况可以得出，竞技水平和篮球人才是职业化成功运作的根本保障。

第二章 CBA联赛职业化发展历程及成绩效益

职业体育在我国还是一个新生的事物，不管在实践中还是在理论上都处于探索阶段。在西方，职业体育运动已有一百多年的历史，它是体育发展到一定阶段的必然产物。随着社会生产力的不断发展提高，社会对体育的消费需求以及市场规模不断扩大，加之篮球、足球、棒球等项目进入奥运会后，借助奥运平台使得许多项目的职业化进程大大加快。我国竞技体育职业化起始于1994年足球项目的职业化探索，而篮球项目紧随其后，在1995年也开始了以赛制为突破口的职业化探索历程。

职业体育是竞技体育的发展潮流和趋势，竞技体育是我国体育事业的高端资源，而体育事业又是我国社会主义现代化建设的重要组成部分。因此，我国竞技体育职业化的发展必将在我国改革、开放、发展的整体框架和模式内进行。竞技体育职业化是舶来品，尽管在西方已经具有了成熟的发展模式和运作程序，但是任何改革模式都是在一定的社会环境和体制框架下产生效益的。当然，一切合理先进的实践经验和理论成果都应当成为各个国家借鉴吸收的共同财富。中国革命的成功，新中国建设成就的取得，尤其是中国改革开放模式的巨大生机和活力，都生动地诠释和印证了一个颠覆不破的真理，那就是中国一切改革探索都必须紧密结合中国自身实际。

我国竞技篮球职业化作为竞技体育职业化的组成部分，它的探索历程和发展模式当然离不开中国改革开放和社会发展的整体模式框架。中国的国情决定了中国的改革必然是渐进的，即在改革中探索，在探索中前进。因为中国的改革没有现成的公式和先例，只有通过自身的总结和探索。因此，中国的国情及渐进的改革模式，决定了我国竞技篮球职业化历程的渐进性、长期性以及探索性。尽管我国竞技篮球职业已经走过了十几年的路程，但是目前还处于摸索阶段。既然是摸索就难免重复和周折，也就难免困难和矛盾。“要解决矛盾首先要正视矛盾，不是否定矛盾，不是回避矛盾，而是面对矛盾、解决矛盾、协调矛盾”[①]。正如毛泽东所说：“现实生活中充满了矛盾”。矛盾正是一切事物包括社会发展的根本动力和源泉。要解决问题首先要发现问题，然后是分析问题，因此回顾和梳理我国竞技篮球职业化的发展历程，从而总结经验，吸取教训，继而在发展中继续改进与提高，从而实现我国竞技篮球职业化不断向前推进。

第一节　我国竞技篮球职业化改革的背景和动机

一、改革背景

体育作为我国社会大系统的组成部分，它的发展变化对于政治、经济改革发展具有鲜明的依附性和随动性。在计划经济体制下，我国体育事业由国家一手包办，既是全额投资者，也是最大受益者。这种举国体制办体育的模式对于中国体育事业的发展起到了重要的保障作用。但是随着我国体育事业发展速度不断加快，发展规模不断扩大，国家单一渠道的投入与需求的矛盾逐步显现。为了促进体育事业在新形势下更好地发展，1993年国家体委发布了《国家体委关于深化体育改革的意见》。改革的总目标是：“改变原来在计划经济体制下，单纯依赖国家和主要依靠行政手段办体育的高度集中的体育机制，建立与社会主义市场经济体制相适应，符合现代体育运动规律，国家调控，依托社会，有自我发展活力的体育体制和良性循环的运行机制，形成国家办与社会办相结合、集中与分散相结合的格局”[②]。

二、改革动机

1994年对于中国篮球来说是收获的一年，女篮第一次获得世锦赛亚军(1992年获得巴塞罗那奥运会亚军)，男篮获得世锦赛第8名，同时也创造了中国男篮历史最好成绩。但是在金牌战略的影响下，国内专业队锐减，后备人才青

① 吴振坤，辛守良，王兆铮．构建社会主义和谐社会战略难题研究［M］．北京：中共中央党校出版社，2007.

② 熊晓正，夏思永，唐炎等．我国竞技体育发展模式的研究［M］．北京：人民体育出版社，2008：264—265.

黄不接，教练员队伍也大幅缩减。全国联赛（职业化改革前的赛会制）也是流于形式，低水平争夺，一时间中国篮球陷入了举步维艰的发展困境。不改革就没有活力，不改革就没有出路。我国竞技篮球职业化正是在自身发展困境下，结合国家宏观社会变革和体育体制改革背景而开展的社会化、市场化主动探索，旨在探寻发展我国竞技篮球新的手段和方法。关于职业化的动机目的，引用我国篮球职业化改革主要决策者，时任国家体委二司司长杨伯镛的总结，主要体现在三个方面，即培养人才、开发市场、为国家做贡献。

第二节　我国竞技篮球职业化的探索历程

一、“八强赛”和“CNBA”的历史意义

我国竞技体育职业化改革始于20世纪90年代前期的足球运动职业化，而我国竞技篮球职业化始于1995年八强赛。1994年对于中国篮球来说是收获的季节，在第十二届世界男篮锦标赛上，中国男篮取得第8名的优异成绩，也是历史性第一次跻身世界大赛的前八名，而女篮在第十二届世界女子篮球锦标赛上获得亚军，也是继巴塞罗那奥运会亚军之后再次获得世界重大比赛第2名。这也为中国篮球寻求国外资本和技术注入，实施赛制改革提供了良好的契机。为了更好地促进篮球运动的竞赛改革，在原国家体委的支持下，中国篮球协会在1994年做了大量的前期准备工作，例如完善了运动队和运动员的注册登记等管理制度、拟定了主客场联赛的竞赛规程以及与承办单位、参赛运动队的协议书等，同时完成了102个队1694人的正式登记注册，大力整顿了裁判员队伍，为中国篮球联赛走向市场打下了坚实基础。1995年中国男子篮球甲级队八强赛（简称CBA八强赛）于1995年2月5日—4月9日举行。比赛采用主客场双循环赛制，共进行了14轮56场比赛。最终球队排名如表2-1所示：

表2-1　CBA八强赛参赛球队及名次排列

	第一名	第二名	第三名	第四名	第五名	第六名	第七名	第八名
球队名	八一队	辽宁队	前卫队	北京队	济南军区队	南京军区队	吉林队	广州军区队
主场城市	上海	沈阳	天津	北京	济南	南京	长春	南海

（资料来源：根据《篮球》杂志整理统计）

1995年，在中国篮协运作下，CBA八强赛成为中国篮球第一次实施主客场双循环的联赛，这是中国篮球竞赛改革的一项重大改革举措。同时，本届联赛也是中国篮协和国外体育经纪公司——国际管理集团（IMG）第一次合作举办的中国篮球联赛，是我国实行全国性职业联赛之前的一次练兵。八强赛是我国篮球走向职业化的重要一环，所有的组织动员方法和经验积累为我国在此后的全国大范围的职业化改革打下坚实基础①。此前中国篮球一直执行赛会制，即集中队伍、集中时间、集中地点、集中比赛。可以说实行主客场赛制对于中国篮球运动发展是具有划时代意义的重大改革。既是改革开放的中国与世界惯例接轨的明智选择，更是有力促进我国篮球运动发展进步的重大举措。因为赛制促进了竞赛的优化，竞赛又促进了训练，训练促进了竞赛，竞赛水平的提升又激发了观众的兴趣和激情，而观众才是联赛的真正的上帝。总之，八强赛是中国篮球职业化探索的先驱。正如杨伯镛所说："中国篮球要进一步发展，必须改革过去那种完全由国家包下来搞队伍搞比赛的做法。中国篮协要吸引社会力量，积极开发篮球市场，组织商业性比赛，促使队伍赛练结合，这是一个发展趋势。"②

相比较"NBA"和"CBA"的知名度，CNBA是一个不被人们熟知的篮球赛事简称。但是它在中国职业篮球发展进程中具有重要的历史意义。CNBA是Chinese New Basketball Alliance首字母的简称，意味"中国人的新的篮球赛事"。1996年中国篮球协会根据国家体委"坚持方向，抓住机遇，继续深化改革，发展体育事业"的精神，在篮球赛事上引进外资、外员举办竞赛，一方面与IMG（国际管理集团）合作举办全国甲级队联赛，另一方面与当时的外资"精英公司"合作试办"CNBA联赛"，成为中国篮球初试职业化主客场制联赛的开始。该赛事由钟添发领导的体委二司负责，参加球队有吉林虎队、前卫粤风队、北京京师队（北京体育师范学院）、上海交大南洋队、湖北黄鹤队、福建飓风队、天津海湾开拓者队、河南雄狮队等八支球队。除了本土球员的加盟外，引进了一名美国教练和四名美国球员。联赛模式上效仿美国NBA，采取主客场的赛制。虽然当时CNBA联赛的球队整体水平不高，但由于特别强调了娱乐性，造成了一股轰动的效应，新闻媒体也给予一定程度的关注，球迷也非常乐意观赏比赛。八支俱乐部每队进行了28轮常规赛。最终，吉林虎队、前卫粤风队、北京精狮队、河南雄狮队分别荣获第一至第四名。尽管CNBA仅仅运作了一个赛季就结

① 陈钧，孙民治．美国篮球职业化的起因、发展给我们的启示［J］．西安体育学院学报，2002，19（4）：65－6.

② 八强教头谈新赛制［N］．人民日报，1995－02－25.

束了，但是对球迷来说无疑是幸运的。NBA 模式的赛制和全新包装吸引了大量球迷关注和喜爱，这对于吸引球迷、观众起到了积极的作用。而观众才是联赛真正的上帝，中国球迷需要高水平的篮球比赛，中国篮球联赛更加需要广泛而忠实的球迷。对于当时的国家体委来说，之所以实行“一球两制”，既是改革探索的尝试，也体现了国家体委欢迎外资赞助中国体育，积极参与中国体育市场竞争的方针，客观而言也符合当时中国球市的竞争需要。在 1997 年 3 月 17 日召开的男子职业篮球联赛总结座谈会上，国家体委副主任徐寅生说：“作为一项改革，男子职业篮球联赛（CNBA）总的来说是成功的，在男子甲级联赛逐渐升温的基础上，甲级联赛促进了职业联赛，职业联赛也促进了甲级联赛”①。CNBA 对中国 CBA 联赛起着推波助澜的作用，国际管理集团为 CBA 的发展不得不投入更多的精力。此外，更重要的是联赛赛制的改革、商业开发的成功、联赛的管理等都是很成功的尝试。总之，这次改革是全面的，影响是深远的②。

二、CBA 联赛的由来

竞技篮球职业化是篮球运动发展的高级形式，也是市场经济发展的必然产物。职业化已经成为世界竞技篮球的发展潮流和趋势，尤其是美国 NBA 的成功运作，使得世界各国有了参考依据和借鉴模板。然而，竞技篮球职业化毕竟是舶来品，如何探索结合中国国情的篮球职业化，成为我国篮球管理者和决策者面临的新课题。1994 年 12 月 20 日至 21 日，中国篮球界根据原国家体委积极进行训练体制和运行机制改革的精神，在北京召开全国篮球训练工作会议。时任中国篮协常务副主席兼秘书长杨伯镛在全国篮球竞赛训练工作会上郑重宣布：1995 年全国男篮甲级联赛将实行主客场、跨年度的新赛制，就此标志着中国篮球职业联赛的新赛制诞生。1995 年，中国篮协与 IMG（国际管理集团）合作引资，首次举办主客场赛制的“八强赛”，受到美国“NBA”称谓启发，个别媒体首次使用“CBA”对这一全新赛事成品进行报道。“CBA”字样首次出现在官方正规文件中是 1995 年 8 月印制的“CBA 联赛技术手册”（以后都简称为《联赛手册》，但是封面都印制醒目的 CBA 标志）。在以后多年的宣传和联赛行文规范中，对每届联赛除全称（××年度中国男子篮球甲 A 联赛）外，简称全为“CBA 联赛”③。

① 李庚．首届 CNBA 职业联赛给中国篮坛带来了什么？[J]．篮球月刊，1997，4：434.

② 王贺立，姚望，杜丛新等．中国篮球职业化进程回顾 [J]．广州体育学院学报，2008，28（1）：18－21.

③ 张自明．对 CBA 联赛市场开发现状及发展对策研究 [D]．首都体育学院，2005.

CBA 是 Chinese Basketball Association 首字母的简称，它简洁明快，有特色，利于宣传且易被受众接受。历经 14 年的探索发展和产品宣传，CBA 已经成为最具影响力的中国顶端体育赛事品牌。2009 年《中国体育赛事现状及发展研讨》调查报告显示，在国内 16 项体育赛事品牌调查中，在赛事认知、赛事关注和赛事喜爱度三项统计排名中，CBA 均高居榜首。

三、CBA 联赛的探索历程

职业体育是西方发达资本主义国家竞技体育与市场经济耦合的产物。它的萌芽、初始、发展，直到目前较为成熟的运作模式经历了一百多年的历程。而我国职业体育的探索却刚刚起步，目前还处于并将较长时期处于初级阶段。我国竞技体育职业化肇始于 1994 年足球职业化探索，而篮球项目紧随其后，在 1995 年开启了职业化的探索历程。而回顾十几年的篮球职业化发展历程，改革是在尝试摸索中缓慢进行的，政策的不稳定性、实力的不均衡性、目标的模糊性是其中最为显著的特征。因为改革不是按照科学的规划稳步推进，改革过程充满反复性、试探性，而稳定和阶段性特征尚不明显。因此，若要对我国竞技篮球职业化发展历程进行阶段划分，目前尚缺合理划分的客观依据。回顾过去是为了将来更好地发展。通过对 CBA 过去赛季的回顾和梳理，从而总结经验，不断完善，如表 2-2 所示。

表 2-2 历届 CBA 联赛相关信息统计

赛季	球队数（支）	联赛名称
1995—1996	12	555 中国男子篮球甲级联赛
1996—1997	12	希尔顿全国男篮甲级联赛
1997—1998	12	希尔顿中国男篮甲 A 联赛
1998—1999	12	希尔顿中国男篮甲 A 联赛
1999—2000	12	希尔顿中国男篮甲 A 联赛
2000—2001	12	希尔顿中国男篮甲 A 联赛
2001—2002	13	摩托罗拉中国男子篮球甲 A 联赛
2002—2003	14	摩托罗拉中国男子篮球甲 A 联赛
2003—2004	12	联通新时空中国男子篮球甲 A 联赛
2004—2005	14	中国男子篮球甲 A 联赛
2005—2006	15	中国职业篮球联赛
2006—2007	16	中国职业篮球联赛

续表

赛季	球队数（支）	联赛名称
2007—2008	16	中国男子篮球职业联赛
2008—2009	18	中国男子篮球职业联赛
2009—2010	18	中国男子篮球职业联赛
2010—2011	17	中国男子篮球职业联赛
2011—2012	17	中国男子篮球职业联赛
2012—2013	17	中国男子篮球职业联赛
2013—2014	18	中国男子篮球职业联赛
2014—2015	18	中国男子篮球职业联赛
2015—2016	20	中国男子篮球职业联赛
2016—2017	20	中国男子篮球职业联赛
2017—2018	20	中国男子篮球职业联赛

（资料来源：中国篮协官方网站）

（一）球队数量

球队数量的多少直接反映了联赛的规模，同时也决定了联赛的场次多少和赛程的长短。从表 2-2 可知，CBA 联赛从 1995—1996 赛季的 12 支球队，发展到 2008—2009 赛季的 18 支球队。参赛球队的数量整体上呈现稳步提升趋势。2003—2004 赛季，由于中国香港飞龙队和中国台湾新浪狮队退出联赛，故此在那届 CBA 联赛上，参赛球队降为 12 支。2004—2005 赛季 CBA 联赛开始实施俱乐部准入制度后，云南红河、东莞新世纪和浙江广厦均夺冠晋级。在 2008—2009 赛季，天津荣钢和青岛双星携手进军 CBA，而作为 2008 年 NBL 联赛冠军，广东凤铝尽管通过了中国篮协的准入制考评，但却“卡”在最后的联赛委员会投票中，结果凤铝事件也成为 2008 年中国篮坛最为瞩目的事件之一。相比较 NBA 发展联盟的市场效益的全盘考量，CBA 球队的准入和数量的多少，在很大程度上还取决于政府行政管理的抉择。2015—2016 赛季，CBA 联赛扩充到 20 支球队。随着 CBA 联赛的不断发展以及孕育其中的巨大发展潜质，相信有越来越多的俱乐部将积极争取进军联赛发展。如何更加科学地规划联赛发展规模，如何更加合理地制定并顺利执行俱乐部准入制度就成为联赛管理者和决策层面临的重要命题。

（二）比赛场次

联赛的比赛场次多少直接关系到联赛影响力的大小，也直接关系到赞助商的商业回报。在过去的二十多个 CBA 赛季，各个赛季的比赛场次呈现出较大的波动性和差异性。在 2008—2009 赛季，CBA 联赛总共进行了 450 场比赛，创下了联赛最多场次记录。而在 2007—2008 赛季，由于备战北京奥运会，联赛大幅压缩，比赛场次也只有 277 场。相比较 NBA 较为固定的比赛场次，CBA 的比赛场次表现出很大的不固定性和随意性。究其原因，主要在于我国职业体育联赛的管理体制。客观而言，我国职业体育的发展当然也包含职业篮球的发展处于政府管理的统筹之下，具有明显的行政性和政府行为。而作为政府管理部门，竞技水平的提高和国际大赛的比赛成绩名次就成为首要任务。因此，为了保障充分的备战，压缩联赛赛程，减少比赛场次也就成为管理者的权衡之计和战略抉择。

（三）时间跨度

纵观 CBA 历届联赛，比赛时间跨度表现出非常明显的变动性。在 2008—2009 赛季，联赛时间跨度最大，共计 173 天，为 CBA 联赛历史上最长赛季。而最短赛季 2003—2004 赛季，联赛时间跨度只有 107 天。在联赛时间跨度表现出较大波动外，在联赛的开赛时间上也呈现出较大变动性，如表 2-3 所示：

表 2-3 历届 CBA 联赛起止日期

赛季	起止日期（年/月/日）
1995—1996	1995/12/10—1996/4/7
1996—1997	1996/11/27—1997/3/30
1997—1998	1997/11/23—1998/3/29
1998—1999	1998/12/27—1999/4/25
1999—2000	1999/11/2—2000/3/19
2000—2001	2000/11/8—2001/3/21
2001—2002	2001/12/8—2002/4/19
2002—2003	2002/12/7—2003/4/23
2003—2004	2003/11/16—2004/3/3
2004—2005	2004/11/1—2005/4/24
2005—2006	2005/11/2—2006/4/25

续表

赛季	起止日期（年/月/日）
2006—2007	2006/10/8—2007/3/30
2007—2008	2007/10/26—2008/2/26
2008—2009	2008/11/15—2008/3/20
…………	…………
2016—2017	2016/10/29—2017/4/16

（资料来源：中国篮协官方网站；………：代表部分赛季省略）

由表 2-3 可知，我国 CBA 联赛的开始时间波动较大，最早开始于 10 月的 8 日，最晚开始于 12 月 27 日，并且每个赛季开始时间几乎都各不相同。赛期也存在着一定变动，各个赛季从 3 个多月到 6 个多月各不相等。特别是在 2006—2007 赛季和 2007—2008 赛季为了备战北京奥运会，CBA 联赛赛程明显缩短。

（四）联赛名称

由于体育冠名权的原因，使得在 CBA 联赛的历史上出现过多种称谓的联赛名称。“体育冠名权也称体育冠名赞助，是体育赞助的主要形式。它是指企业或公司（赞助者）向体育部门（被赞助者）提供资金或实物，以取得对体育对象化事物（体育赛事、体育队伍、体育设施）的命名作为回报的特殊商业行为”①。目前，我国职业体育发展还处于探索阶段，各种联赛的企业冠名非常普遍。企业冠名赞助的直接动机就是借助联赛平台，最大程度地宣传企业形象，提升自身品牌影响力。而联赛寻求赞助的直接目的就是获取冠名费，实现经济效益的最大化。回顾 CBA 联赛的冠名赞助，1995—1996 赛季由 555 香烟取得联赛的冠名权，1996—1997 赛季到 2000—2001 赛季为希尔顿中国男子篮球级联赛，之后摩托罗拉和联通新时空分别取得过联赛的冠名权。在 2004—2005 赛季，为了提升联赛的品牌价值，本赛季首次取消了联赛冠名，康师傅、俊业珠宝等 8 家企业成为联赛赞助商。2017—2018 赛季是 CBA 联赛公司独立运行的新赛季。新赛季，曾经与姚明长期合作的中国人寿，成为 CBA 联赛在 2017—2020 年唯一官方主赞助商，其中以中国人寿为单一最大股东的广发银行，成为 CBA 官方合作伙伴。中国人寿不仅是 CBA 历史上第一个非运动品牌的主赞助商，并且还获得授权使

① 苑高兴，金卫东，李福祥等．我国体育冠名权的法律性质分析［J］．体育与科学，2006，27（5）：40－42.

用CBA球场中圈广告位，而这也是CBA历史上首次开放中圈位置广告。据悉，中国人寿每年对CBA联赛的赞助金额在3.5亿人民币左右，而之前五年，CBA赞助商李宁的赞助额则为每年4亿人民币。

（五）比赛赛制

“赛制”顾名思义就是比赛的制度。在每届CBA联赛开赛前，联赛的主管部门——中国篮协都会公布新赛季的竞赛规程。根据篮协的竞赛规程，“赛制”是指联赛中所采用的球队间相互进行比赛的方法，各俱乐部球队相互比赛的场次（包括主客场的要求）、成绩的计算、第二阶段的比赛方法以及最终的名次排定等”①。由表2-4可知，历届CBA联赛的赛制呈现出以下特点：第一，波动性。纵观过去14个赛季，没有两个赛季的赛制是完全相同的。第二，探索性。科学合理的赛制是保障比赛精彩程度、吸引球迷、扩大联赛市场的重要保证。从赛制的调整和制定来看，CBA联赛始终是在探索中发展前行。第三，效仿性。NBA作为全球最为成功运作的职业体育赛事之一，它的成功经验和运作模式为其他国家发展职业篮球提供了有益的参考和借鉴。尽管国情不同，体制迥异，CBA在发展过程中，在很大方面还是或多或少地参考或移植了NBA的模式。在赛制上也是如此，比如南北分区就是效仿NBA的东西部联盟。另外，全明星赛的策划、包装等也明显地带有NBA的模式。

表2-4 历届CBA联赛赛制一览

赛季	赛制
1995—1996	常规赛采用双循环赛制、季后赛则分为上（1—4名）、中（5—8名）、下（9—12名）三个区，采用主客场淘汰赛制
1996—1997	常规赛阶段采用主客场双循环赛制，季后赛则分为争冠交叉淘汰赛（常规赛前8名）和保级循环赛（常规赛后四名）
1997—1998	常规赛采用主客场双循环赛制，季后赛，前8名采用主客场多场决胜的交叉淘汰赛制——复赛和半决赛采取3战2胜制（胜出者进入下一阶段，负者即按照常规赛名次的先后顺序来排定座次），冠军争夺战采用5战3胜制。常规赛后四名球队则继续采用主客场双循环制来决定最后降级的两个队
1998—1999	主客场预赛、决赛制。预赛阶段仍采用主客场制双循环赛，决赛阶段为前8名通过3战2胜和5战3胜的主客场交叉淘汰赛决出冠军，后四名通过双循环赛决出名次，获第11、12名的队降至甲B队

① 程培鹏．NBA与CBA联赛赛制功能对比研究［J］．湖北体育科技，2007，26（5）：512—514.

续表

赛季	赛制
1999—2000	本赛季的希尔顿篮球联赛保留了大部分赛制，只是在个别地方作了一些改动。一、上场外援从原来的 4 节 4 人次增至 4 节 5 人次；二、决赛阶段前 3－6 名的排列方式改为按名次各队自选位置对阵比赛；三、预赛阶段在春节前结束
2000—2001	本赛季的希尔顿篮球联赛保留了大部分赛制，只是在个别地方做了一些改动，推出 3 人裁判制，实行技术统计计算机联网等。这些变革将使比赛节奏更加紧凑流畅，比赛结果更扣人心弦
2001—2002	为增加季后赛的时间和场次，扩大影响，前 8 名的 1/4 决赛改为 5 战 3 胜制。预赛前 4 名在决赛阶段可依名次挑选对手和位置，并规定预赛名次在前的队多安排 1 个主场。本次联赛第 12、13 名的队（如不含新浪队）或获本次比赛第 11、12、13 名队（如含新浪队）降为甲 B 球队，参加 2002 年甲 B 联赛
2002—2003	联赛分为预赛和决赛两个阶段举行。前八强采用 5 战 3 胜交叉淘汰制比赛决出总冠军，后 4 名采用双循环赛决定降级队
2003—2004	联赛分为预赛和决赛两个阶段举行。前八强采用 5 战 3 胜和 3 战 2 胜交叉淘汰制比赛决出总冠军，后 4 名队双循环赛决定降级队
2004—2005	首次推出“一周三赛”；首次取消了升降级；首次把参赛队分成南、北两大区，并决出南北两大区的冠军
2005—2006	本赛季开始实施准入制，在赛制上取消了升降级，坚持以南北分区、增加场次、突出对抗为特点的“新型竞赛模式”
2006—2007	本赛季取消了南北分区。常规赛 16 支队进行主客场双循环赛制，常规赛前 8 名进行主客场 5 战 3 胜制交叉淘汰赛，常规赛名次列前的队多安排 1 个主场，取得获胜场次后不再比赛。1/4 赛和半决赛的负队不再进行比赛。总决赛采用 7 战 4 胜制。9 名以后的队不再进行比赛
2007—2008	分为常规赛和季后赛两个阶段进行，季后赛采取 5 战 3 胜制，总决赛采取 7 战 4 胜制
2008—2009	恢复南北分区，常规赛：同区（南区或北区）球队进行四循环、异区（南区和北区）球队进行双循环（常规赛阶段每个球队打 50 场比赛）。常规赛的前 8 名进入季后赛。季后赛采用交叉淘汰赛。四分之一决赛和半决赛均采用 5 战 3 胜制，总冠军决赛采用 7 战 4 胜制。常规赛一周三赛
………	………
2017—2018	常规赛：所有球队进行双循环比赛，胜一场得 2 分，负一场得 1 分，弃权得 0 分；季后赛：常规赛的前十名进入季后赛。季后赛分四个阶段：第一阶段（10 进 8）采用 3 战 2 胜制（1－1－1），常规赛 1－6 名队伍轮空自动进入第二阶段，常规赛第 7 名 VS 第 10 名、第 8 名 VS 第 9 名，胜者进入季后赛第二阶段比赛。第二阶段（四分之一决赛）采用 5 战 3 胜制（1－2－1－1）。第三阶段（半决赛）采用 7 战 4 胜制(2－3－2)，第四阶段（总决赛）采用 7 战 4 胜制（2－2－1－1－1），常规赛名次列前的队多一个主场。季后赛采用交叉淘汰赛

（资料来源：中国篮协官方网站；……：代表部分赛季省略）

(六) 联赛排名

在 CBA 过去的 22 个赛季中，共有 6 支球队获得过总冠军（表 2-5）。分别是八一、上海、广东、北京、四川、新疆。八一 8 次获得联赛总冠军，其中在 CBA 联赛前 6 个赛季蝉联 6 次总冠军，蝉联总冠军次数以及获得总冠军次数目前都是名列第一。而在 2001—2002 赛季，随着王治郅加盟 NBA，八一内线实力失去最为重要的攻防核心，而上海东方在姚明的带领下一举击败八一首次获得 CBA 联赛总冠军，接着姚明带着 CBA 联赛总冠军的荣誉进军 NBA。而失去姚明的上海队也失去了半壁江山，俱乐部竞技实力陷入低谷，一度沦为 CBA 联赛的弱旅。仅仅在 2006—2007 赛季进入季后赛，最终取得第八名。八一在姚明进军 NBA 的有力时机，凭借着强大的整体实力在 2002—2003 赛季再次获得总冠军。随着王治郅和姚明相继远赴 NBA，八一和上海纷纷失去绝对统治实力。而此时广东宏远的竞技实力日益提升，一举夺取 2003—2004、2004—2005、2005—2006 以及 2007—2008、2008—2009、2009—2010、2010—2011、2012—2013 等 8 个赛季的联赛总冠军。回顾 CBA 联赛 6 支夺冠球队的夺冠路径，基本透视了 CBA 联赛的发展趋势和未来走向。八一双鹿电池篮球队是中国篮坛一支老牌甲级劲旅，历史上曾 8 次获得 CBA 总冠军，7 次获得全运会金牌，同时为国家培养和输送了多名优秀运动员和教练员，为我国篮球事业的发展和提高做出了重大贡献。优良的军队传统形成了从严治队、严格训练、勇猛顽强、敢打敢拼、团结协作的战斗作风和注重防守、快速准狠、内外结合的战术风格。先后培养了阿的江、刘玉栋、李楠、张劲松、王治郅等一批在国内外享有卓越声誉的著名运动员，其中王治郅也成为中国乃至亚洲登陆 NBA 的第一人。而八一的成功离不开举国体制的独特优势，在过去很长时期内，八一充分利用了举国体制的优势在全国范围内网罗人才，为已所用。正是凭借着源源不断的后备人才输入，从而造就了八一丰富而高质量的人才储备，这也是八一统治中国男子篮球竞争格局的重要原因。而相对八一的体制优势，上海男篮依靠的是逐渐成熟崛起的姚明。姚明凭借着绝对的身高加之日益精进的技术水平、战术素养以及不断强壮的体魄统治了国内篮坛，上海东方正是在姚明的带领下实现了上海男篮的突破，第一次夺取了 CBA 联赛的总冠军。而相比较八一的体制优势，上海的姚明优势，广东宏远依靠的却是现代职业篮球俱乐部的运行机制，其中最为关键的一点就是长期注重人才的挖掘、培养和利用。广东宏远凭借优良的区位优势和雄厚财力支撑以及以人为本的人才理念，造就了人才吸引、科学培养、合理使用、有效交流的良性循环。先后为国家队培养输出众多国手，如李群、易建联、朱芳雨、杜峰、王仕鹏、陈江华、刘晓宇、周鹏、苏伟。而北京、四川和新疆三支球队夺冠之匙则是充分发挥了外援的统治作用。尽管 6 支 CBA 联赛夺冠球队的夺冠路径不同，但是其中核心环节却是相同的，即高水平的优秀篮球人才的挖掘、培养和使用。

表 2-5　历届 CBA 联赛球队排名

赛季	排名
1995—1996	1. 八一、2. 广东宏远、3. 北京首钢、4. 辽宁鞍钢、5. 山东、6. 浙江中欣、7. 济南部队、8. 沈阳部队、9. 武汉空军、10. 江苏诚怡、11. 南京部队、12. 前卫
1996—1997	1. 八一、2. 辽宁、3. 广东、4. 山东、5. 江苏南钢、6. 上海东方、7. 中国联航雄鹰、8. 沈阳部队、9. 北京鸭、10. 四川熊猫、11. 浙江中欣、12. 济军天马
1997—1998	1. 八一、2. 辽宁、3. 山东、4. 北京鸭、5. 上海、6. 广东、7. 江苏、8. 济南部队、9. 浙江、10. 空军、11. 沈阳部队、12. 四川
1998—1999	1. 八一、2. 辽宁、3. 广东宏远、4. 北京首钢京师、5. 山东永安、6. 上海东方、7. 北京奥神、8. 浙江万马、9. 吉林东北虎、10. 江苏南钢、11. 双星济军、12. 四川蓝剑
1999—2000	1. 八一、2. 上海东方、3. 广东宏远、4. 山东永安、5. 北京首钢、6. 前卫万燕奥神、7. 辽宁盼盼、8. 江苏南钢、9. 浙江万马、10. 吉林东北虎、11. 湖北美尔雅、12. 南京军区
2000—2001	1. 八一、2. 上海东方、3. 北京首钢、4. 吉林恒和、5. 辽宁盼盼、6. 广东宏远、7. 北京奥神、8. 江苏南钢、9. 山东永安、10. 浙江万马、11. 双星济军、12. 沈部鞍山
2001—2002	1. 上海、2. 八一、3. 吉林、4. 山东、5. 北京首钢、6. 浙江、7. 广东、8. 新浪狮、9. 江苏、10. 山西
2002—2003	1. 八一双鹿、2. 广东宏远、3. 吉林一汽、4. 北京首钢、5. 新疆广汇、6. 山东火牛、7 浙江万马、8. 北京奥神、9. 江苏南钢、10. 上海东方、11. 辽宁盼盼、12. 陕西盖天力、13. 明基新浪狮、14. 中国香港飞龙
2003—2004	1. 广东宏远、2. 八一双鹿、3. 江苏南钢、4. 吉林通钢、5. 新疆广汇、6. 山东金斯顿、7. 北京奥神、8 陕西盖天力、9. 上海东方、10. 北京万丰奥特、11. 浙江万马、12. 辽宁盼盼
2004—2005	1. 广东宏远、2. 江苏南钢、3. 八一双鹿、4. 云南红河、5. 辽宁盼盼、6. 北京首钢、7. 新疆广汇、8. 吉林通钢、9. 上海东方、10. 陕西东盛、11. 河南仁和、12. 山东金斯顿、13. 浙江万马、14. 福建浔兴
2005—2006	1. 广东宝玛仕、2. 新疆广汇、3. 江苏南钢、4. 山东黄金、5. 辽宁盼盼、6. 东莞新世纪、7. 八一双鹿、8. 福建浔兴、9. 广厦建设、10. 北京首钢、11. 浙江万马、12. 上海东方、13. 云南红河、14. 吉林东北虎、15. 陕西东盛、16. 山西中宇
2006—2007	1. 八一双鹿、2. 广东宝玛仕、3. 江苏大华、4. 辽宁盼盼　5. 山东黄金、6. 浙江万马、7. 福建 SBS、8. 上海东方、9. 新疆广汇、10 北京金隅、11. 吉林通钢、12. 东莞新世纪、13. 陕西汉斯、14. 浙江广厦、15. 山西中宇、16. 云南红河

续表

赛季	排名
2007—2008	1. 广东宝玛仕、2. 辽宁盼盼、3. 江苏南钢、4. 东莞新世纪、5. 山东黄金、6. 八一双鹿、7. 福建浔兴、8. 广厦建设、9. 北京金隅、10. 浙江万马、11. 新疆广汇、12. 云南红河、13. 上海东方、14. 吉林东北虎、15. 陕西东盛、16. 山西中宇
2008—2009	1. 广东东莞银行、2. 新疆广汇、3. 江苏德玛斯特、4. 陕西中旅联盟、5. 东莞马可波罗、6. 福建SBS、7. 浙江广厦、8. 山东黄金、9. 北京金隅、10. 山西中宇、11. 八一双鹿、12. 辽宁盼盼、13. 长春大成生化、14. 浙江万马、15. 青岛双星、16. 天津荣钢、17. 上海西洋、18. 云南红河
2009—2010	1. 广东东莞银行、2. 新疆广汇、3. 浙江广厦、4. 上海西洋、5. 辽宁盼盼、6. 江苏德玛斯特、7. 福建SBS、8. 八一双鹿、9. 山东黄金、10. 浙江万马、11. 东莞马可波罗、12. 天津荣钢、13. 吉林龙润茶、14. 上海大鲨鱼
······	······
2016—2017	1. 新疆、2. 广东、3. 辽宁、4. 深圳、5. 上海、6. 广厦、7. 四川、8. 山东、9. 北京、10. 江苏、11. 天津、12. 青岛、13. 山西、14. 吉林、15. 福建、16. 浙江、17. 北控、18. 同曦、19. 广州、20. 八一

（资料来源：中国篮协官方网站；······：代表部分赛季省略）

第三节　我国“职业篮球”俱乐部的形成与发展

一、我国职业篮球俱乐部的形成与发展

竞技篮球职业是世界篮球运动发展的趋势和潮流，目前已有几十个国家开展了自己的职业篮球联赛。我国竞技体育职业化开始于1994年的足球职业化改革，而篮球也是我国职业体育的先行者，开始于1995—1996赛季的555中国男子篮球甲级联赛。时至今日，CBA联赛已经运营了22个赛季。CBA联赛已经成为我国职业体育产业重要的组成部分，而作为产业主体的职业篮球俱乐部也见证了我国职业篮球的发展历程。职业篮球俱乐部是职业篮球的组织之一或是主要的组织形式，但并非唯一的职业篮球组织形式。职业篮球俱乐部制度的推行，是我国竞技篮球体制改革的重大举措，是在社会主义市场经济条件下解决我国竞技篮球发展所遇矛盾和困难的探索尝试，为我国篮球改革发展，为竞技篮球社会化、产业化、市场化提供了借鉴，产生了积极的推动作用。1995年，中国篮协紧随足

球职业化改革后尘，与 IMG（国际管理集团）合作，以改革全国男篮甲级联赛赛制为突破口，以产业化、职业化为努力方向，推动了我国竞技篮球职业化进程和俱乐部的建立。我国第一个职业篮球俱乐部是广东东莞宏远篮球俱乐部，它于 1993 年 12 月 28 日由中国篮球协会正式批准成立。

在 1995—1996 赛季 555 中国男子篮球甲级联赛上有 12 家俱乐部参赛，1996—1997 赛季，中国篮协又与中国香港精英公司合作，由精英公司赞助 130 万美元，由 8 家俱乐部参加的 CNBA 联赛正式运行。尽管由于种种原因，CNBA 只运行了一个赛季就宣告结束，但是 CNBA 为我国职业篮球俱乐部的建设积累了宝贵的经验。1998 年，中国篮协为了进一步完善职业篮球俱乐部的运作，先后出台了《运动员注册管理办法》《运动员管理办法》《男篮俱乐部运动员收入的管理办法》等文件。我国职业篮球俱乐部逐步由企业赞助形式向企业参与管理经营、向实体化、法人化转变。到 2008—2009 赛季，CBA 联赛已经发展到了 18 家职业篮球俱乐部。纵观我国职业篮球俱乐部所有制性质，可以分为三种类型，第一种，与政府联办的合作型俱乐部。这里的政府是指政府的职能部门——体育局。此种类型的俱乐部比如北京首钢、江苏南钢等。第二种，企业自办的俱乐部，即企业成立俱乐部，把职业篮球作为产业经营发展，此种类型俱乐部比如广东宏远、山西中宇等。第三种，股份制的俱乐部，即由投资方按照出资多少来拥有俱乐部股份，此种类型俱乐部比如上海东方、辽宁盼盼等。客观理性而言，我国职业篮球俱乐部的形成和发展超越不了我国职业体育现有发展阶段。作为职业篮球市场的主体，职业篮球俱乐部的职业化程度直接决定了联赛整体的职业化水准。在目前发展阶段，由于种种原因导致了我国职业篮球俱乐部运作和发展困境，当然其中也有广东宏远职业篮球俱乐部这样的“成功模式”。虽然宏远模式尚未到达真正的职业化程度，但是至少具备了中国特色的职业化模式。

二、我国职业篮球俱乐部产生与发展的动因

（一）政治因素

举国体制作为我国竞技体育的管理体制，作为一种发展方式和制度设计，它的出发点是为了提升我国竞技体育水平和国际竞争综合实力，力争在以现代奥林匹克运动会为最高层次的国际竞技体育大赛中夺取优异运动成绩，为国争光。实践证明，举国体制为我国竞技体育辉煌历史成就的取得奠定了坚实的制度基础。在不同的历史时期，我国竞技体育十分出色地完成了政治使命，为我国综合国力

的提升贡献了自己的力量。由于我国竞技体育所负有的特定政治使命感和民族荣誉感，因此国家的政策导向和功能定位直接决定了竞技体育的发展路径。尽管职业体育在西方国家已经运行了几十年，但是直到20世纪90年代早期，我国体育界还是坚信职业体育是资本主义制度和市场经济的产物。而我国尚处于社会主义市场经济初级阶段，经济发展水平、人们的消费能力等决定了我国发展职业体育为时尚早。可喜的是，随着邓小平南巡讲话关于"姓资姓社"和"三个有利于"的高端权威阐述，使得改革的中国思想更加解放。随后召开的党的十四大确立了建立社会主义市场经济体制的目标，从而为我国竞技体育职业化改革探索奠定了政治空间。"在整个社会向社会主义市场经济体制迈进的形式下，长期在计划经济体制庇护下的我国竞技体育改革显得迫在眉睫。在这一背景下，将一些市场前景好、观赏性强的竞技体育项目推向市场，走社会化、产业化的发展道路成为决策者思考的问题"①。1994年，足球项目首先开始了职业俱乐部探索。1995年，中国篮球也正式开始了职业化的改革探索。

（二）经济因素

在职业化改革探索之前，我国竞技体育一直属于行政巨大投入和直接管理的消耗型社会公益性事业。竞技体育的这一角色定位和性质特征使其在运作和发展过程中表现出极强的依赖性。具体表现在，竞技体育的发展规模和竞技水平在很大程度上取决于国家的重视程度和物质投入。由于主要依靠国家大量的人力、物力和财力的投入维持发展，而这种运行模式直接导致了竞技体育发展中资源配置的不合理、重复投入、资源浪费现象严重。由于投入产出效益低下，若要维持或提高竞技成绩就不得不追加更大的投入，从而使国家的投入不断攀升，见表2-6：

表2-6 我国体委系统1994—1997训练机构经费情况（万元）

	1994	1995	1996	1997	1997年比1994年增加（%）
训练机构	119233	144334	203224	216189	81
优秀运动队	63168	76160	96080	120029	90

注：训练机构含优秀运动队、体育运动学校、业余体校等。支出含工资、福利、业务费等，不含场地修造费②。

① 张林．职业体育俱乐部运行机制［M］．北京：人民体育出版社，2001，76—77.

② 张林．职业体育俱乐部运行机制研究［M］．北京：人民体育出版社，2001：87.

从表 2-6 可见，这种“被动发展”的状态和“高投入、低产出”的粗放型发展模式，必将影响我国竞技体育在日益激烈的国际竞技体育竞争格局中的地位。因此，改革我国竞技体育就成为历史的必然。这种必然体现基于以下考量，首先，国家发展范式的调整。科学发展观的提出标志着我国经济社会发展思路的完善调整。我国竞技体育的改革发展当然要受到社会整体发展范式的制约和促进。因此，过去的竞技体育发展模式自然要进行改革和调整。而职业化最具有时代意义，也将是最为深远的改革探索。其次，当代竞技体育不光具有为国争光的工具属性，同时已经具有了巨大的潜在产业市场和经济效益。随着我国社会主义市场经济体制的不断完善发展，同时借鉴国外的经验，尝试为有条件的项目进行职业化改革，挖掘经济功能，产生经济效益也就成为必然选择。而篮球作为集体项目，它的运行和发展成本更高。因此，在过去相当长的时间内，作为金牌效益差，高投入、低产出的篮球项目基本不在省市一级体委的工作计划之列。但是，篮球在我国具有深厚而广泛的群众基础，具有职业化发展的先天优势和潜在市场。因此，为了缓解篮球运动尤其是竞技篮球运动经费投入不足的困境，同时也为了激活我国篮球运动发展潜力，在借鉴足球职业化改革的模式下，联赛推行俱乐部制的探索也就成了顺势而为。

（三）群众需求

篮球运动作为集体性的球类项目，以其独特的趣味性、娱乐性、健身性而深受我国人民的喜爱，是人们闲暇生活和娱乐健身不可或缺的内容。但是在奥运战略的调整下，为了迅速改变我国竞技体育结构极不合理的状况，20 世纪 80 年代，国家体委提出了“缩短战线、保证重点、突出发展优势项目和田径、游泳等基础性项目”的发展战略。而篮球项目在当时竞技水平较低，队伍编制大，投入经费高，产出效益低。因此，各个省市在竞技体育发展规划中像篮球这样的集体弱势项目，基本不在考虑之中。由于一线队伍减少，后备人才的输送渠道阻滞，导致青少年人才培养严重脱节。同时高水平的篮球竞赛活动减少，远远不能满足广大篮球受众的娱乐和精神需求。体委作为政府主管部门也承受着来自群众需求的压力。基于财政投入的局限一时间无法有效改变现状，而此时借助“职业化”改革的利好政策支持，利用社会资本组建“职业篮球”俱乐部正好满足了群众的需求。

（四）利益考量

在我国竞技篮球向职业化迈进的进程中，“职业篮球”俱乐部的产生，作为联赛主管者的政府和作为联赛主体的俱乐部及投资人都有着自己的利益考量。任何一项改革都要付出代价，都是有风险的。改革顺利与否取决于改革过程中能否最大限度地避免伤害各方面的既得利益，避免利益关系的重大调整。这也是推行职业体育俱乐部制度时必须考虑的问题。① 作为政府的主管部门，竞技水平和国际比赛成绩是作为利益考量的第一要位。因此，成立“职业篮球”俱乐部最好是既不失去管理权，又可以进行市场探索，吸取发展资金，解决发展的财政供给困境。所以，在“职业篮球”俱乐部产生的初期，政府都是直接参与的，主要是以运动员、教练员、场地设施等作为入股资本。在“职业篮球”俱乐部成立后，政府的财政投入没有改变，增加的却是俱乐部冠名权的企业赞助。至此，政府的控制权没有减弱，而又获取了竞技篮球发展的运作资金，可谓“零风险”。而俱乐部的投资者自然也有自己的“算盘”。作为商人，任何投资都是为了获取更大的回报。只做奉献，不求回报不符合市场游戏规则，逐利是资本的天性。针对我国现有的“职业篮球”政策环境，俱乐部投资者的利益考量主要涵盖以下几个方面。首先，看重的是“职业篮球”的发展前景，提前投资注册“职业篮球俱乐部”抢占先机，这属于发展规划或发展战略的考量。其次，由于绝大多数俱乐部的组建过程中，政府都或多或少地拥有股份或控制权，在一定程度上，投资人和政府形成了业务合作伙伴。因此，投资人可以利用政府的权势或职能为自己的企业获取其他方面的社会公关便利，比如投资企业家的人大代表或政协委员的身份获取。再者，由于我国竞技篮球职业化是政府主导和推动的市场化、社会化探索，在鼓励和吸引社会资本投资“职业篮球”的过程中，为投资方提供税务减免，为俱乐部解决建设用地等方面提供政策支持。

第四节　CBA 联赛职业化改革探索的绩效分析

习近平总书记曾经指出：“三大球是体育强国的标志，要想办法把水平搞上去，同时可以把篮球的发展目标定的高一些。”中国男子篮球经过几代人的传承发展，曾经取得过较好的成绩，先后四次获得世界大赛第八名。但伴随着外部发展环境的时代变迁，既往竞技篮球管理体制的弊端也逐步显现，主要表现在专业队伍缩减、后备人才不足、赛制缺乏吸引、发展资金短缺等。改革成为必由路径，改革既是顺势而为也是主动探索。1995 年在借鉴国外篮球发展模式并结合

① 张林．职业体育俱乐部运行机制研究［M］．北京：人民体育出版社，2001：90－91.

国内足球改革经验的基础上，中国竞技篮球开启了职业化探索实践。而“培养人才、开发市场、为国家做贡献”构成了改革的目标指向。经过二十多年的探索发展，尽管存在问题和不足，但是不可否认 CBA 联赛业已取得了客观的改革绩效。

概念是思维的逻辑起点。绩效分析起初用于项目投资领域，后来逐步延伸到一切管理活动中。有学者把绩效定义为：组织和个体以一定的方式，在一定时间内取得了一定的结果①。借鉴绩效内涵的三维分析（方式、时间、结果），结合 CBA 联赛职业化改革实践，本书将 CBA 联赛职业化改革业已取得的绩效理解为：由政府主导和社会资本参与下（方式），经过 22 个赛季的改革探索（时间），初步实现了竞技篮球与职业篮球的融合发展（结果）。具体而言，主要体现在以下方面：

一、发展方式：由政府单一主体变为政府主导、社会多元主体共同参与

任何一个国家的体育发展过程，皆是在满足社会需要而做的应答和调适②。回望我国篮球运动发展方式的历史演进，其实质也是在满足社会需求的前提下，充分激发相关发展主体的主动性与创造性的过程。这一过程既是客观条件的变化使然，也是发展主体对外在条件变化规律的深刻理解和主动把握。根据亚当·斯密的利益最大化原理，理性人（经济人）的趋利避害行动会使资源优化配置，从而使社会收益最大化③。在金牌主义的理性选择下，篮球作为投入大、周期长、见效慢的集体项目自然成为“第二选择”。要么被动淘汰，要么主动革新。在 1994 年底的篮球工作会议上，时任篮球主管领导的杨伯镛正式宣布新赛季以竞赛为切入点，开启中国篮球职业化改革序幕。因此，业界也把 1995 年称为 CBA 联赛的改革元年。伴随着改革进程的不断推进，CBA 联赛发展方式逐步由政府单一主导过渡为社会多元共治。尽管屡遭诟病的联赛管理权、决策权长期被政府所垄断，但垄断本身也是一种创新。不可否认，职业化发展方式逐步地调动了多元参与主体的主动性和积极性。

① 杨杰，方俐洛，凌文铨．绩效评价的若干问题［J］．应用心理学，2000；（6）2：53—58.

② 杨桦，任海．转变体育发展方式由“赶超型”走向“可持续发展型”［J］．北京体育大学学报，2013，36（1）：1—9.

③ 李培林．理性选择理论面临的挑战及其出路［J］．社会学研究，2001，6：43—55.

二、所有制结构：由静态封闭单一所有制向动态开放多元所有制创新发展

所有制反映的是经济关系，所有制结构反映的则是不同所有制形式之间的比例构成关系。在职业化改革之前，我国竞技篮球是单一的国家所有制结构，从球员到教练都是“体制内人”，国家是竞技篮球的投资者也是受益者。回顾CBA联赛首个赛季12支球队所有制结构，可以分为三种形式：部队所有、省市体委所有、民营企业所有。前两种形式在本质上都属于国有，共有11家俱乐部，而真正的私有制球队仅广东宏远一家。伴随着CBA联赛改革推进，俱乐部所有制结构逐步丰富。以2016—2017赛季为例，尽管八一队“人权”属于部队属性，但是“物权”则属于企业。而另外19家俱乐部则呈现出多样化的所有制结构。民企所有，如广东宏远、新疆广汇、四川金强等；国企所有，如山东高速、北京首钢、北控水务等；个人所有，如通过股权转让姚明获得了上海队所有权；混合所有，如辽宁衡业、江苏同曦等（这些俱乐部是由体育局和投资企业共同持股）。可见，CBA联赛俱乐部已由封闭静态的单一所有制结构演变为动态开放的多元所有制结构。

三、品牌影响力：由项目影响力迁移为联赛品牌价值和影响力同步并进

不同项目的全球影响力是反映受众基础与媒体喜好的直接体现。有研究得出，篮球项目在雅典奥运会全球影响力排名第5位①。影响力体现在社会和市场两个方面。社会层面的影响力主要是对受众认知、倾向、意见、态度和信仰以及由此产生的外在行为的控制作用。而市场层面的影响力则是基于自身品牌和声誉影响受众的信任或决策。可见受众是影响力作用的终端，同时也是决定影响力大小的关键。CBA联赛品牌影响力既往没有规范统一的定义，本书从受众视角进行了探索性界定，即CBA联赛品牌影响力是指为了实现某种传播效果，借助一定传播手段向受众传递相关信息，从而对社会发生作用的力度②。在注意力经济

---

① 刘健，舒盛芳．夏季奥运会竞赛项目全球影响力定量分析［J］．上海体育学院学报，2015，3：23－27.

② 郝家春，汪如峰．CBA联赛品牌影响力及提升路径研究［J］．哈尔滨体育学院学报，2011，29（3）：7－10.

视域下，职业体育与大众传媒早已形成互赢共生关系。在新华社发布的 2017 年中国最具赞助价值体育赛事 TOP100 榜单中，中超联赛以 94.97 分名列榜首，而 CBA 联赛以 94.17 分排名第二位。伴随职业化改革带来的品牌影响力提升，CBA 联赛有力地推动了篮球项目在我国的快速发展。另外，随着传媒技术的迅猛发展和数据时代的到来，使得 CBA 联赛的传播渠道进一步拓展，受众人群不断延伸。传播力决定影响力。收视率是传播力的直观体现，也是反映赛事影响力的晴雨表。根据电视传播分析得出，2015—2016 赛季 CBA 联赛整体收视率领先于中超联赛和 NBA 联赛。

四、市场开发：从举步维艰的经济困境到品牌溢价能力的不断提升

在欧美体育发达国家，职业体育已经成为体育产业核心业态，发挥着重要的辐射效应。而在职业体育产业链中，竞赛表演则是核心环节，尽管直接产值比例不大，但它是职业体育的载体，通过引领作用而带动大众体育蓬勃发展。尽管不同国家对竞赛表演业组成部分的理解不尽相同，但内涵基本一致，即为观众或受众提供高质量的竞赛产品，以满足视觉享受和精神需求[①]。中国体育职业化是指把部分竞技水平高、群众基础好、市场潜力大的竞赛项目推向产业化、市场化的过程[②]。回望 CBA 联赛改革历程，职业化改革的原始动机在于寻求新的发展方式，而开发市场也是主要目标之一。回顾 CBA 联赛市场开发可知，前 9 个赛季市场开发手段较为落后和单一，主要通过联赛冠名的方式，获取联赛急需的发展资金；从 2005 年开始，CBA 联赛市场开发进入新阶段。通过与瑞士盈方成立合资公司对联赛进行全新的商业包装和市场开发，从而带来了市场收益的稳步提升。随着 CBA 品牌溢价能力的不断提升，2012 年盈方公司成功续约 5 年，续约的费用总计达到了 17 亿元人民币。市场逐步开发带来了品牌吸引力不断拓展和品牌溢价能力逐步提升。2016—2017 赛季 CBA 赞助商数量上升到 25 个，其中李宁品牌成为官方战略伙伴，签约费用达到了 5 年 20 亿元人民币。

---

① 鲍明晓．财富体育论［M］．北京：人民体育出版社，2012：9.

② 胡利军，杨远波．中国职业体育发展研究［J］．体育科学，2010，30（2）：28—40；47.

五、人才培养：从传统单一人才培养途径到多元人才培养渠道的延伸拓展

受益于完善的校园篮球培养体系，从而保障了NBA联赛高水平篮球人才的持续供给。而受限于既往篮球人才培养效率低下的制约，探索人才培养新模式成为CBA联赛职业化改革的动机之一。伴随着参与主体的多元化，CBA联赛能否更好更快发展，让多元利益主体分享职业化改革红利，在很大程度上取决于高水平篮球人才培养与供给。从新中国成立到CBA联赛职业化改革之前，中国篮球人才培养一直沿袭的是三级训练体制，客观上三级训练体制为中国篮球发展提供了人才基础，但是随着篮球发展环境的变迁，既往培养模式的效率低下、手段单一的弊端逐步显现。究其原因，首先传统培养模式吸纳新知识、新方法的意识和能力薄弱；其次传统赛会制比赛场次少，锻炼效果低下；再者运动员上升通道狭窄，客观上抑制了家庭支持和社会参与。随着职业化改革的不断推进，CBA联赛人才培养意识不断增强，培养渠道逐步拓展，人才效益逐渐显现。总结CBA联赛历届总冠军球队的制胜要素不难发现，国内球员培养质量已经成为决定球队竞争力不可或缺的重要因素。而在对外篮球人才交流方面，CBA联赛已有六位球员先后登陆NBA联赛。国际球员的输出不仅彰显了CBA联赛人才培养效益，更为重要的是极大地提升了培养主体的发展预期和信心。随着联赛品牌价值的提升和运动员个人价值的实现，CBA联赛后备人才培养管道必将得到不断延伸和拓展。

六、职业精神：由传统单一的精神激励到职业精神和效率意识的逐步觉醒

梳理人类体育运动发展脉络遵循着以下路径：玩要→游戏→体育→工作[①]。和一般的工作不同，职业化意味着高水平和专业化，因此把体育作为工作的人群必须具备良好的职业精神，唯有此才能满足非常专业的工作规范和异常激烈的职业竞争。竞技体育强调拼搏精神与奉献意识，职业体育崇尚职业精神与效率意识。在目前我国竞技体育与职业体育融合阶段，这两种精神和意识存在着交集和

---

① 罗纳德B.伍兹著；田慧译．体育运动中的社会学问题［M］．北京：人民体育出版社，2011：8—9.

共存，也不可避免地存在着客观的矛盾和冲突。随着改革的不断推进，CBA 联赛相关主体的职业精神得到逐步唤醒。在篮协层面，尽管其行政思维和计划手段屡遭诟病，但是积极借鉴 NBA 以及中超发展经验，努力培育 CBA 品牌形象，不断提升联赛市场价值，以及对俱乐部发展诉求的逐步回应，在一定程度上体现了篮协的职业意识表达。2017 年 2 月姚明当选中国篮协主席以后，篮协的职业精神和专业素养呈现出积极的发展态势；在俱乐部层面，公司化治理结构与市场化运行机制逐步建立，尽管治理能力还存在不足，但是俱乐部自我管理意识在逐步增强；在运动员层面，职业球员的职业态度与敬业精神是衡量高水平职业联赛发展水平的重要体现。令人欣慰的是，CBA 联赛职业球员的职业精神已被逐步唤醒，主要体现在训练投入、比赛态度、转会流动以及自身利益争取与表达等方面。

七、文化交流：由过往国外单向文化输入到中外篮球文化双向深度交融

潘光旦先生认为人类认知一般遵循以下逻辑顺序：理化现象→有机现象→心理现象→社会现象→文化现象①。可见文化现象是人类认知的高级阶段。由于文化现象丰富多彩，包罗万象，因而人们对文化的定义也是仁者见仁，不易规约。费孝通先生认为：文化是人为的，也是为人的②。在创造文化的过程中，由于先天文化背景与后天主观能动性的不同，造就了不同个体在文化创新成就方面的较大差异。篮球文化也是如此。中国篮球不仅要积极借鉴国外先进文化，同时也要主动创造条件对外传播自身文化③。CBA 联赛职业化改革不断发展带来了品牌知名度和国际影响力不断提升，从而吸引了高水平外籍球员不断加入，联赛的精彩度和吸引力日益提升（表 2-7）。作为文化符号的个体，外教与本土教练的执教团队以及外援与国内球员的阵容配备，表面上是技战术的设计与实践，本质上则是不同篮球文化的交流与融合。正是北京队与 NBA 球员马布里的深度融合，才造就了首钢篮球俱乐部四年三冠的优异成绩。文化的交流是双向的，文化的交融是相互选择的适应过程。一方面是外籍球员在 CBA 联赛展示外来篮球文化，另一方面也有中国球员在 NBA 联赛讲述中国故事。尤其是姚明在 NBA 的巨大成

① 潘光旦．人文史观［M］．上海：上海三联书店，2008：1.

② 费孝通．费孝通论文化与文化自觉［M］．北京：群言出版社，2005：226－227.

③ 李国立．中美篮球文化符号构成差异与中国篮球文化的发展［J］．体育学刊，2014，21（4）：26－29.

功，有力地提升了中国篮球国际话语权和美誉度，并为促进中美文化交流发挥了积极作用。

表 2-7　1995—2017CBA联赛外籍球员统计

赛季	外援人次	美国	欧洲	亚洲	其他
1995—1996	1	—	—	1	—
1996—1997	11	7	4	—	—
1997—1998	14	13	1	—	—
1998—1999	20	15	5	—	—
1999—2000	18	15	3	—	—
2000—2001	18	17	1	—	—
2001—2002	25	20	5	—	—
2002—2003	23	19	4	—	—
2003—2004	21	17	3	—	1
2004—2005	22	18	3	—	1
2005—2006	27	26	—	—	1
2006—2007	29	25	—	—	4
2007—2008	32	29	—	—	3
2008—2009	38	28	—	3	7
2009—2010	39	28	—	4	7
2010—2011	33	25	—	2	6
2011—2012	34	28	1	5	—
2012—2013	36	30	2	4	—
2013—2014	38	33	2	3	—
2014—2015	44	37	—	6	1
2015—2016	53	46	—	5	2
2016—2017	54	47	1	5	1

（资料来源：根据相关文献及CBA联赛官方网站整理得出）

从制度分析视角来说，CBA联赛职业化改革本身是一种体制改革和制度创新，并伴随着改革红利的递增而不断进行利益调整的过程。所谓改革的红利就是体制改革和制度创新带来的收益或好处。我国的改革红利主要来自两个方面：一是废除或消除一些不利于经济社会发展的规章制度；二是建立和完善相关的规章制度[①]。产权制度一直是 CBA 联赛制度建设的“焦点”和“难点”。“焦点”是因为伴随改革红利不断释放而带来的利益分配不均；“难点”是因为制度变迁中的“路径依赖”和既得利益集团的自我强化。同时，CBA 联赛渐进改革模式易于形成既得利益集团。而在既得利益集团主导下的联赛改革只能是一种倾斜式、增量的改革，不可能同时相对均衡地满足各方利益诉求。令人欣慰的是，体育产业已经上升为国家战略。CBA 联赛顺应时代潮流，改革力度逐步加大。随着 CBA 联赛公司的成立，加之姚明当选篮协主席以后，CBA 联赛管办分离的制度建设步伐明显加快。应该说产权不是万能的，但是必须强调产权是 CBA 联赛制度建设中最基本、最本质的部分。可以预期，随着产权制度的逐步完善，管理效率也会得到进一步提升，CBA 联赛职业化改革绩效将得到不断拓展与优化。

本章小结

（1）我国竞技篮球职业化改革探索的背景是多维的。在国家宏观层面上，1994 年，党的十四大上确立了建立社会主义市场经济体制的目标。经济体制的转轨在客观上引发了社会各行各业在发展方式上的改革探索。在竞技体育层面，随着经济体制的转轨，转变管理职能，充分发挥市场优势，发展我国竞技篮球成为顺势而为。在竞技篮球层面，由于“奥运战略”和“全运战略”的影响，高投入、低产出、金牌效益较小的竞技篮球项目受到严重缩减。因此，顺应世界竞技篮球职业化发展趋势，借鉴我国足球职业化改革经验，走职业化改革探索成为我国竞技篮球面临的自然选择。职业化改革动机上，旨在寻求发展方式的突破，在确保人才培养、提高成绩的基础上，积极利用市场手段，解决我国竞技篮球发展资金问题。

（2）我国竞技篮球职业化改革探索是在摸索中前行的，从八强赛、CNBA，甲 A 联赛再到后来的中国男子篮球职业联赛，赛事赛法、比赛规模、社会影响力都在不断改善和提升。

（3）职业篮球俱乐部是职业篮球市场的主要组织形式。随着职业化改革探索的推进，我国先后成立了多家职业篮球俱乐部。作为我国竞技篮球职业化改革探索的重要部分，职业化篮球俱乐部的产生和发展也是顺势而为。其产生和发展的

① 卢现祥．寻找一种好制度——卢现祥制度分析随笔集［M］．武汉：华中科技大学出版社，2010：15.

动因主要体现在政治、经济、群众需要以及利益考量等方面。

（4）经过 22 个赛季的探索实践，我国竞技篮球职业化的主要赛事产品 CBA 联赛已经取得了一定的成绩，主要体现在发展方式的转变、所有制结构的创新、品牌影响力的提升、市场开发的丰富、职业精神的唤醒、人才培养的拓展以及文化交流的推进等方面。尽管 CBA 联赛面临着多方面的发展困境，但是改革的方向是正确的。

第三章 CBA联赛职业化改革困境的主要表现

“体育体制总是一定历史时期的政治体制、经济体制与体育发展内在规律相互作用的产物。它的形成、发展、成熟和衰亡都是由体育发展的内外环境动态调试的客观规律所决定的，不以人的主观意志为转移”①。我国竞技体育举国体制也遵循这样的规律。随着我国政治生态环境的不断优化，社会主义市场经济体制的不断完善，以及世界竞技体育职业化的发展趋势和潮流。举国体制运行的内外环境已经发生了较大变化。我国竞技篮球职业化也是在举国体制的统领下，置身于中国经济社会的大环境下开展运作的。由于体制惯性或路径依赖的缘由，目前我国竞技体育举国体制在运行中难免带有较强的行政性和计划性，作为一种发展我国竞技体育的制度设计和发展方式，它的使命是追求我国竞技体育竞技水平的稳步提高，继而创造优异运动成绩，实现为国争光，为社会主义现代化建设服务，为人民服务。而我国竞技篮球职业化是在现有政治、经济条件下，借鉴国外职业篮球的发展经验而开展的改革探索。“我国竞技篮球职业化脱胎于市场经济的土壤，将篮球运动推向市场是其本身发展的客观需求，职业篮球需要大量的经济投入；运动员及其表演是商品，使得职业化的商业性表现尤为突出；篮球运动社会化，使多层次、多渠道的所有制格局成为必然”②。由于在管理体制、运作模式上与现有管理体制和竞技篮球职业化在客观上存在一定差距，但是二者不存在根本性的矛盾和冲突，存在的是探索初期的时间成本和制度调整。因此，在目前我国竞技篮球职业化改革探索初期，出现的问题和困难是正常的。发现问题、剖析问题、找出困境的成因是解决问题的前提。

---

① 鲍明晓．关于建立和完善新型举国体制的理论思考［J］．天津体育学院学报，2001，16（4）：48－51.

② 孙民治．篮球纵横［M］．北京：人民体育出版社，1996，10：74－75.

第一节 竞技成绩未有突破

一、中国男篮竞技成绩历史回顾

篮球运动在1895年由一名叫来会理的传教士传入中国天津，从此开始了在中国传播、普及、提高、发展，并逐渐成为一项深受国人喜爱，尤其是众多青少年积极参与的体育项目，同时也成为国人广泛关注的竞技体育比赛项目之一。“竞技篮球是最大限度地提高和发挥篮球运动员在技术、战术、体能、意识、心理等方面的潜力，取得优异运动成绩而进行的科学、系统的训练和竞赛过程”①。可见竞赛是竞技篮球的中心环节，也是各国发展竞技篮球的出发点和归宿，可以说没有竞赛平台就没有竞技篮球赖以生存的土壤。而竞技成绩也是引领和影响各国竞技篮球发展的重要因素，纵使篮球王国美国也不例外。在目前追求成绩效应的单一价值目标下，竞技成绩对于我国竞技篮球的发展具有重要影响。

（一）中国男篮在亚洲的竞技成绩

在亚洲，中国男篮自1974年参加亚运会篮球比赛、1975年参加亚洲篮球锦标赛，从而开启了中国男篮冲出亚洲，走向世界的发展历程，见表3-1。

表3-1 中国男篮参加的历届亚运会比赛成绩（包含前三名国家）

时间	届次	举办国家	第一名	第二名	第三名
1974	7	伊朗	以色列	韩国	中国
1978	8	泰国	中国	韩国	朝鲜
1982	9	印度	韩国	中国	日本
1986	10	韩国	中国	韩国	菲律宾
1990	11	中国	中国	菲律宾	韩国
1994	12	日本	中国	韩国	日本
1998	13	泰国	中国	韩国	菲律宾
2002	14	韩国	韩国	中国	哈萨克斯坦

① 白喜林．中国竞技篮球发展战略研究［D］．北京体育大学，2003.

续表

时间	届次	举办国家	第一名	第二名	第三名
2006	15	卡塔尔	中国	卡塔尔	伊朗
2010	16	中国	中国	韩国	伊朗
2014	17	韩国	韩国	伊朗	日本

（资料来源：网络数据汇总）

从表 3-1 可知，中国男篮自 1974 年进入亚运会，迄今 11 届亚运会的比赛中有 10 届位居前三名的位置，其中 7 次夺得亚运会冠军、2 次亚军、1 次季军、1 次第 5 名。篮球场上靠实力说话，竞技体育靠成绩发言。在亚运会的篮球比赛中，中国男篮无疑具有最强的统治力和竞争优势，在很大程度上引领和统治着亚运会男子篮球的竞争格局。同样，中国男篮在亚锦赛（或亚洲杯）上表现较为优异，见表 3-2。

表 3-2　中国男篮参加的历届亚锦赛比赛成绩（包含前三名国家）

时间	届次	举办国家	第一名	第二名	第三名
1975	8	泰国	中国	日本	韩国
1977	9	马来西亚	中国	韩国	日本
1979	10	日本	中国	日本	韩国
1981	11	印度	中国	韩国	日本
1983	12	中国香港	中国	日本	韩国
1985	13	马来西亚	菲律宾	韩国	中国
1987	14	泰国	中国	韩国	日本
1989	15	中国	中国	韩国	中国台北
1991	16	日本	中国	韩国	日本
1993	17	印度尼西亚	中国	朝鲜	韩国
1995	18	韩国	中国	韩国	日本
1997	19	沙特阿拉伯	韩国	日本	中国
1999	20	日本	中国	韩国	沙特阿拉伯
2001	21	中国	中国	黎巴嫩	韩国
2003	22	中国	中国	韩国	黎巴嫩
2005	23	卡塔尔	中国	黎巴嫩	卡塔尔
2007	24	日本	伊朗	黎巴嫩	韩国
2009	25	中国	伊朗	中国	约旦
2011	26	中国	中国	约旦	韩国

续表

时间	届次	举办国家	第一名	第二名	第三名
2013	27	菲律宾	伊朗	菲律宾	韩国
2015	28	中国	中国	菲律宾	伊朗
2017	1	黎巴嫩	澳大利亚	伊朗	韩国

(资料来源：网络数据整理，注：从2017年起亚锦赛更名为亚洲杯)

由表3-2可知，中国男篮在亚锦赛绝大多数时间内牢牢占据统治地位，两次五连冠、一次四连冠，在参加的21届比赛中夺得16次冠军。中国男篮用实力塑造了亚洲第一篮球强国的统治地位。但是随着澳大利亚和新西兰的加入，中国男篮在亚洲杯上面临的挑战异常激烈，昔日的统治地位也将不复存在。

(二) 中国男篮在国际大赛上的竞技成绩

在国际赛场上，在世界竞技篮球的竞争格局中，亚洲篮球属于第三层次。中国男篮在“冲出亚洲，走向世界”的号召下，开始了向世界竞技篮球强国迈进的创业历程。自1978年开始世锦赛之旅以来，中国男篮作为亚洲男篮代表一直都是亚洲球队在历届世锦赛上的“领军人物”。在所参加的历届世锦赛中，中国男篮分别获得了第11、12、9、14、8、12和第15名的成绩，见表3-3。

表3-3 中国男篮参加历届世锦赛（世界杯）比赛名次

时间	届次	名次	主教练
1978	8	11	钱澄海
1982	9	12	刘贵乙
1986	10	9	钱澄海
1990	11	14	王长友
1994	12	8	蒋兴权
2002	14	12	王非
2006	15	并列第9名	尤纳斯
2010	16	16	邓华德
2014	17	中国未入围	……

(注：从2014年起，世锦赛更名为世界杯)

世界篮球锦标赛是仅次于奥运会的世界最高水平的篮球盛宴。虽然，篮球世锦赛的影响力和知名度不及奥运会，但是世锦赛的竞技水准也代表了世界篮球的发展趋势。由于和奥运会错开举办，因此对于世界范围内竞技篮球的频繁交流和对抗提供了竞赛平台。在各国竞技篮球的较量和比拼中，各种流派和风格相互碰撞和交融，从而积极地推动和促进了世界竞技篮球整体水平的提升。中国男篮自 1978 年参加世锦赛以来，最好名次是 1994 年第 8 名。而在世界最高水平的奥运会篮球比赛中，中国男篮的表现整体好于在世锦赛上的表现，见表 3-4。

表 3-4 中国男篮参加历届奥运会比赛名次（注：不包括 1936 年、1948 年两次参加奥运会）

时间	届次	名次	主教练
1984	23	10	钱澄海
1988	24	11	钱澄海
1992	25	12	蒋兴权
1996	26	8	宫鲁鸣
2000	27	10	蒋兴权
2004	28	8	哈里斯
2008	29	8	尤纳斯
2012	30	12	邓华德
2016	31	12	宫鲁鸣

（资料来源：网络数据整理）

由表 3-4 可知，自中国男篮 1984 年参加奥运会，至 2016 年里约奥运会期间的 9 届奥运会上，先后四次获得第 8 名。

二、职业化改革后中国男篮竞技成绩未有突破

相比较 NBA 的纯商业运作模式，我国竞技篮球职业化旨在寻求体制突破和机制转轨，但是这是一个长期而渐进的探索历程。在职业化的起始阶段，改革的重点是探索我国竞技篮球发展手段和方式的突破，即更好地培养竞技篮球人才，提升我国竞技篮球水平，创造优异国际大赛比赛名次，实现为国争光的使命。但是遗憾的是，经过十几年的职业化探索，我国竞技篮球竞技成绩始终未有突破。

（一）职业化改革前后中国男篮在亚洲的竞技成绩比较

在亚洲男子篮球竞争格局中，中国男篮总体居于领先地位。但是，胜利和荣耀中夹杂着失败和教训。在亚运会的赛场上，中国也有着惨痛的失败和深刻的教训。2002 年韩国釜山亚运会上，中国男篮的挫折给蓬勃生机的中国男篮敲响了警钟。同样在亚锦赛的历史上，中国男篮也是胜利的微笑和失败的泪水交替拥

有。尤其是在2009年第二十五届亚洲男子篮球锦标赛上，尽管中国男篮占据天时地利人和的优势，但是在决赛中的失常、低水平的竞技表现再一次给中国男篮敲响了警钟，甚至比2002年釜山亚运会的警钟更加刺耳和回响。

(二) 职业化改革前后中国男篮在世界大赛上的竞技成绩比较

我国竞技篮球职业化改革蓝图设计起始于1994年，1994年对于我国篮球来说是收获的季节。1994年加拿大世锦赛，中国男篮实现了历史性突破，先后击败巴西、西班牙，淘汰赛负加拿大获得第8名（韩国第13名）。这也是中国队历届国际大赛的最好成绩，主教练为蒋兴权。球员有阿的江、巩晓彬、胡卫东、纪敏尚、刘大庆、刘玉栋、单涛、孙军、张劲松、吴庆龙、吴乃群、郑武。由于这批球员基本功扎实、技术出众，同时取得了优异的竞技成绩，而被誉为“94黄金一代”。1995年CBA联赛开始运行，而在十年职业化之后的2006年世锦赛上，中国男篮仅仅凭借王仕鹏在小组赛最后一场的“神奇一投”，才以78∶77险胜实力稍胜一筹的斯洛文尼亚队而晋级16强。但在复赛淘汰赛中以64∶95负于欧洲劲旅希腊男篮，最终获得历史最差成绩，在24支球队中排名第15。在奥运会，中国男篮的竞技成绩总体优于世锦赛成绩，在1996年、2004年和2008年三届奥运会上均取得了第8名的成绩。尤其是万众瞩目的北京奥运会上，中国男篮尽管拥有天时地利人和的优势，但最终还是艰难地获得了第8名，尽管实现了竞赛成绩的预期目标底线。但是不可否认，第8名的历史成绩未能满足国人对于中国男篮的期待和希冀。

通过对中国竞技篮球在国内、外重要大赛上的回顾梳理，可以看出，中国竞技篮球的发展历程凝聚了几代人的心血和汗水，其中不乏胜利的喜悦和美好的回忆，同时也有失利的教训和痛苦的往事。但是必须清晰地看到，我国男篮的竞技成绩不但始终未有突破，而且在2009年的一系列重要比赛中表现出竞技成绩的明显下滑，竞技成绩压力是目前影响CBA联赛平稳运行的重要因素，因为竞技成绩是篮协的首要任务和使命，也是目前职业化制度设计的主线之一。

第二节 指导思想过于理想化

“沿着改革开放和社会主义现代化建设的历史进程，中国共产党以解放思想、实事求是的态度观察当代中国社会的变迁，展开了自己的思想进程，创立了中国特色社会主义思想体系，实现了社会主义从“苏联模式”到“中国特色”的发展。这是中国共产党指导思想创新的重大成果”[①]。中国共产党领导下的革命道路、建国之路，直至中国模式的成功生动表明建立正确指导思想的极端重要性。回顾党的指导思想的创新历程不难发现，紧密结合中国自身实际是第一原则，其次指导思想既不能保守教条也不能冒失激进，再者及时在实践中加以调整，做到与时俱进。这些经验教训也是我们党付出沉痛代价换取的宝贵经验。

我国竞技篮球职业化作为我国体育事业发展进程中的一种存在形式，建立正确的指导思想同样具有极端重要性。而回顾我国竞技篮球职业化发展历程，职业化指导思想整体上表现出过早、过快、过于理想化，当然这并不是否认我国竞技篮球职业化的方向和探索历程。梳理和剖析指导思想有助于更加理性而客观地看待职业化进程中面临的发展困境，继而及时调整和明晰指导思想，从而保障职业化改革稳步推进。

一、过早追求市场效益，忽视了人才培养

1992 年，党的十四大确立了市场经济体制改革目标。同年，在北京郊区红山口召开了足球会议，会议中心议题是中国体育——足球为突破口开始了职业化改革探索。1994 年，“万宝路中国足球甲 A 联赛”开幕，从而正式开启了中国足球职业化改革探索历程。同年 12 月，国家体委篮球处在京召集并主持了《全国篮球竞赛工作会议》，会议的中心议题是“改革赛制，把篮球推向市场”。会上，“时任中国篮协常务副主席杨伯镛宣布：1995 年全国男篮甲级联赛实行主客场、跨年度的新赛制，即中国篮球历史上第一个有商业赞助、面向市场、具有职业性质的联赛即将诞生”[②]。

应该说，我国足球、篮球等体育项目先后走上职业化改革道路，是由于内外多种因素的共同作用。在宏观层面上，国家经济体制由原先高度集中计划经济体制向社会主义市场经济体制转轨，伴随而来的政府职能转变都为我国竞技体育职业化改革提供了改革依据。在我国体育系统内部，在“奥运战略”和“全运战略”的影响下，足球、篮球等金牌效益低下的高投入、低产出的集体项目陷入发展困境。因此，通过职业化寻求体制创新和机制转轨，成为足球和篮球项目的顺势而动。在此意义上来说，我国竞技篮球职业化改革时机并不过早。

① 刘海涛．中国共产党指导思想的创新［J］．科学社会主义，2009，6：14—17.

② 梁希仪．我在美国看篮球［M］．呼和浩特：内蒙古大学出版社，2008：100—101.

（一）过早追求市场效益

职业篮球起源于美国，NBA也成为世界职业篮球乃至职业体育成功运作的典范。NBA属于纯商业运作，商业化气息和娱乐化氛围是其主要特征。NBA成功的要素很多，其中成熟的市场经济和丰厚的高水平篮球人才是其根本。而我国开展篮球职业化探索是在市场经济刚刚起步，篮球人才匮乏的境况下展开的。职业化的改革动机不仅要培养人才，提升竞技成绩，而且还要通过市场手段解决发展资金的问题，试图实现双轮驱动，如图3-1所示：

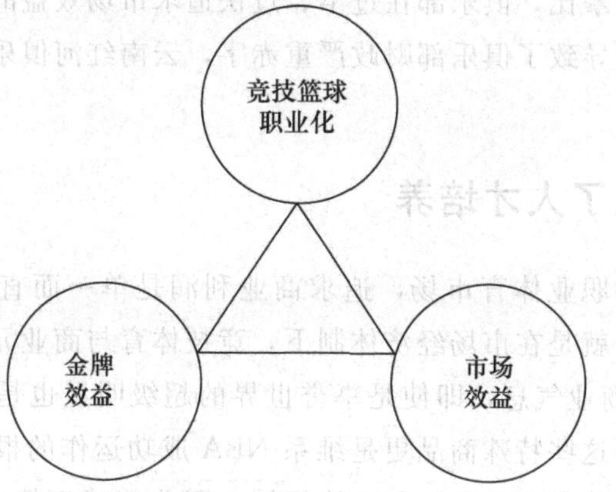

图3-1 我国竞技篮球职业化改革动机示意图

在目前的我国竞技体育价值追求目标中，竞技成绩或金牌效益是第一位的，这既是满足当前国民民族金牌情节的需要，也是国家综合国力提升的需要。但是，在职业化改革实践中，在金牌效益较低、竞技成绩较差的篮球项目上，实现金牌效益的实现方式和手段发生了较大变化和转变。在传统体工队模式下，运动员的一切交由国家负担，运动员的一切也是为了顽强拼搏，报效国家。要想实现金牌效益，国家只要投入足够的资金也能够完成任务。但是在职业化改革进程中，要想实现体制转轨必须引入市场元素，必须动员和吸引社会资本进行投资，只有这样才能激活潜能、开发市场。于是职业篮球俱乐部也就应运而生，在早期的俱乐部中，国有元素占据绝对主导地位，随着职业化改革的推进，各种不同所有制形式的资本不断进入我国职业篮球俱乐部。目前，所有制形式的多元化和多样性是CBA联赛职业篮球俱乐部的中国特色。

目前我国竞技篮球职业化发展阶段，篮协和俱乐部是联赛市场的两大主体。篮球的发展动机是实现双轮驱动，在确保金牌效益的前提下，努力寻求市场效益，从而实现一举两得。而作为职业篮球俱乐部，尤其是民营或外资性质的俱乐部，追求市场效益是主要的，甚至是唯一的目标。虽然在发展理念上的不完全一致，在实践中也表现出一定的冲突和矛盾。但是，在整体上 CBA 联赛还是表现出过早追求市场效益。在篮协方面，尽管体制和政绩要求金牌效益是第一位的，但是在较为可观的经济效益面前，篮协始终掌控着联赛的市场开发权。而在俱乐部方面，资本逐利的天性更是得到充分彰显。为了尽快、尽早追求市场效益，俱乐部在篮协政策允许范围内，或者在上有政策下有对策的套路下，采取一切手段和措施获取市场回报。近年来，美国前 NBA 球员，甚至是前 NBA 全明星球员不断进军 CBA 联赛便是佐证。随着俱乐部追求市场效益的热情不断增长，随着俱乐部之间的恶性攀比，俱乐部在过早、过快追求市场效益的同时，投资的额度也急剧攀升，从而导致了俱乐部财政严重赤字，云南红河俱乐部资金供应链断裂便是警钟和教训。

（二）忽视了人才培养

在国外成熟的职业体育市场，追求商业利润是单一而直接的价值目标。因为，职业体育本身就是在市场经济体制下，竞技体育与商业元素的有机结合。在 NBA 一切充斥着商业气息，即使是享誉世界的超级明星也是俱乐部老板市场运作的商业筹码。而这些特殊商品更是维系 NBA 成功运作的根本保证，可以说高水平优秀篮球人才成就了 NBA 今天的辉煌。职业篮球不管通过何种市场运作，最终结果还得通过球员的高水平竞技表现吸引受众眼球，从而产生注意力经济，实现丰厚的市场效益。而反观 CBA 联赛的发展历程，由于投资理念的多样性加之篮协职业化指导思想不够明晰，继而在纷繁而充满诱惑的市场效益中迷失了方向。当然，这不是否定追求市场效益的正当性，而是在于过早、过多地追求市场效益的同时忽视了篮球人才的培养。

在实施职业化改革探索以后，我国原先的竞技篮球后备人才培养体系模式发生了重大调整和变化。俱乐部成为篮球后备人才培养的主要平台，因而，俱乐部人才培养理念、经验、投入直接影响我国竞技篮球后备人才数量和质量。而大多数俱乐部尤其是民营俱乐部缺乏人才为本的理念，在快速追求市场效益的短视行为驱使下，后备人才培养一度陷入严重困境，甚至部分民营俱乐部认为，人才培养本来就是国家和政府行为，俱乐部没有义务和能力进行后备人才培养，而像广东宏远俱乐部人才培养的成功典范在 CBA 联赛为数不多。在篮协方面，在实施职业化改革以后，运动员不再像以前那样属于国有资产，即使是篮球苗子也只能走体工队道路。而现在，俱乐部成为篮球苗子向往的目的地，俱乐部也成为后备人才和优秀人才培养的主要平台。尽管篮协逐步意识到后备人才是联赛发展的基石，在俱乐部准入条例中也明确规定了后备人才培养的硬性条款。但是，人才培养是一项长期而高投入的过程，俱乐部限于经验、资金、理念以及成绩压力的制约，从而在人才培养方面表现出较大的随意性和差异性。在较长时间内，中国男篮在姚明等少数优秀球员的支持下维系了较为稳定的竞技成绩，但是随着姚明因伤缺阵，2009 年的亚锦赛溃败便是我国篮球后备人才长期缺失的后果显现。

二、过快追求发展速度，背离了中国国情

NBA 是世界职业篮球的先驱也是成功的模板，NBA 职业篮球也对 CBA 联赛产生了积极而重要的影响。“NBA 发展过程是一个复杂的、多因素相互交融的动态过程。它的发展经过了起始阶段（1946 年—1956 年）、巩固阶段（1957 年—1978 年）和成熟阶段（1979 年至今）”[①]。可见，NBA 经过了七十多年的发展才造就了今天的世界影响力和品牌吸引力。十年对于 NBA 来说也只是处于起始探索阶段。同样是十年，2005 年 CBA 联赛经过十年改革探索，在 2005 年《财富》论坛上，时任篮协领导人发表了“篮球运动已经成为中国第一运动”的宣言。在纪念十周年的时刻，篮协也同时宣布了北极星计划。该计划分为三个阶段分段实施，2005 年—2008 年为第一阶段：能力建设阶段；2009 年—2012 年为第二阶段：股份制运作阶段；2013 年—2015 年为第三阶段：巩固提高阶段[②]。通过北极星计划，把 CBA 打造成仅次于 NBA 的世界第二职业篮球联赛。同样在 2005 年，篮协与瑞士盈方成立了合作公司，成为联赛的专业市场开发公司，每年至少获取了 650 万美元的经费保障。

2005 年对于 CBA 联赛来说是具有重要意义的一年。不可否认，北极星计划的设计出发点完全是正确的，与瑞士盈方合作也解决了联赛发展经费的困境。但是，回顾联赛发展不难看出，北极星计划超越了中国国情，也超越了中国竞技篮球自身实际。与瑞士盈方合作虽然获取了联赛发展经费，解了燃眉之急，但是同时也出现了“举国体制办篮球，资本主义搞市场”的中国特色职业篮球运作模式。盈方公司作为全球著名的体育专业运作公司，追求市场效益是其首要目标。因此，极力创造有利于开拓市场的职业篮球竞赛环境，不断提升联赛的精彩度和娱乐性是盈方公司核心的市场理念。一时间，随着高水平外援的不断涌现，CBA 联赛确实吸引了众多受众的眼球。原先遥不可及的 NBA 明星也可近距离接

---

① 孙民治．篮球运动高级教程［M］．北京：人民体育出版社，2004：564—565.

② 徐济成．CBA 的“北极星计划”［J］．中国新闻周刊，2005，4：65.

触，仿佛 CBA 联赛的发展进入了快速发展的轨道。但是客观理性而言，过快追求发展速度背离了中国国情，具体体现在以下方面。

（一）社会制度层面

职业体育必须依托一定的社会环境作为支撑，而我国竞技篮球职业化是在职业化条件不具备的境况下开展的改革探索，其中法律制度、财务制度以及信用制度存在着不完善。这些职业化必备的制度在职业篮球领域更是处于缺失状态。而正是这些制度的缺失，直接或间接地造成了联赛发展问题的累积。如果不能够认真对待发展困境而过快地追求发展速度，必然造成问题的不断累积，最终导致问题的集中爆发。中国足球职业化失败就是沉痛的教训。

（二）我国竞技体育层面

在举国体制的保障下，我国竞技体育实现了快速发展，在国家不同建设时期贡献了自身独特的优势。尽管随着社会主义市场经济体制的建立和不断完善，国家发展竞技体育的发生和手段也发生了较大变化和调整，职业化便是手段之一。但是必须承认，职业化是在政府主导下开展的，在金牌主义至上的我国竞技体育价值目标驱使下，提升竞技成绩是所有运动项目的首要目标。追求竞技成绩或金牌效益既是满足国家建设的需要，也是主管部门完成任务的需要，同时也是满足国民金牌主义情节的需要。因此，在目前我国竞技体育发展理念下，在短时间内完全实现职业化是不现实的。

（三）我国竞技篮球层面

不可否认，CBA 联赛的推行为我国竞技篮球发展注入了活力，也提供了新的发展手段和方式，并且已经取得了宝贵的发展经验和客观的成绩效益。但是，我国竞技篮球自身的情况难以匹配联赛的发展速度。主要体现在以下方面。

1. 竞技成绩不稳定、竞技水平下滑趋势

由前面分析可知，篮协开展职业化动机是实现双轮驱动，在保障竞技成绩的同时获取市场效益。可见，竞技成绩的稳定与不断提升是 CBA 联赛平稳发展的前提。而中国男篮尽管拥有了姚明等“移动长城”，但是竞技成绩始终未能突破，并且成绩不够稳定，1997 年亚锦赛只获得第 3 名，也失去了 1998 年的世锦赛参赛资格。2002 年釜山亚运会，在决赛最后时刻惜败于韩国。2007 年战略放弃，

获得亚锦赛第11名。2009年亚锦赛负于伊朗，屈居亚军。迫于竞技成绩的压力，篮协的联赛设计必然倒向为国家队服务，因此再快速追求发展速度，必然导致较大波动和震荡。

2. 优秀人才缺乏，尤其缺乏明星球员

比赛是职业篮球市场的核心产品，职业篮球比赛就是“注意力经济”，而要吸引受众和媒体的注意力，依靠的是高水平明星球员的高水平竞技表现。NBA的成熟阶段正是依靠“魔术师”约翰逊、“大鸟”伯德、“飞人”乔丹等一大批超级明星建立的。而我国竞技篮球优秀人才的现状是：篮球竞技后备人才匮乏，高水平运动队新老交替十分困难，青黄不接的断层现象严重。① 至于姚明等超级中国篮球明星，一旦成名便被NBA吸纳过去。尽管在CBA俱乐部的运作下，国外高水平球员（相对国内大多数球员来说）不断涌入联赛，但是CBA联赛的发展最终还得依赖本土球员的质量和数量，NBA也是如此。

第三节 职业化水平低

职业篮球是相对于业余篮球而言的。业余篮球是参与者把篮球运动作为一种娱乐爱好和强身健体的方式。而职业篮球则是职业性的，参与者把它作为一种事业、追求和谋生的主要手段。同时，职业篮球又可以丰富人民群众的精神文化生活，同时可以有效地提高本国的竞技篮球整体水平。职业篮球的发展受市场体制的调节，是市场经济条件下竞技能力商品化、篮球人才集团化、竞技篮球社会化的必然产物。职业篮球职业化发展水平受到以下条件制约：社会经济发展水平；体育的社会化发展程度、市场经济体制完善程度；竞技篮球运动水平；体制运行及体制类型；大众的文化心态等。可见，职业篮球的发展环境和运作条件需要多方面综合作用。同时在时间纬度上，职业篮球的发展是一个动态的发展过程，基本符合在探索中前进，在前进中探索。NBA发展到今天的高度职业化、专业化、社会化、商业化水准，也不是一蹴而就，而是一个不断递进累积的改革过程。客观而言，我国竞技篮球职业化的开始，即CBA联赛的探索是在不完全具备职业化条件下展开的，即使时至今日职业化要求具备的诸多方面的客观条件也不能完

① 孙民治.21世纪世界篮球竞技运动的发展趋势——兼论中国篮球运动现状及对策［J］.体育科学，2001，21（1）：44—46.

全满足，或者说CBA联赛的14年改革一直在探索中进行。当然这并不能否认我国竞技篮球职业化的改革历程，职业化水平相对较低不是人为意志所影响和左右的，它的发展速度和提升水平必须适应我国整体社会发展模式。但是不可否认，由于发展基础薄弱加之探索历程不长，在我国竞技篮球职业化的改革中许多方面和环节还存在职业化水平亟待提升的迫切要求，主要体现在职业意识和职业工作标准方面。

一、职业意识淡薄

一般意义上的职业意识是人们对职业劳动的认识、评价、情感和态度的总和，是支配和调控全部职业行为和职业活动的调节器。职业意识决定着职业素质，而职业素质又决定着职业道德、敬业程度、工作效率和工作效果。[①] 而具体到职业篮球来说，职业意识是指职业篮球行为主体从职业篮球活动中（包括训练、比赛、市场开发、商业运作、管理活动等），经过大脑积极思维而形成的一种正确反映职业篮球运动规律的特殊机能和能力。而我国职业篮球行为主体主要包括管理部门、俱乐部、运动员、裁判员以及观众等。上述行为主体由于各自不同的原因导致职业意识模糊，从而在整体上表现为我国竞技篮球职业化职业意识的薄弱。

（一）管理部门的体制交叉

相对于西方职业体育是由业余体育自然演进、由下而上的发展路径，我国竞技体育职业化是由政府职能部门主导的市场化、社会化探索。在我国CBA联赛的俱乐部准入制中就明确规定：CBA联赛的主办者和管理者是中国篮球协会，是中国篮球协会代表政府行使管理职权。不可否认，在我国尚不具备职业篮球运行条件下启动的我国竞技篮球职业化改革，政府职能部门的积极推动和体制保障无疑对CBA联赛运行起到重要的促进作用。我国竞技篮球职业化改革探索，是在举国体制的体制框架内进行的，而举国体制最为突出的特征就是“政府主导”[②]。竞技体育职业化作为政府发展竞技体育的一种手段和途径，根本目的还是不断提高运动技术水平，创造优异运动成绩，为国争光。客观而言，政府实施

① 张桂宁．基于就业质量的职业意识教育探析［J］．广西民族大学学报（哲学社会科学版），2007，25（9）：138－140.

② 戴永冠．2008年奥运会后中国竞技体育举国体制研究［M］．上海体育学院，2009.

职业化改革探索的原始动机，或者说在发展初级阶段职业化的目的不是真正意义上的职业化，这是由政府的职责和使命决定的。由于竞技体育在我国社会发展和综合国力提升方面，甚至是实现中华民族伟大复兴过程中肩负着重要任务和神圣使命。因而，作为职能部门的体育总局和下属单位肩负着不断提升竞技实力的现实压力。篮球也是这样，中国篮球协会作为主管部门，它的任务使命以及长期的行政管理模式，导致了短期内很难改变管理方式方法。因而，管理部门的职业意识较低的现象就不难理解了。

（二）俱乐部的利益驱使

职业篮球俱乐部是具有经营职业篮球民事权利和民事义务及独立法人资格的经济实体，是职业篮球最基本的经营实体，它的经营指导思想、经营方式、经营水平如何，直接关系到篮球市场的繁荣与否。① 可见一个真正意义上的职业篮球俱乐部运行机制及职业意识，对于职业篮球市场的极端重要性。但是遗憾的是，目前我国职业篮球俱乐部还有较长的路要走。作为政府有股份的俱乐部，俱乐部的主管权还是掌握在体育局的手里，而体育局作为政府的职能部门，它的任务使命和角色定位决定了目前不可能有着真正的职业意识。而作为私营企业俱乐部的投资者来说，市场回报或其他方面的回报是投资的主导动机。在目前的职业篮球管理体制下，聪明的投资人深知中国距离职业化还有较长的距离。因此，投资者投资职业篮球市场的动机和出发点不是冲着职业篮球市场本身，而是其他方面的投资考量。一方面投资人确实是投入了大量的资本，并且有形资本回报还不能补偿直接投资。不过在政府支持企业发展政策，建设俱乐部土地划拨，政治资本获取等方面都是隐形的回报。基于以上利益考量，大多俱乐部职业意识较低的现象也就可以理解了。

（三）运动员的价值观念改变

美国职业篮球的成功经验表明，运动员是职业篮球市场的核心资产。拥有了高水平的职业篮球运动员就拥有了观众，拥有了观众就拥有了市场和赞助商，也就意味着巨大的商业回报。高水平的职业篮球运动员不光具有高超球技，而且必须具备高水平的职业意识，具体表现为良好的职业精神。2006 年，中国篮协通

① 周武，范民运，曹芳平．我国职业篮球俱乐部无形资产评估指标体系研究［J］．北京体育大学学报，2004，27（9）：1184－1186．

过新华社向全国发出专电，“中国篮协发出学习姚明的职业精神的号召，在中国篮球界开展广泛学习姚明的活动”。虽然姚明是中国优秀人才的杰出代表，甚至是中国篮球的名信片。但是政府表彰学习的却是在 NBA 职业篮球赛场的姚明。客观而言，姚明的职业精神和职业意识在 NBA 只不过是正常表现罢了。而篮协之所以如此高调表彰，从另一个方面反映了目前我国 CBA 职业球员的职业意识缺失或不足的现实。CBA 联赛中一方面出现训练消极，比赛缺乏积极拼搏、永不言败的精神；另一方面随着商业元素的不断充斥，运动员拜金主义、享乐主义日益严重，而传统的爱国主义和集体荣誉感有淡化趋势。当然，作为自然人，“职业运动员”追求合理的利益回报或自身价值最大化无可厚非。但是，在由“专业运动员”向“职业运动员”转型过渡期，由于价值观念的改变而导致“信仰追求迷失”或“价值判断偏离”，因此，正确引导运动员的职业意识和职业精神是主管部门和社会舆论的共同职责。

（四）裁判员职业道德有待提高

裁判员作为篮球比赛的裁决者和掌控者，他们的判罚和裁决往往决定和左右比赛的走向。尤其在职业联赛中，裁判员的裁决公正与否往往会对观众、运动员、教练员甚至是俱乐部产生重要影响。随着现代篮球运动竞争日趋激烈，对裁判员的执裁水平提出更高要求。同时，随着市场化和商业元素的不断进入，裁判员面临的诱惑越来越大。

在 NBA 联赛，篮球裁判实行的是职业裁判制。即使是韩国 KBL 联赛也有 15 名职业裁判员①。“篮球裁判职业化，即裁判以执法篮球比赛为主要职业，并具备独特的职业意识、职业技能、职业道德和职业地位”②。可见，职业化的篮球裁判员，篮球比赛就是他们的职业和谋生手段，从而集中全部精力和能量投入到裁判职业中去。NBA 职业联赛的成功固然是诸多因素的共同作用，但是不可否认，职业裁判员的职业技能、敬业精神以及职业对于联赛的健康发展发挥了重要作用。由于体制、经济、观念、业务技术、法规制度等方面的条件制约，CBA 联赛目前还没有推行职业裁判制度。但是，随着我国竞技篮球职业化改革的不断深入，篮球裁判职业化制度是发展趋势。但是，裁判毕竟也是自然人，职业技能和职业道德的教育与提升是不分“职业裁判”和“业余裁判”的，即使在

① 徐丰，赵映辉．CBA 篮球联赛裁判职业化可行性研究 [J]．北京体育大学学报，2007，30（2）：185－186；191.

② 赵世飞．CBA 职业联赛裁判职业化的必要性研究 [J]．山东体育学院学报，2009，25（7）：84－86.

NBA 高度职业化裁判领域，裁判问题也不可避免。而对于 CBA 联赛来说，提高裁判职业化程度任重道远，目前重点在于提升裁判的职业道德。

不同行业的道德规范颇具差异①。具体到篮球裁判领域，公正、公开、公平就是裁判员的基本道德规范。而在道德规范上的丝毫松动与偏移都会对相关主体造成较大影响。相比较 NBA70 多年的发展历程，CBA 联赛正处于探索初期，各个层面行为主体的职业化程度都较低，裁判员也不例外。在物质利诱和金钱刺激下，裁判员接受俱乐部的公关，从而在比赛中偏袒行贿方，这种违反裁判职业道德的行为在联赛的早期更为常见。足球领域的“假黑赌”现象虽然在 CBA 联赛没有曝光，但是正如国家体育总局篮球运动管理中心主任信兰成在 2009—2010 赛季总结会上所说：“CBA 也存在赌球现象，收买裁判左右比赛的问题依然存在”。客观而言，中国篮球裁判员队伍由于执裁水平较低而未能融入国际篮联裁判领域。执裁水准和技能水平的较低，可以通过自身努力和创造机会加以改进，但是职业道德的形成是需要时间和条件的。

（五）球迷文化有待培育

观众是职业体育赛事的生存之本。对于主管部门的中国篮球协会来说，CBA 联赛观众的稳步增加是篮球运动不断普及的重要体现。对于俱乐部经营者来说，门票收入是俱乐部最为稳定的市场回报，尽管目前 CBA 联赛各俱乐部门票收入情况不容乐观且差异较大。对于运动员来说，人数众多的现场观众以及良好观赛文明程度是促进运动员激情、高水平发挥的有效刺激。

“球迷是联赛的重要组成部分，没有球迷也就没有了联赛生存发展的基础，满足球迷的需要是联赛发展的基石”②。CBA 联赛的发展离不开广大球迷的支持与喜爱，但是必须清醒地认识到：“打篮球是一种文化，看篮球同样是一种文化”。观众作为职业篮球的重要组成部分，他们的职业素养是一个成熟职业联赛的重要标志。在 CBA 联赛的成长过程中，球迷的人文素养也在不断提升。在联赛的过程中时，有球迷人文素养较低的表现，比如，用恶意言语攻击裁判和客队球员、喝倒彩、主队比赛失利投掷杂物等手段发泄不满情绪。一个成熟的球迷群体能够理性而客观地对待比赛的结果，最高境界是享受比赛的过程以及比赛联赛的快乐时光。由于球迷不文明行为造成俱乐部受到经济处罚的情况时有发生，这不仅给俱乐部带来损失，也对 CBA 联赛健康形象造成影响。因此，球迷文化的

① 赵冰．职业道德悖论现象审思［J］．道德与文明，2010，2：156－159．

② 程利群．CBA 联赛人文环境优化问题探析［J］．体育与科学，2009，30（4）：65－72．

培养与形成对于提升CBA联赛职业化水平具有重要意义，因为球迷已经成为职业联赛“核心”和“最大资本”①。

二、职业工作标准缺乏

“职业篮球已成为一桩巨大的产业，人们像经营商品一样经营职业篮球”，美国学者贝斯特如此评价职业篮球。经过近70年的发展，如今的NBA已经形成巨大的产业链，年产值达到40亿美元。正如贝斯特所说，NBA就是一个制度严格、管理科学、运作高效的现代企业集团。各个流程和工序都有着严格工作标准，联盟、球队、教练员、运动员都有各自的职业规范和工作标准。由于CBA发展历程较短加之国情和体制局限，目前CBA联赛在运作过程中，各个环节尚缺乏规范的职业工作标准，或者说执行者由于职业意识欠缺导致执行不力。比如赛场违规使用非指定专用品，场地违规广告，主持人穿着非联赛指定服装，教练员使用国外品牌战术板、乱拉违规宣传横幅、饮用非指定用水、分发使用非赞助商品牌的拉拉棒、运动员无理由穿着非指定品牌运动鞋、记者席不能固定安排、技术统计弄虚作假，甚至不能组织集体唱国歌等。所有这些现象的出现，都是因为缺乏严格而规范的职业工作标准。即规定不同的人该怎么做，不该怎么做，按规章办事，遵标准执行。

第四节　市场开发薄弱

2009年7月16日在广州举办了“从奥运到亚运——2009中国体育营销峰会”，央视体育频道主持人张斌主持峰会。张斌表示：“全球一年体育产业总体产值可以达到4000亿美元，因此着眼未来，所有这个行业的从业者都应该对自己所从事的行业充满信心。对于中国，则可以得出几百亿人民币的概念，占GDP大概0.1%—0.3%，但发达国家比例是1%—3%”②。2008年作为美国四大职业体育联盟之一的MLB（职业棒球）和NBA的产值，分别达到60亿美元和40亿美元③。从上述两组数据可以反映两个方面的问题，其一体育产业市场尤其是职

---

① 毕波．球迷文化内涵基本构成要素探析［J］．体育与科学，2007，28（5）：68—70.

② 张斌．中国一年体育产业产值几百亿元［EB/OL］．网易亚运，2009—7—16.

③ 张志凌，胡敏娟．MLB总产值比NBA多20亿“棒球姚明”为下一目标［EB/OL］．大洋网，2009—9—1.

业体育市场蕴含巨大产值，其二我国体育市场还存在巨大的开发空间，或者说目前的市场开发环节还比较薄弱。从理论上说，职业篮球市场开发涉及面非常广泛，见表3-5所示。[①]

表3-5 我国职业篮球市场主要涵盖内容

市场类型	市场内容
1. 篮球竞赛表演市场	主要是指CBA职业联赛，同时我国职业篮球市场的支柱产业也是本体产业，是其他一切市场开发的根本保障。当然也可延伸到全明星赛或其他一些商业比赛。如CBA和KBL对抗赛等
2. 篮球健身娱乐市场	提供各种篮球活动所需要的场地、器械、技术服务，还提供各种消遣服务、康复治疗，如篮球俱乐部、球迷协会等
3. 篮球人才市场	相关职业篮球的专业人才交流、转会，如运动员、教练员
4. 篮球培训服务市场	开展相关篮球人才培训，如篮球学校、篮球夏令营及教练员、裁判员、经纪人等培训
5. 篮球金融保险市场	对运动员个人或团队进行保险，发行篮球彩票、篮球邮票和篮球奖券，建立篮球基金和篮球上市公司等
6. 篮球信息市场	篮球书籍、报纸、杂志的发行，篮球广告的经营与发布体育电视，广播的转播与经营，篮球新技术与方法的研究与推广应用等
7. 篮球用品市场	各种篮球器材、篮球用品的生产、批发与零售等

丰富而广泛的市场开发领域源于理论上的推理，当然也有着现实和潜在的客观市场需求。我国竞技篮球职业化还处在发展的初级阶段，市场影响力还没有NBA那样巨大而“难以抗拒”，仅仅在中国就有众多品牌积极主动寻求与NBA的市场合作，而CBA目前还在积极寻找市场。既然是寻找、开拓市场就得有运作团体。篮协和俱乐部作为我国篮球职业化进程中的两大主体，在市场开发或者说利益博弈的过程中承担着各自不同的地位和角色。

一、篮协市场开发情况

我国竞技篮球职业化开始于1995—1996赛季的555中国男子篮球甲级联赛。政府职能部门作为我国竞技篮球职业化的主导者和决策者，进行篮球社会化、市场化探索的主要动机，是在新形势下寻求新的发展手段和运作方式，充分调动政府手段和市场手段的各自优势和特点。在长期的举国体制下，政府管理和行政干

① 林清，吴周礼．大力开发我国篮球市场［J］．浙江树人大学学报，2003，3（6）：40－42.

预是篮协的优势和强项，而进行市场化运作却是全新的课题。由于缺乏市场运作经验，篮协便把联赛的市场开发事宜委托专业公司进行运作。到目前为止，篮协的市场开发大致分为三个阶段。

第一阶段，从 1995—1996 赛季到 1999—2000 赛季。在此阶段，篮协委托 IMG（国际管理集团）负责 CBA 联赛的商业运作和市场开发。IMG 负责联赛冠名，广告招商。在 IMG 的运作下，555 和希尔顿等国际烟草巨头先后冠名 CBA 联赛，见表 3-6。

表 3-6　历届 CBA 联赛冠名情况（2004—2005 赛季取消了联赛冠名）

赛季	联赛名称
1995—1996	555 中国男子篮球甲级联赛
1996—1997	希尔顿全国男篮甲级联赛
1997—1998	希尔顿中国男篮甲 A 联赛
1998—1999	希尔顿中国男篮甲 A 联赛
1999—2000	希尔顿中国男篮甲 A 联赛
2000—2001	希尔顿中国男篮甲 A 联赛
2001—2002	摩托罗拉中国男子篮球甲 A 联赛
2002—2003	摩托罗拉中国男子篮球甲 A 联赛
2003—2004	联通新时空中国男子篮球甲 A 联赛
2004—2005	中国男子篮球甲 A 联赛
2005—2006	中国职业篮球联赛
2006—2007	中国职业篮球联赛
2007—2008	中国男子篮球职业联赛
2008—2009	中国男子篮球职业联赛
2009—2010	中国男子篮球职业联赛
2010—2011	中国男子篮球职业联赛
2011—2012	中国男子篮球职业联赛
2012—2013	中国男子篮球职业联赛
2013—2014	中国男子篮球职业联赛
2014—2015	中国男子篮球职业联赛
2015—2016	中国男子篮球职业联赛
2016—2017	中国男子篮球职业联赛

（资料来源：中国篮协官方网站）

“应该说篮协早期的这种市场运作，为联赛启动和发展提供了有力的资金支持，为联赛延续发展奠定了物质保障。按照协议，IMG 每个赛季向中国篮协提供 350 万美元的赞助经费”[1]。但是由于合作模式自身缺陷，弊端和问题也就在所难免。由于 IMG 是付费承包经营，篮协和俱乐部只是坐收渔翁之利，反正多劳不能多得，少劳不会少得。因此，在 IMG 具体的市场开发和商业运作中未能得到篮协和俱乐部的主动积极支持，并且赛事的安排运作全部由篮协作主。双方缺乏更高层面的“利益捆绑”机制。最终由于运营困难，2000 年 IMG 被迫放弃了与篮协的商业合作。

第二阶段，由于 IMG 的退出，篮协的联赛市场开发面临了新的考验。在 2000—2001 赛季，在没有合适的合作伙伴情况下，篮协把联赛的市场开发和商业运作交付给了篮协下属单位——中篮体育开发中心运作。

第三阶段，2005 年篮协在联赛市场开发和商业运作方面采取了更大改革力度。在这一年，篮协与瑞士赢方公司全资子公司赢方亚洲签署了长期战略合作协议。具体内容是“7 年＋5 年”的合作期限，双方成立合资公司——中篮赢方。其中，中方控股 51%，赢方持股 49%。赢方每年提供篮协 650 万美元用于联赛运作资金，篮协在根据联赛成绩排名分配给各家俱乐部。而赢方获得了包括场地广告在内的一系列联赛经营权。在联赛经营整体收入中，85%还得反馈于篮协用于联赛发展资金，其余 15%则属于赢方所有。显而易见，篮协获取了一份只赚不赔、旱涝保收的合作协议。对于中国体育来说也有重要意义，因为探索并开启了与外资全面合作的新模式。瑞士赢方公司是一家国际著名体育专业管理运作公司，全称“瑞士盈方传媒和体育公司”，是由一个瑞士家族基金与另一位法国富豪（阿迪达斯第一大股东）合作，投资了瑞士盈方体育运动管理公司（简称瑞士盈方）。瑞士盈方的前身是欧洲最大的传媒集团之一、德国柯尔西传媒公司的体育分部，被收购独立发展后实力更加强大，现已成为世界最大的体育运动管理公司。实践证明瑞士赢方不仅带来了资金，也带来了先进的管理经验、科学的运作模式以及全新的发展理念。但是不可否认，篮协的市场开发模式也形成了“举国体制办篮球，资本主义搞市场”的中国特色。随着 CBA 品牌溢价能力的不断提升，2012 年盈方公司成功续约 5 年，续约的费用总计达到了 17 亿元人民币。市场逐步开发带来了品牌吸引力不断拓展和品牌溢价能力逐步提升。2016—2017 赛季，CBA 赞助商数量上升到 25 个，其中李宁品牌成为官方战略伙伴，签约费

① 杨铁黎．关于职业篮球市场的基本理论和我国职业篮球市场的现状及对策研究［D］．北京体育大学，2001：70－71.

用达到了 5 年 20 亿元人民币。

二、俱乐部市场开发情况

目前，我国绝大部分职业体育俱乐部的经济来源仍以企业投入为主，俱乐部普遍缺少自我“造血”功能，虽然取得了一定成绩，但从整体上说，真正依托市场、开发市场、自主经营尚未收到很好的效果，巨大的市场潜力远没有开发出来。[①] 我国职业篮球市场如果比喻为一个蛋糕的话，那么篮协分割给俱乐部的只是较小的一部分。目前，俱乐部拥有的市场开发空间仅局限于主场门票、球队冠名、比赛背心广告、俱乐部自行组织的活动（比如训练营以及球员商务开发）。

(一) 门票开发

门票收入是西方成熟职业体育俱乐部的主要收入来源之一，一般占据总收入的 1/2—2/3。像意大利的 AC 米兰队，在 20 世纪 90 年代初门票收入竟占总收入的 75%以上。有人对欧洲足球俱乐部收入做过统计，仅门票收入一项便占全部收入的 55%左右[②]，“而 NBA 门票收入占到其预算的一半，2008—2009 赛季，NBA 平均每场比赛门票收入 894523 美元”[③]。而 CBA 联赛俱乐部的门票收入总体还处于较低水平，并且俱乐部之间存在较大差异。在 2008—2009 赛季，联赛冠军广东宏远的赛季门票收入总额接近一千万，而上海东方大鲨鱼的场均门票输入不足千元。即使是两元的门票也不能吸引观众的关注。值得欣喜的是，在 2009—2010 赛季，姚明接手上海男篮的经营权后，2009 年 12 月 19 日，上海男篮在上海源深体育馆打响 CBA 新赛季揭幕战，姚明亲临球馆，他看到的是上赛季 3%的上座率飙升至爆棚，背后的数字是从上赛季不到千元的单场票房到一场 45 万元票房的巨大反差，其中还不包含赛季套票的收入。500 倍的差异，这就是超级篮球明星票房吸引力的巨大能量。2008—2009 赛季，CBA 联赛常规赛达到创纪录的 50 场，尽管如此，一般俱乐部的门票收入也只能达到 300 万—400 万人民币之间，每场比赛门票收入只有 8 万—10 万人民币。以场均上座率 4000 人为准（总体平均 3700 人左右），每张门票平均价格只达到 20—30 元人民币。

---

① 李开元，赵鲁南．我国职业体育俱乐部经费来源及市场开发状况探析［J］．中国体育科技，2000，36（10）：14－15；21.

② 金汕．球市断想［J］．体育博览，1995，10：11－13.

③ 门票收入火箭跌破百万美元［EB/OL］．http：//kong. net

2008—2009赛季，CBA联赛各支俱乐部平均收入900万人民币，而门票收入平均300万—400万，门票收入占总收入的比例和NBA相差不大。但是在收入绝对值上，NBA平均一场的门票收入就超过CBA联赛一般俱乐部整个赛季的门票收入。门票收入的现状既反映了CBA联赛整体联赛水平较低，同时从另一个层面也表明CBA联赛的门票市场具有较大的开发空间。

"门票是职业体育组织（或俱乐部）赖以生存的基础，虽然职业体育组织在经营渠道上不断拓展，营利内容不断增多，但门票收入仍是职业体育组织的一项重要收入来源"①。门票收入的高低直接反映观众的数量，而现场观众数量的多少直接反映球迷对体育赛事和俱乐部的喜爱和支持程度。庞大而稳定的观众群体，是俱乐部进一步拓展赛事经营开发的重要支撑。而门票收入的高低又受到多种因素的制约，主要有赛事竞技水平和质量、主场城市的规模、项目的群众基础（普及程度）、经济水平、场馆设施。

（二）球队冠名开发

在目前的市场开发空间内，球队冠名同门票收入构成了俱乐部市场开发的主要内容。门票收入同球队的竞技水平以及明星球员的明星效应直接相关，而球队冠名开发尽管同球队的竞技水平相关，姚明离开上海男篮使得球队竞技实力急剧下滑，没有了竞争力也就失去了受众的广泛关注，冠名企业的广告效应也就失去了保证，这也是西洋集团撤资冠名的主要原因。可见，俱乐部冠名开发的效益在很大程度上取决于球队的竞技水平。当然，球队冠名开发也是商业运作行为，通过市场运作，尽管球队实力一般也能博取较高的冠名收益。2009—2010赛季，吉林东北虎在NBA骑士队股东华裔老板黄建华的入股运作下，俱乐部博取了冠名企业龙润茶1200万元人民币的冠名赞助。当然这与俱乐部大股东，也是NBA骑士队股东黄建华的市场运作不无关系。

（三）俱乐部其他方面的市场开发

由以上分析可知，在目前的俱乐部市场开发权限内，门票和冠名是俱乐部的主要开发领域，也是收入的主要部分。除此之外，部分俱乐部的市场开发还涉及训练营和球员商务开发。训练营主要利用赛季间隙，发挥俱乐部教练资源、训练手段和方法、场地设施以及俱乐部品牌效应吸引篮球后备人才接受正规的专业训

① 张文健．职业体育组织的演进与创新［M］．北京：北京体育大学出版社，2006：50—51.

练，既能创造一定的经济效益，也能发现和挖掘可塑的竞技篮球后备人才。2007年夏季，山东黄金篮球俱乐部利用赛季间隙，创办面向全国青少年的“选秀训练营”，这在CBA篮球俱乐部中算是第一家。相比较NBA名目繁多的训练营，CBA联赛俱乐部训练营的市场开发还处于起步阶段，大多俱乐部训练营尚未形成稳定性和品牌吸引力。究其原因，除了俱乐部发展理念，缺乏明星球员的吸引也是重要原因。在球员商务开发方面，CBA联赛大多俱乐部还未能真正有效实施。目前，广东宏远俱乐部在球员商务开发方面进行了积极探索实践，尽管宏远俱乐部球员工资不是最高的，但是通过俱乐部的球员商务开发，从而有效弥补了球员的总体经济收入。

第五节　竞赛体系不完善

如今体育已经成为现代人的生活方式，体育文化也已经成为大众文化的重要组成部分。而竞技体育作为体育系统的高端资源，以其独特的魅力特性成为体育文化中最为亮丽的风景。它的特性包含：公平性、竞争性、规则性、观赏性、挑战性，以及人们赋予它的和平性。其中，竞争性是竞技体育最为鲜明的本体特性，其他特性都是竞争性的衍生，或者是为了更好地体现竞争性而创设的条件特性。所有这些特性必须通过竞赛这唯一途径得到表现和诠释。“而运动员经过运动训练后所获得的竞技能力，只有在运动竞赛这一特定环境下，通过表现出来的运动成绩才有价值，才能体现竞技体育的社会功能，得到社会的承认”①。可见，运动竞赛是展示运动员技艺水平、体现个人价值，甚至完成民族国家使命的重要平台。“随着国际竞技体育竞争的加剧，国际体育竞技实质上已经成为国家地区之间经济、科技、教育、文化等因素多维组合的竞争和较量，比赛的结果在很大程度上显示着国家和社会团体的综合实力”②。围绕竞赛的任务，各个国家和地区以及国际单项体育联合会都在构建相应的竞赛体系，或称为赛制。“它有多种操作性定义，包括竞赛体制和竞赛管理体制，可以说是关于运动竞赛组织机构和制度体系的总和，但有时也指具体运动竞赛制度”③。

具体到我国竞技篮球职业化进程中的篮球竞赛体系，下面从横向、纵向两个

① 田麦久．运动训练学［M］．北京：人民体育出版社，1994：3—4.

② 田麦久．运动训练学［M］．北京：高等教育出版社，2006：8—9.

③ 袁守龙．我国竞技体育赛事组合系统结构的优化与应用［D］．北京体育大学，2004.

维度进行分析。在纵向方面如图 3-2 所示：

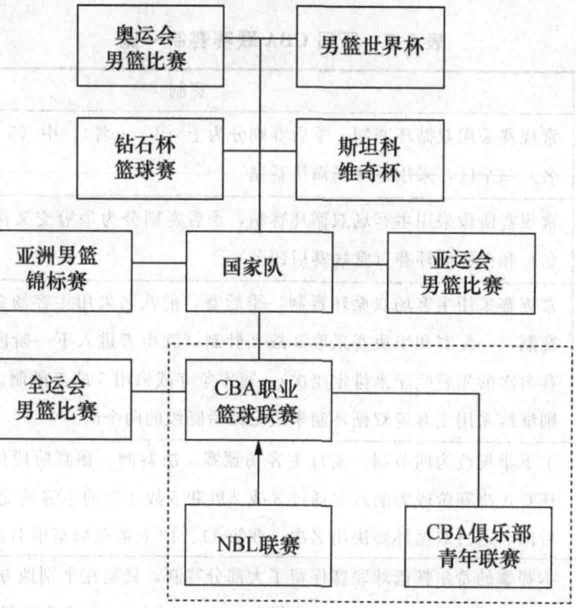

图 3-2　我国竞技篮球职业化进程中竞技篮球竞赛体系示意图

(↑代表联赛升级方向，虚线代表 CBA 职业联赛相关竞赛体系，这里仅指男篮)

由图 3-2 可知，我国竞技篮球发展的重心是国家队，核心目标是提高竞技篮球水平，创造国际大赛优异成绩，为国争光。而从我国竞技篮球竞赛体系横向来看，要想实现竞赛的最佳效益，必须协调好各种层面比赛的人力、财力、物力、时间等要素，从而促进运动竞赛系统目标的顺利实现。根据本书研究需要，着重对 CBA 职业篮球联赛相关竞赛体系进行重点阐述。

一、CBA 联赛赛制

CBA 联赛起始于 1995—1996 赛季，改革的重要举措就是以赛制改革为突破口，一改过去赛会制为主客场制。实践证明 CBA 赛制对联赛的发展产生了积极的导向作用，但是由于我国竞技篮球职业化尚处于起步探索阶段，赛制的改革与调整也同样经历着摸索和总结。

(一) CBA 联赛赛制回顾

开始于 1995—1996 赛季的 CBA 联赛，迄今已经走过了 15 个赛季的改革探索，作为联赛重要的技术环节，赛制经历了一系列调整，见表 3-7：

表 3-7 历届 CBA 联赛赛制一览

赛季	赛制
1995—1996	常规赛采用双循环赛制、季后赛则分为上（1—4 名）、中（5—8 名）、下（9—12 名）三个区，采用主客场淘汰赛制
1996—1997	常规赛阶段采用主客场双循环赛制，季后赛则分为争冠交叉淘汰赛（常规赛前八名）和保级循环赛（常规赛后四名）
1997—1998	常规赛采用主客场双循环赛制，季后赛，前八名采用主客场多场决胜的交叉淘汰赛制——复赛和半决赛采取 3 战 2 胜制（胜出者进入下一阶段，负者即按照常规赛名次的先后顺序来排定座次），冠军争夺战采用 5 战 3 胜制。常规赛后四名球队则继续采用主客场双循环制来决定最后降级的两个队
1998—1999	上下半场改为四节制。实行主客场预赛、决赛制。预赛阶段仍采用主客场制双循环赛，决赛阶段为前八名通过 3 战 2 胜和 5 战 3 胜的主客场交×淘汰赛决出冠军，后四名通过双循环赛决出名次，获第 11、12 名的队降至甲 B 队
1999—2000	本赛季的希尔顿篮球联赛保留了大部分赛制，只是在个别地方作了一些改动。一、上场外援从原来的 4 节 4 人次增至 4 节 5 人次；二、决赛阶段前 3—6 名的排列方式改为按名次各队自选位置对阵比赛；三、预赛阶段在春节前结束
2000—2001	本赛季的希尔顿篮球联赛保留了大部分赛制，只是在个别地方做了一些改动，推出 3 人裁判制，实行技术统计计算机联网等。这些变革将使比赛节奏更加紧凑流畅，比赛结果更扣人心弦
2001—2002	为增加季后赛的时间和场次，扩大影响，前八名的 1/4 决赛改为五战三胜制。预赛前 4 名在决赛阶段可依名次挑选对手和位置，并规定预赛名次在前的队多安排 1 个主场。本次联赛第 12、13 名的队（如不合新浪队）或获本次比赛第 11、12、13 名队（如含新浪队）降为甲 B 球队，参加 2002 年甲 B 联赛
2002—2003	联赛分为预赛和决赛两个阶段举行。前 8 强采用 5 战 3 胜交叉淘汰制比赛决出总冠军，后 4 名采用双循环赛决定降级队
2003—2004	联赛分为预赛和决赛两个阶段举行。前八强采用 5 战 3 胜和 3 战 2 胜交叉淘汰制比赛决出总冠军，后四名队双循环赛决定降级队
2004—2005	首次推出“一周三赛”；首次取消了升降级；首次把参赛队分成南、北两大区，并决出南北两大区的冠军
2005—2006	本赛季开始实施准入制，在赛制上取消了升降级，坚持以南北分区、增加场次、突出对抗为特点的“新型竞赛模式”
2006—2007	本赛季取消了南北分区。常规赛 16 支队进行主客场双循环赛制，常规赛前 8 名进行主客场 5 战 3 胜制交叉淘汰赛，常规赛名次列前的队多安排 1 个主场，取得获胜场次后不再比赛。1/4 赛和半决赛的负队不再进行比赛。总决赛采用 7 战 4 胜制。9 名以后的队不再进行比赛

续表

赛季	赛制
2007—2008	分为常规赛和季后赛两个阶段进行，季后赛采取5战3胜制，总决赛采取7战4胜制
2008—2009	恢复南北分区，常规赛：同区（南区或北区）球队进行四循环、异区（南区和北区）球队进行双循环（常规赛阶段每个球队打50场比赛）。常规赛的前八名进入季后赛。季后赛采用交叉淘汰赛。四分之一决赛和半决赛均采用5战3胜制，总冠军决赛采用7战4胜制。常规赛一周三赛
2009—2010	取消南北分区，在常规赛阶段，18支球队进行双循环，共计34轮。外援使用4节5人次。季后赛球队外援人数不得少于常规赛注册人数
……	……
2016—2017	常规赛：所有球队进行双循环比赛，胜一场得2分，负一场得1分，弃权得0分；季后赛：常规赛的前十名进入季后赛。季后赛分四个阶段：第一阶段（10进8）采用3战2胜制（1—1—1），常规赛1—6名队伍轮空自动进入第二阶段，常规赛第7名VS第10名、第8名VS第9名，胜者进入季后赛第二阶段比赛。第二阶段（四分之一决赛）采用5战3胜制（1—2—1—1）。第三阶段（半决赛）采用7战4胜制（2—3—2），第四阶段（总决赛）采用7战4胜制（2—2—1—1—1），常规赛名次列前的队多一个主场。季后赛采用交叉淘汰赛

（资料来源：中国篮协官方网站；……：代表部分赛季未统计）

由上表3-7可知，在CBA联赛赛制的不断调整中，不乏一些对联赛的运行发展产生重要影响的球队。第一，南北分区。2004—2005赛季共有14支球队参赛，其中八一、江苏、上海、浙江、福建、广东和云南7支球队为南方赛区；而北京、陕西、山东、河南、新疆、辽宁和吉林7支球队为北方赛区。采取南北分区进一步增强了地域性竞争氛围，同时明显地增加了比赛场次。2004—2005赛季CBA联赛达到317场，较之上赛季增加了155场次。比赛场次的增加无疑吸引了更多的观众，也为赞助商获取了更大的商业利益。第二，取消升降级制度。同样在2004—2005赛季，CBA联赛取消了升降级制度，为俱乐部尤其是联赛排名靠后的球队解决了后顾之忧。没有了时刻保级降级的压力，俱乐部可以集中精力投入球队训练、比赛和管理，继而谋求俱乐部的长期发展。第三，一周三赛。一周三赛意味着比赛密度的大幅度增加，尽管相对于NBA联赛来说还有差距，NBA一般是一周四赛，甚至一周五赛。但是由于CBA联赛球员的体能水平以及恢复体能手段跟不上，这样高强度、高频率的比赛使得老队员体力跟不上。当然这也给年轻队员充足的锻炼机会，从而有利于年轻球员成长进步。

(二) CBA 联赛赛制存在的问题和不足

我国竞技篮球职业化进程已经探索实践了 14 个赛季，尽管取得了可喜的发展成绩和乐观的发展前景，但是客观而言，篮球职业化进程还处于起步摸索阶段。而赛制作为职业篮球重要形态特征，它的科学化设计程度直接影响着联赛的运行和职业化全局的发展。由于处于探索阶段，赛制的制定和特征也难免出现问题和不足。总结经验教训，不断完善赛制设计运营无疑具有重要意义。

1. 主导性

我国竞技篮球职业化是在政府主导下的市场化、社会化改革探索，政府职能部门的行政权利完全控制着联赛的每一步发展。对于赛制的设计制定、调整变化完全基于政府的绩效考量，尽管这是我国的国情决定的，但是市场规律和市场需要也是联赛发展必须充分尊重的重要因素。

2. 波动性

我国竞技篮球职业化客观上缺乏长期而稳定的发展规划，职业化探索始终沿袭“在摸索中前进，在前进中摸索”改革模式。因此，在赛制上面反映出较大的波动性。如南北分区的反复性，外援使用的不断变动。比赛跨度也是始终处于动态之中，缺乏较为稳定的赛季周期。这些都为俱乐部的备战增添了难度和变数。另外，每个赛季的开始时间、联赛场次起伏不定，几乎没有完全一样的两个赛季。

3. 模仿性

美国职业篮球经过近 70 年的探索发展，目前已经具备了比较成熟而稳定的发展模式和运作机制，NBA 也已成为世界职业体育发展的成功范例。从很大程度上可以说，NBA 为世界职业篮球发展提供了很好的参考模板。因此，世界上也已开展职业篮球的国度，或多或少都在一定程度上模仿和借鉴 NBA 的发展经验。我国竞技篮球职业化也不另外，从联赛名称“CBA”称谓上也可反映出对 NBA 的借鉴。他山之石，可以攻玉。CBA 在赛制的设计上也充分借鉴了 NBA 的模式，比如南北分区，取消升降级，全明星的包装运作等。尤其是全明星赛的设计基本上是照搬 NBA，目前，CBA 全明星周末设有星锐赛、技巧挑战赛、三分球大赛、扣篮大赛和全明星赛，与 NBA 相比，只差一个“投篮之星赛”。[①] 借鉴无可非议，但是过分借鉴就是模仿。而一旦模仿就会失去自身的实际，发展效果也很难具有保障性和合理性。比如，南北分区的实施一方面增加了比赛的场次，吸引了观众。但是另一方面大大增加了球队的旅途疲劳，由于 CBA 缺乏 NBA 球队的专机以及完善的配套设施，使得 CBA 球队和球员疲于奔命，造成了训练比赛质量降低。

二、CBA 联赛相关竞赛体系

CBA 联赛相关竞赛体系，除了居于核心地位的 CBA 联赛赛制外，NBL 和 CBA 俱乐部青年联赛也是构成竞赛体系的重要环节。从发展动力的角度来说，二者影响到 CBA 联赛的持续发展。基于本书研究需要，对于 NBL 和 CBA 俱乐部青年联赛研究，是把二者置于 CBA 联赛相关竞赛体系中。具体说是把二者作为整体进行分析，而不再对其联赛本身的赛制进行细化分析，分析的重点是二者作为 CBA 联赛相关体系的构成环节，对 CBA 联赛发展的影响。

（一）NBL

1. NBL 联赛简介

NBL 全名是全国男子篮球联赛。它的前身是中国男子篮球甲 B 联赛，2005 年前称之为为 CBL（中国篮球联赛）。考虑 CBL 联赛和中国棒球联赛重名而改称 NBL，联赛是由原中国篮球第二级的中国男篮甲 B 联赛与第三级的乙级联赛合并而成的。2016—2017 赛季 NBL 联赛共有 14 支球队，具体情况见表 3-8、表 3-9、表 3-10。

表 3-8 2016—2017 赛季 NBL 参赛球队

安徽文一、北京东方雄鹿、南京溧水、广西威壮、贵州森航、河北翔蓝、河南赊店老酒、湖南
勇胜、福建闪电、江苏国立、重庆三海兰陵、拉萨净土、洛阳中赫、陕西信达

① CBA 全明星赛何时退去山寨外衣，大牌留洋星光暗淡［N］. 北京日报，2010－3－22.

表 3-9　2016—2017 赛季 NBL 联赛前三名球队排名

排名	球队
1	陕西信达
2	安徽文一
3	湖南勇胜

表 3-10　历届 NBL 联赛冠军

年度赛季	球队名称
2004	云南红河
2005	东莞新世纪
2006	浙江广厦
2007	天津荣钢
2008	广东凤铝
2009	东莞柏宁
2010	江苏同曦
2011	江苏同曦
2012	广州六穗
2013	四川金强
2014	广西威壮
2015	陕西信达
2016	安徽文一
2017	陕西信达

（资料来源：中国篮协官方网站）

2. NBL 发展困境

尽管时任篮管中心主任李元伟强调 NBL 不是 CBA 联赛的下级联赛，按照发展构思，它的发展空间比 CBA 还要广阔。但是基于目前的发展境况来说，无论是品牌影响力还是市场运作，更重要的是联赛升级出路决定了 NBL 就是 CBA 篮球职业联赛之下的第二级篮球联赛。NBL 联赛先后有几支俱乐部通过联赛排名成功晋级 CBA 联赛，见表 3-11：

表 3-11 近几年 NBL 联赛晋级 CBA 联赛球队

年度	球队
2004—2004	云南红河
2005—2006	东莞新世纪
2006—2007	浙江广厦
2008—2009	青岛双星、天津荣钢
2013—2014	四川金强
2014—2015	江苏同曦

（资料来源：中国篮协官方网站）

由表可知，先后有 6 支 NBL 球队通过自身努力晋级 CBA 联赛，其中有 6 支球队通过夺得 NBL 联赛冠军而成功晋级 CBA 联赛，但是不难发现，NBL 和 CBA 未必有必然的晋级关系。2008 年广东凤铝事件就是明证，当然 2007 年天津荣钢尽管夺冠当年也未能晋级 CBA 联赛。不可否认，NBL 联赛俱乐部大多数投资者尤其是实力、财力雄厚的俱乐部，其投资直接动机就是谋求进军 CBA 联赛的机会。而凤铝事件无疑是对众多投资者一个严重打击，并且篮协已经明确表态此后三年不会考虑 CBA 联赛扩军事宜。因此，NBL 联赛到底怎么发展，联赛如何定位等问题，已经构成影响 NBL 联赛发展的重要问题。一方面，NBL 联赛健康发展关系到社会资源兴办篮球事业的积极性，没有稳定的政策环境，没有明确的发展方向，会不断丧失投资者对于篮球产业的热情和信心。另一方面，NBL 联赛作为水平仅次于 CBA 联赛的职业篮球联赛，客观上注定了它是 CBA 联赛重要的支持体系，也是我国竞技篮球后背人才培养的重要平台。

（二）CBA 俱乐部青年联赛

1. CBA 俱乐部青年联赛简介

CBA 全国篮球俱乐部男子篮球青年联赛是由中国篮协主办，旨在检验俱乐部青年人才及梯队建设质量水平。当然，参赛队伍不仅局限于 CBA 俱乐部青年队，其他省市青年队也可参加，参赛球员的年龄为 15—20 周岁的球员。2009 年 CBA 俱乐部青年联赛参赛队伍共计 27 支，见表 3-12。

表 3-12　2009 年 CBA 俱乐部青年联赛参赛球队名单

组别	赛区	队数	球队
A	四川广安	7	山东黄金、香港、八一富邦、河北清泉、河北冀中、黑龙江、四川
B	湖南怀化	7	广东宏远、浙江广厦、山西圣奥、东莞新世纪、天津荣钢、浙江万马、北京
C	江苏连云港	7	江苏同曦、新疆广汇、吉林长春、福建浔兴、上海东方、东莞柏宁、山西中宇
D	辽宁大石桥	6	青岛双星、江苏南钢、辽宁盼盼、陕西、深圳新胜威、河南

（资料来源：中国篮协官方网站）

2017 年由 CBA 公司举办的首届 CBA 预备队比赛正式设立，预备队比赛是 CBA 公司获得授权、独立运营 CBA 联赛后的创新举措之一，除了特邀参赛的 U16 国少男篮，其余球队均由 CBA 各俱乐部注册参加本赛季联赛的一、二线球员组成。这些球员大多属于年轻球员，在 CBA 联赛中登场的机会有限，却可以通过参加预备队比赛，增加实战和交流的机会，丰富比赛经验，为下一步在联赛舞台上展示自我打好基础。

2. CBA 俱乐部青年联赛存在的问题

（1）缺乏合理的绩效评价标准

按照中国篮协的准入之规定，申请加入 CBA 的俱乐部必须拥有自己的二线队伍，即青年队。而已经进入 CBA 俱乐部需要执行此规定。而举办俱乐部青年联赛的目的，就是检验俱乐部后备人才培养质量现状。不可否认，这样的制度设计初衷是正确的。但是目前存在的问题是，由于俱乐部青年联赛的比赛名次和竞技表现没有任何特殊规定，具体说对于俱乐部 CBA 联赛排名没有任何考评关联。因此，在实际操作中有些俱乐部只是应付差事。以山西中宇为例，中宇青年队在俱乐部联赛中的表现较差。在同俱乐部负责人的访谈中了解到，俱乐部为了二线队员的发展前途考量，尊重球员及家长意见而没有对其在篮协注册。而参加篮协主办的联赛必须是注册球员。而一旦是篮协的注册球员就不能再打 CUBA 大学生联赛了，只能参加大超联赛，而山西目前没有大超球队。中宇未能派遣最优秀的二线球员参赛，比赛成绩较差自然就在所难免了。

（2）实力差距巨大

CBA 俱乐部青年队的培养质量，在很大程度上代表着俱乐部发展的潜力和竞争水平。但是由于俱乐部发展理念和发展境况不同，造就了各个俱乐部后备人才培养水平和质量的巨大差异。首先，在地域方面表现出明显的南强北弱局面。以2009年CBA俱乐部青年联赛为例，前八名中广东占据四名，见表3-13。

表3-13　2009年CBA俱乐部青年联赛前八名排名

排名	球队	排名	球队
1	广东宏远	5	深圳新盛威
2	东莞新世纪	6	八一
3	山东	7	东莞柏宁
4	辽宁	8	新疆广汇

（资料来源：中国篮协官方网站）

广东球队不仅占据着“半壁江山”，而且毫无悬念地夺取冠、亚军。在北方球队中，山东队应该是人才培养比较突出的，但是在2009年青年联赛中，在面对广东宏远、东莞新世纪时的四场比赛中共计净输对手114分，场均28.5分。本来是全国俱乐部青年队伍的激烈比拼，结果由于水平差异较大，使得联赛真正的高水平激烈竞争变为了广东球队的“内战”。其次，俱乐部之间的实力差距过于悬殊。广东宏远凭借深厚的人才储备，连续七年获得青年联赛的冠军。宏远模式业已成为我国篮球人才培养的楷模。人才理念、地域优势、篮球氛围、积极实力、培养经验、培养机制等方面，造就了宏远人才培养的良性循环，一分投入，一分收获。而其他俱乐部由于在观念、人力、物力、财力以及地域、经济实力、俱乐部品牌影响力方面的差距，使俱乐部青年人才培养质量远远落后于广东球队。在比赛中，比分就是最直接的佐证。在2009年CBA全国青年联赛上，广东宏远青年队曾以108比17狂胜山西圣奥青年队91分，其中第三节更是让对手一分未得。

第六节　潜在的颠覆性隐患

CBA联赛经过十几年的探索实践，由于没有现成的模式可以照搬，加之职业化社会条件和自身条件制约，因而在发展过程中不可避免地存在着矛盾和问题。篮球和足球作为我国竞技体育职业化改革有着重要社会影响的体育项目，篮球项目以其较为稳定的竞技成绩，加之姚明等享誉世界的优秀球员的明星效应，从总体上来说，CBA联赛的发展相对比较平稳。但是在2009年，中国足球职业化存在问题的集中爆发，无疑给CBA联赛敲响了警钟。居安思危，防患未然对于保障CBA联赛平稳发展同样具有重要意义。

一、中国篮球和足球有着相同的体制环境

在实行职业化改革探索之前，我国竞技体育完全是政府行为或者说是国家行动。竞技体育发展规划、投资、组织乃至运动员、教练员等从业人员的人事安置全部由国家承担。当然按照谁投资谁受益的原则，国家也成为我国竞技体育巨大成就的最大受益者。举国体制也成为我国竞技体育管理体制的代名词。“我国竞技体育‘举国体制’主要是指我国体育领域为了实现一定目标，采取有效地集中、统一国家力量，迅速提高运动技术水平的发展机制及相应的组织体系，是我国发展体育事业所采用的一种特殊体育体制，是我国体育事业，尤其是竞技体育飞速发展的制度保障”①。但是，随着我国社会主义市场经济体制的建立，我国竞技体育举国体制的弊端和不足也日益显现。尤其是随着足球和篮球相继实施职业化改革以后，以往高度集权的管理体制在实践中表现出明显保守性和滞后性。为了转变政府职能，充分发挥项目协会的自主权，1998年原国家体委把运动项目管理的职责从政府机关分离出来，相继成立了21个运动项目管理中心，管理着41个单项运动协会和56个运动项目。这一改革是在政府主导下进行的，也是对多年来，中国体育管理体制具体情况迈出积极的一步，它“有效保证了新旧体制间的平稳过渡，有利于各项目协会的实体化转变和体育行政机关的管办分离过程”②。但是正是这种政府主导的体制创新中，政府始终处于权力的顶端，单向地自上而下通过纵向隶属的行政系统发布命令，很难真正做到简政放权。项目管理中心在很大程度上成为新的政府官僚机构的一部分，无法从根本上突破计划经济下的体育管理模式，解决对政府过分依赖的实际问题。

二、中国足球职业化困境给中国篮球职业化的启示

尽管中国足球一时间成为国民口诛笔伐的对象，但是不可否认，2009年中国足球积存问题的集中爆发并不是足球本身单一因素造成的。因此不能说中国足球以及中国足球职业化就此失去了方向和动力，也不能说篮球的发展境况远远好于足球。就客观理性而言，足球存在的问题、面临的困境也是篮球必须面对的。

① 熊晓正. 体育概论［M］. 北京：北京体育大学出版社，2008：132—133.

② 孙汉超，秦椿林. 实用体育管理学［M］. 北京：人民体育出版社，2004.

对于中国篮球或者CBA联赛来说，吸取足球发展经验，借鉴足球失败教训无疑具有重要的现实意义。

（一）竞技成绩是联赛发展的前提

1992年，在争夺巴塞罗那奥运会入场券的比赛中，中国男足兵败吉隆坡，负于老对手韩国，也失去了进军奥运会的机会。时任总书记的江泽民同志就此发表了重要指示，建议对中国足球进行科学而长期的规划设计。正是在国家领导人的关心下，中国体育开始酝酿以足球为突破口的体育改革。回顾中国足球职业化发展历程，当初的改革设计主要是寻求一种新的体育管理体制和运行机制，探索一条适合符合中国发展的、最佳的发展道路①。尽管我国足球职业化改革设计主要思路是体制改革和机制转轨，但是必须承认，我国足球职业化改革是在成绩的巨大压力下开展的改革探索，既可以说是顺势而动，也可以说是迫不得已而为之，不改革就没有出路。

相比较中国男足不尽人意的竞技成绩表现，中国男篮的竞技成绩比较平稳，先后四次进入世界重大赛事的前八名。尤其是在北京奥运会上，尽管未能实现历史性突破，但是纵观比赛过程，中国男篮的竞技表现还是受到了国民的认可。因此获得了国务院授予的先进集体称号。可以设想，假如中国男篮未能在北京奥运会上进入前八名（在实际比赛中完全有可能），中国男篮也绝对不可能获得国务院的嘉奖。竞技篮球的竞技成绩是多种因素的综合结果，一场比赛或一届世界大赛的胜利只能代表着过去。正如中国体育界一句名言：从冠军领奖台下来就意味着从头开始。2009年对于中国男篮来说，无疑是记忆深刻的一年。在亚锦赛上的决赛中溃败于伊朗男篮，第一次在主场失去冠军头衔。接着在“斯杯”比赛中接连负于对手。尽管2009年“斯杯”参赛队伍只有四支，而澳大利亚、安哥拉都是二队，土耳其甚至只能算是三线的青年军。中国男篮比较天津世锦赛，阵容实力也有调整，易建联、朱芳雨、刘炜和张庆鹏四位球员因伤因故缺席本届斯杯比赛。但是鉴于对手实力较低，因此斯杯也成为中国男篮亚锦赛失利过后的救赎之旅。然而，中国男篮继亚锦赛失利之后，在2009年斯杯比赛中表现依然不尽人意，最终只取得倒数第二的战绩。篮球作为我国最受欢迎的体育项目之一，而男篮的一举一动时刻受到国人的高度关注。相比较一年前在北京奥运会上的精彩表现，中国男篮在亚锦赛和斯杯上的低水平竞技发挥，引发了全国范围内的关

① 熊晓正，夏思永，唐炎等．我国竞技体育发展模式的研究［J］．北京：人民体育出版社，2008：240－241.

心、热议乃至批判、声讨。中国篮协也在斯杯后第一时间发表了公开道歉信，信中提道："在后奥运队伍新老交替调整期，中国男篮在无姚明情况下，未发挥出应有水平，不能成为失利理由。面对这一结果，中国篮协负有不可推卸的责任。在此，我们诚挚地向所有关心、支持中国篮球的各界人士深表歉意。"

竞技成绩既是联赛发展的基础，也是政府开展职业化的出发点和归宿。协会作为政府的代言人，培养人才，提升竞技成绩是其首要任务和使命。追求竞技成绩不仅是足球或篮球项目的专利。举国体制造就了中国竞技体育的辉煌成就，不断实现着新的突破和超越，同时也形成了国民思维的惯性，或者说狭隘的金牌主义情节。毋庸置疑，金牌效应出色地完成了国家的建设需要，对于提升中国综合国力发挥了自身独特的优势。但是，任何竞技体育强国不可能所有项目都具有夺牌的实力和潜能，中国竞技体育也是如此。但是，基于金牌主义惯性思维以及管理者自身政绩考虑，在很长时间内，追求竞技成绩成为各个项目发展的首要目标。足球职业化改革是在兵败吉隆坡的背景下开展的，2009年中国足球积存问题的集中爆发也是在中国男足竞技成绩糟糕表现下发生的。可以假设，如果中国男足在北京奥运会上取得了历史性的突破，那么累积问题的集中爆发时间必定会向后推迟，甚至会随着时间推移而永久隐藏。同样可以假设，如果中国男篮未能夺得2011年亚锦赛冠军，那么就会失去2012年伦敦奥运会的参赛资格，中国竞技篮球职业化发展必将面临重大考验。

（二）联赛不正之风

以赌球为主要表现形式的联赛不正之风席卷全球。2009年11月22日，德国警方发布新闻公报称，涉及9个国家的200场足球比赛可能被赌球集团操纵，警方已经逮捕了17名赌球嫌疑人。赌球通常是由赌球集团开展的"市场运作行为"，赌球集团操纵比赛的手段就是对球员、教练、裁判，甚至是俱乐部官员进行贿赂，然后由他们提前敲定比赛结果。我国足球职业化尽管时间不长，但是赌球早已是公开的秘密。2009年，由辽宁省公安厅侦办的中国足球联赛"赌球"案件，让国民感到了极大震惊。涉及当事人有官员、俱乐部老总、运动员、教练员及其他人员。人数之多、手段之劣、金额之大、影响之坏，可谓登峰造极。足球"赌球"之陋习犹如一个毒瘤，不仅触犯了国家的法律，还败坏社会风气，严重危害我国足球运动及足球市场的健康发展①。正是以赌球为突破口，从而逐步揭开了中国足球"黑暗内幕"。客观而言，尽管揭开中国足球"黑暗内幕"给中

① 刘勇，郭迪．中国足球"赌球"的成因及防治［J］．长沙铁道学院学报，2009，10（4）：24—25.

国足球乃至中国体育带来极大震动，但是从另一个层面来说未必是坏事，前车之鉴对于其他中国体育项目来说具有重要的警示意义。

2009年4月22日，中国体育营销资源推介会在北京举行。会上一份题为《中国体育赛事现状及发展研讨》的调查报告揭示了国内众多体育赛事品牌的认知度、关注度、喜爱度排名。调查结果显示，在国内16项体育赛事品牌调查中，在赛事认知、赛事关注和赛事喜爱度三项统计排名中，CBA均高居榜首。可见，CBA联赛运行相对比较稳定，社会认可度和口碑较好。但是在肯定成绩的同时，必须清醒地认识到CBA联赛同样存在着不正之风。此外，国外博彩公司已把CBA开盘，国内利用CBA搞地下博彩的现象也已经有所反映①。尽管目前没有确凿证据举证CBA联赛存在赌球，同样也没有有力证据证明CBA联赛没有赌球现象。但赌球是世界性现象，也是世界性难题。在中国，赌球不仅仅存在于足球领域，篮球领域也可能存在。借鉴足球教训，深刻剖析自身发展实际，采取有效、有力措施防范和制止赌球等丑恶现象，是摆在我国竞技篮球职业化面前的重要任务和使命。

（三）缺乏民主管理和有效监督

中国足球失败的教训是深刻的，其警示意义也是发人深省的。撇开外部社会环境来说，足协高度集权的管理模式以及足协领导人决策权、管理权缺乏有效监督也是问题产生的根源之一。在我国足球和篮球实施职业化进程中，足协和篮协一样掌握着联赛的发展规划和制度设计，既是联赛的管理者，又是联赛的经营者。“管办不分”是目前我国竞技体育职业化特色之一。一方面政府的主导推动了俱乐部的成立和职业化的进程，而政府的过度干预却在一定程度上阻碍了俱乐部作为独立的主体进行市场经营，无法使市场机制在足球产业中充分发挥其高效配置资源的优势②。“在社会主义社会，人民是权力的主体，也是政治权力的源泉，人民有权利和义务监督权力的行使者，宪法也赋予了人民监督的权利。但是在现实中，这种权利缺乏明确、具体、有力的保障而未能发挥作用”③。限于中国社会整体权力监督不完善的制约，篮协和足协一样，其管理和决策权限基本掌握在协会主要领导人手中。权利高度集中而又缺乏有效民主监督必然滋生腐败，足协前主要领导人南勇的违法乱纪就是最好的佐证。在足协13年，南勇先后或

① 中国篮球协会．2008—2009中国男子篮球职业联赛资料汇编［C］，2009，9.

② 刘东锋．中国体育管理体制改革的路径选择［J］．成都体育学院学报，2005，31（2）：20—23.

③ 马郑刚．缺乏监督的权力与缺乏权利的监督［J］．科学社会主义，2005，5：34—36.

同时担任过国家体育总局足球管理中心主任、党委书记，足协副主席，中超公司的董事长，裁判委员会主席等职务，行政、经营一肩挑。在足协内部，无人能有效形成对他的约束和监督。列宁说过："没有公开性而谈民主制是很可笑的"①。尽管相比较中国的足协多事之秋、众矢之的，中国篮协一直表现得较为平稳。但是在本质上，篮协和足协同是高度集权的政府行政机构，协会的主要领导人的改革意愿，很大程度上左右着联赛的发展走向。CBA 联赛在不同领导人的管理下，表现出明显的差异性和波动性就是这种管理体制的真实反映。

本章小结

（1）我国竞技篮球职业化是发展方式的重大突破，经过十几年的改革探索取得了较为可观的社会效益和一定的经济效益。但是目前我国竞技体育价值观决定了竞技成绩是摆在第一位的。在理论上，CBA 联赛和提高国家队竞技水平并不冲突。但是，在近年来的发展实践表明，我国竞技篮球水平有下滑的趋势。尤其是 2009 年中国男篮的竞技表现，距离国人期待有较大差距。因此，竞技成绩压力始终是我国竞技篮球职业化面临的重大考验。

（2）中国共产党的发展历程表明，正确的指导思想是事业发展的前提条件。同理，在党的领导下，我国竞技篮球职业化确立正确的指导思想，是联赛不断发展的前提。而回顾 CBA 联赛的发展历程，指导思想表现出过于理想化。具体表现在：过早追求市场效益，忽视了后备人才的培养。过快追求发展速度，背离了中国国情。

（3）相比较国外成熟的职业体育联赛，CBA 联赛还处于探索阶段。因此，职业化水平较低是不可避免的，主要体现在职业意识和职业工作标准两个方面。职业意识受到职业篮球素养制约，目前从管理者、投资人到运动员在职业素养方面都存在着欠缺。职业工作标准的建立也是一个不断摸索的实践过程。不仅需要建立联赛职业工作标准，更需要参与群体的贯彻执行。

（4）真正意义上的职业篮球是以市场为中心运作的，市场需要以及蕴藏的巨大市场效益是职业篮球发展的原始动机。因此，市场开发的情况直接维系联赛的平稳进行。我国竞技篮球职业化目前的市场开发还比较薄弱，不断增加的投资未取得理想的市场回报。篮协作为政府代言人，职责决定了赚取市场回报不是其首

① 列宁全集（第 12 卷）[C]．北京：人民出版社，1985.

要目标。而俱乐部市场尽管具有市场运作的优势，但是由于目前市场开发权限由篮协支配，在有限的市场开发空间内，俱乐部很难实现期待的市场开发效益。

（5）合理而相对稳定的竞赛体系是维系CBA联赛平稳发展的重要保证。回顾CBA联赛的发展历程，CBA联赛赛制一直处于变动和反复调整之中。几乎没有完全相同赛制的两个赛季，究其原因，一方面迫于国家队竞技成绩的压力，另一方面缺乏长期的联赛发展规划。而在CBA相关竞赛体系中，NBL的发展出路存在困境，因为升级CBA联赛的可能性越来越小。而俱乐部青年联赛因为缺乏硬性的考核及评价机制而使得联赛流于形式，未能充分发挥锻炼年轻队员的价值作用。

（6）相比较我国其他竞技体育项目的职业化改革发展，CBA联赛的知名度、美誉度以及联赛运行的平稳度都是相对领先的。但是，必须理性而清醒地认识到，中国足球职业化进程中出现的问题足以引起篮球界的警示和反思。首先，不断提升竞技成绩是联赛发展的根本目标。其次，必须加大对联赛不正之风的警觉和处罚力度，尤其是对“假赌黑”现象的坚决打击。最后，不断加强协会的民主管理和有效监督。足球职业化改革的失败教训表明，高度集权和缺乏民主监督必然导致腐败和动荡。

第四章 CBA联赛职业化改革困境的原因剖析

党的十五大报告指出，在中国，真要建设社会主义，那就只能一切从社会主义初级阶段的实际出发，而不能从主观愿望出发，不能从这样那样的外国模式出发，不能从对马克思主义著作中个别论断的教条式理解和附加到马克思主义名下的某些错误论点出发。社会主义初级阶段和社会主义市场经济体制的建立和完善都是一个长期的过程，因为我国改革没有现成的模式借鉴，只有在改革中探索，在探索中前进。当然，在改革探索的实践中，不可避免地会出现问题和矛盾。我国竞技体育职业化进程也是这样。职业体育是市场经济的直接产物。而我国职业体育是在社会主义初级阶段，在建立和完善社会主义市场经济体制的背景下实施市场化、社会化改革探索。我国竞技篮球职业化改革，是一种不同于以往发展方式的全新探索，是完全遵循中国改革的整体模式，通常的形象比喻为“摸着石头过河”。既然是探索就不可避免地出现困难和矛盾。中国改革开放的伟大实践生动表明，在前进的道路上出现困难和问题并不可怕，重要的是剖析问题，用发展的方法解决前进中遇到的问题。自从 1995 年我国篮球实施职业化改革以来，总结发展过程中出现的问题和矛盾涉及多方面的因素，既有内部因素，又有外部因素；既有客观因素，也有主观因素；既有制度性约束，也有微观主体的原因。通过对我国篮球职业化进程中积存问题的成因进行深入分析，了解这些因素在职业化进程中所起的作用，不仅有助于揭示问题的实质，有助于政府和相关利益主体采取合理措施解决存在的问题，更有利于我国职业篮球改革以及我国篮球运动整体发展的稳步推进。

第一节 管理体制约束

纵观世界职业体育发展历程，它是体育发展到一定阶段的产物。具体来说，职业体育是竞技体育与市场经济相结合的产物。竞技体育职业化发端于西方，是西方竞技体育发展的必然产物，也是西方体育文化的自然结晶。尤其是 1984 年洛杉矶奥运会的成功运作，使得商业元素强烈充斥甚至统治当代竞技体育，正是强烈而不可逆转的商业元素介入竞技体育中，从而使得越来越多的竞技体育项目走向了职业化发展轨道。近年来，国际竞技体育职业化、商业化已经成为一种趋势和潮流。尽管职业体育已经成为世界体育发展主线，但是中外职业体育的发展路径和发展模式存在着较大差异。西方职业体育是由下而上的自然演进发展过程，政府没有进行过多直接干预，只是在一定阶段通过宏观政策的有效支持和引导。职业体育由体育联盟组织自主经营、自负盈亏。职业体育的动机和目标简单而直接，就是最大程度地创造利润，属于纯商业行为。职业体育联盟或组织除了自觉行使必要的社会公益事业外，没有背负其他的政治责任和国家使命。作为职业体育的管理体制，也是完全按照现代企业制度的方法和理念进行经营和管理。

一、我国竞技体育管理体制

体育作为我国社会发展系统的组成部分，在不同历史时期，尤其是改革开放40年来，中国体育尤其是竞技体育出色地、创造性地完成了国家和民族赋予的使命。而中国竞技体育之所以取得如此巨大的历史成就，举国体制的体制优势功不可没，甚至可以说在特定历史阶段起到了决定性作用。“悉尼奥运会后，时任国家主席江泽民同志在接见中国体育代表团时总结了三句话：美国体育靠的是它的经济实力，俄罗斯体育靠它原来的基础，中国体育的成就靠的是举国体制”①。从国家最高领导人的总结中可以肯定，举国体制是发展我国竞技体育的制度基础。换言之，举国体制就是我国竞技体育的管理体制。随着改革开放不断深入以及社会主义市场经济体制的建立，国家的发展理念、发展范式也随之不断更新和变革。在过去高度计划经济体制下，政府行政手段统领一切、决定一切的简单管理方式，在市场经济体制已经制约了社会生产力的解放和发展，当然在不同社会领域，这种制约作用表现程度不尽相同。而举国体制由于历史的原因，在具体的运行过程中带有明显的计划经济体制的特征和烙印。世界上没有十全十美的国家制度，也没有一劳永逸的管理体制。事物的发展总是由低级向高级螺旋递进的。我国竞技体育举国管理体制也完全遵循事物发展的一般原理。因此，在坚持我国竞技体育举国管理体制合理内核的基础上，不断完善举国体制不仅是我国社会经济发展的必然选择，也直接关系到在新的历史条件下，我国竞技体育全面协调发展的重要使命。

经济基础决定上层建筑，经济发展方式的改变必将导致政府管理体制的相应

---

① 李富荣．谈如何成为一名教练员［N］．中国体育报，2002－12－4．

调整甚至是变革。随着我国社会主义市场经济体制的建立，以及为了顺应国际竞技体育发展方式、手段的新变化。改革和调整我国竞技体育管理体制，适应竞技体育职业化发展成为摆在政府管理部门面前的重要命题。20世纪90年代中期，原国家体委为了落实中共中央政府机构改革方案，推行了单项协会实体化改革，陆续成立了20个项目管理中心，并于1997年颁布实施了《国家体委运动项目管理中心工作规范暂行规定》。从二十多年的发展实践来看，项目管理中心的成立和运作，有效地促进了部分项目管理由原来的粗放型向集约型转变，由行政命令型向市场调节型过渡，积极地推动了我国部分运动项目的社会化、职业化和产业化进程，并培育了可观的体育市场。当然，由于我国职业体育改革的探索性以及我国竞技体育管理体制的路径依赖，导致我国职业体育实际运行中不可避免地出现一系列矛盾和问题，我国竞技篮球职业化发展路径也不例外。

二、我国竞技篮球职业化管理体制

我国竞技篮球职业化改革是在我国社会主义市场经济体制下，顺应国际职业篮球发展潮流和趋势，在借鉴我国足球和国外职业篮球发展经验的基础上进行社会化、市场化探索。开始于1995年的CBA联赛，经过二十多年的改革发展，目前已经成为我国职业体育市场最好的赛事品牌之一。当然，尽管取得了一系列来之不易的发展成就，但是也累积了一些矛盾和问题，比如产权不清、市场开发薄弱、俱乐部经营空间狭小、投资者市场回报较低等，这些问题虽然是发展过程中不可避免的，但是如果任由问题长期累积，必将影响联赛的健康发展，甚至影响联赛的有效生存。而这些问题的产生在很大程度上是由于管理体制的制约。

CBA联赛的管理者是中国篮协，尽管1997年成立了篮球运动管理中心，但是篮协和篮球运动管理中心是“一套人马，两块牌子”。篮球运动管理中心是国家体育总局直属事业单位，也是中国篮协常设办事机构，是中国篮球最高管理机构。篮管中心的主要任务是：根据国家的法律法规和体育方针政策，统一组织、指导全国篮球运动项目的发展，推动篮球项目的普及，提高运动技术水平，促进项目的社会化、产业化的发展①。尽管目标很明确，但是不可否认，篮球管理中心是从原国家体委篮球处直接改制过来的，其主要职能是接受国家体育行政机关授权对中国篮球运动项目行使管理权。长期以来，由于篮球运动在我国有着广泛的群众基础和社会影响力，篮球运动一直是体育行政部门重点工作之一。在管理

① 中国篮球协会．中国篮球协会章程，1995.

体制上也是按照行政命令的形式进行运作、管理。提高我国竞技水平，参加国际大赛，创造优异比赛名次，从而实现为国争光的最高目标。因此，由于竞技成绩的巨大压力，以及鉴于我国竞技篮球的发展水平一直没有较大突破的困境下，我国竞技篮球的管理权一直牢牢掌控在篮协的手中。当然，根据路径依赖理论，管理者在主观上也不愿意轻易放弃业已习惯的管理模式，致使我国竞技篮球管理体制已经落后于职业化改革的节奏和步伐。我国竞技篮球职业化是在政府的主导下展开的社会化、市场化改革探索，而CBA职业联赛是职业化的主要载体，而作为联赛的两个主要组织形式，篮协和俱乐部处于不同的位置，在现行管理体制下，篮协具有对联赛重大事件的决策权，而俱乐部处于明显的弱势地位。现在现行管理体制下，篮协往往根据自身的发展需要，随时变更联赛的发展政策，比如为了备战国家队的需要，使得CBA赛季周期几乎没有一致性，呈现出巨大的波动性和随意性。再如，凤铝事件的产生可以说是联赛制度设计上的欠缺和漏洞所致，也可以说是现有管理体制下的必然产物。

客观地说，我国现行职业篮球管理体制带有明显的传统举国体制的管理方式，在实际运行中已经在一定程度和一些方面约束了职业篮球的发展。突出表现在篮协高度集权、管办不分。但是必须明确的是，举国体制与竞技篮球职业化的发展目标的价值实现载体是一致的，即遵循项目发展规律、培养篮球人才、提高运动水平、促进项目的良性发展。我国社会主义市场经济的不断发展，为竞技篮球职业化提供了便利条件。但是，职业篮球作为一种职业，在其发展进程中受到多种因素的影响和制约。比如社会生产力发展水平、篮球人口的增长、竞技篮球的整体发展水平以及社会需求和市场规模，但是篮球职业化的本质并未说明市场经济就是篮球职业化的充分条件，然而我国社会主义市场经济毕竟为竞技篮球职业化提供了难得的发展机遇。政府要做的就是抓住机遇、更新观念，逐步将我国职业篮球管理体制的改革推向全面和深入。

第二节 职业化目标定位不清晰

经济基础决定上层建筑。经济体制是指国家组织管理经济的方式、方法和制度的总称。经济体制的变革必将引起上层建筑范畴其他领域的变革或调整。当然这种变革和调整具有层次性和非同步性。随着我国社会主义市场经济体制建立和逐步完善，社会其他领域的运作模式和发展方式也发生了较大的变化，体育领域也不例外。

随着我国经济体制的转变，经济发展方式的变革，以及国际竞技体育发展方式的变化。深化我国体育事业改革发展就显得紧迫而重要。1993 年，原国家体委发布了《关于深化体育改革的意见》，明确提出 20 世纪 90 年代末到 21 世纪初期我国体育改革的总体目标与任务：改变原来在计划经济体制下，单纯依赖国家和主要依靠行政手段办体育的高度集中的体育体制，建立与社会主义市场经济体制相适应，符合现代体育发展规律，国家调控，依托社会，有自我发展活力的体育机制和良性循环的运行机制，形成国家办与社会办相结合、集中与分散相结合的格局，力争在 21 世纪末初步建立具有中国特色的社会主义体育新体制。

目标是一个组织各项管理活动所指向的终点，每一个组织都有自己的目标，是一个组织的目的或宗旨的具体化，是组织根据目的和宗旨提出的在一定时期内要达到的预期成果。对于任何组织而言，为了求得长期生存和发展，必须审时度势、科学地进行决策并确立组织目标，并体现组织的战略发展取向，因为只有能够体现组织发展战略的目标才是有效的目标。而战略是对组织全局的、长远的和重大的问题所作出的运筹和规划。① 对整个组织的运行起到导向作用，它具有全局性、长期性的特征。

我国竞技篮球职业化改革主要解决什么问题？1994 年对于中国篮球来说是收获的一年，在第十二届世界男篮锦标赛上，中国男篮取得第八名的优异成绩，历史性第一次跻身世界大赛的前八名。而女篮在第十二届世界女子篮球锦标赛上获得亚军，也是继巴塞罗那奥运会亚军之后再次获得世界重大比赛的第二名。这也为中国篮球寻求国外资本和技术注入，实施赛制改革提供了良好的契机。我国竞技篮球职业化改革规划，主要基于我国经济体制由计划经济向市场经济体制迈进的社会趋势和发展潮流，为了使我国篮球运动适应这种变化，在借鉴国内足球改革实践和国外职业篮球发展经验的基础上，试图通过篮球改革寻求一种新的管理体制和运行机制，探索一条适合中国国情的发展道路。因此，我国篮球职业化改革的主要思路是体制改革和机制转轨。在管理体制上，竞技篮球作为我国竞技体育的重要内容，因此，举国体制自然也是我国竞技篮球的管理体制。而举国体制的最高、最直接的使命就是提高竞技水平、为国争光。实现手段主要是行政命令和计划方式。在运行机制上，改革的目标就是要充分发挥市场的作用，募集和动员更多的社会资本和力量参与篮球运动发展实践中，继而积极挖掘竞技篮球可观的经济价值。因此，我国篮球职业化改革的主要思路是体制改革和机制转轨，而改革的目标定位主要集中在竞技成绩和市场效益。而联赛的两大主体：篮协和

① 孙晓红，闫涛．管理学［M］．大连：大连财经大学出版社，2005：4.

俱乐部目标定位不尽相同，如图 4-1 所示：

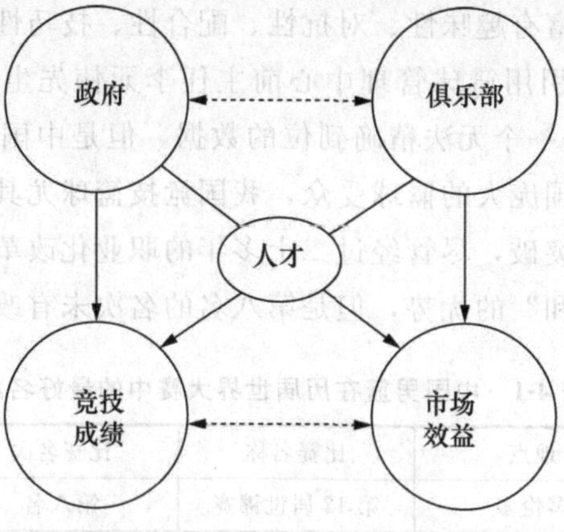

图 4-1 我国竞技篮球职业化发展目标示意图

（虚线表示可能的冲突）

由图 4-1 可知，政府的职业化发展目标主要是竞技成绩，在不影响成绩的前提下寻求市场效益，筹集发展资金，解决实际存在的问题。而俱乐部职业化发展目标主要在于市场效益，而为了更好地实现市场效益，俱乐部必须具备稳定而良好的竞技成绩。在此意义上，竞技成绩和市场效益对于俱乐部同等重要。同样是竞技成绩，篮协追求的是国家队国际大赛的成绩，俱乐部追求的是联赛排名。在实践中，不同的利益主体、不同的目标追求导致了联赛整体目标定位的模糊和动摇。

一、政府的目标定位

我国竞技篮球职业化是在政府主导下开展的市场化、社会化改革探索，具体说是在篮协或后来的篮球运动管理中心管理下进行的。篮协虽然是社团组织，但实际上它和篮管中心是“两块牌子，一套人马”。在CBA俱乐部准入制度中明确规定：CBA联赛的所有权归属中国篮协，俱乐部必须遵循篮协的相关规定。可见，不管是篮协还是篮管中心都是政府的职能部门。

（一）竞技成绩

由于近代中国“东亚病夫”的屈辱，强身健体，为国争光成为几代中国人的历史使命。而竞技体育特有的功能正好契合了中国摆脱贫弱走向强大的历史步伐。“举国体制”“奥运战略”便成为我国政府快速实现竞技体育发展和超越的正确抉择。“而作为现代体育项目之一的篮球运动，由于其简便易行，对人体的锻炼价值高，竞赛过程富有趣味性、对抗性、配合性、技巧性和观赏性等，它深受我国人民的喜爱”①。引用篮球管理中心前主任李元伟先生的数字“中国篮球人口有三亿”，尽管这是一个无法精确到位的数据，但是中国篮球受众的庞大是客观的事实。相比较中国庞大的篮球受众，我国竞技篮球尤其是影响力更大的男篮的竞技成绩一直没有突破，尽管经过二十多年的职业化改革探索，尽管北京奥运会具有“天时地利人和”的优势，但是第八名的名次未有改变。见表 4-1 所示。

表 4-1　中国男篮在历届世界大赛中的最好名次

时间	地点	比赛名称	比赛名次	主教练
1994	多伦多	第 12 届世锦赛	第八名	蒋兴权
1996	亚特兰大	第 26 届奥运会	第八名	宫鲁鸣
2004	雅典	第 28 届奥运会	第八名	哈里斯
2008	北京	第 29 届奥运会	第八名	尤纳斯

（资料来源：中国篮协官方网站）

国家队是一个国家竞技篮球的高端资源，它对篮球运动的整体发展起到积极的推进和导向作用。即使是篮球强国美国，也不得不重新重视国家队在世界大赛上的竞技表现，我国竞技篮球更是如此。为了满足更多篮球受众的希冀和需求，同时也是为了实现管理者自身的政绩需要，或者说在奥运战略下的顺势而为之。竞技成绩一直是政府发展竞技篮球的直接而重要的使命。而职业化只是发展我国竞技篮球的一种新手段和方式，竞技成绩提升同样也是政府实施职业化改革探索的原始动机。尽管联赛发展始终处于探索、调整，但是国家队的竞技成绩始终是政府职能部门的第一要务。比如为了保证国家队的备战时间，CBA 联赛的赛季周期必须为之让路。为了北京奥运会，CBA 联赛 2007—2008 赛季严重压缩。为了备战 2009 年东亚运动会，2009—2010 赛季 CBA 联赛推迟到 2009 年 12 月 19 日开赛，为历届最晚。为了吸收孙悦效力国家队，积极斡旋奥神俱乐部，为了处罚奥神俱乐部不配合国家队的工作，篮协作出了开除奥神俱乐部 CBA 联赛参赛资格。

（二）市场效益

尽管竞技成绩是政府和篮协首要发展目标，但是为了解决发展资金短缺问

① 陈钧．中国篮球职业化可持续发展战略研究［D］．北京体育大学，2001.

题。联赛的市场开发权限始终掌握在篮协手中。目前，篮协的市场开发交由中篮公司委托代理。尽管中国篮协控股51%，但是具体市场开发都是由赢方公司策划运作，从而形成了“举国体制办篮球，资本主义搞市场”的中国特色。赢方公司作为专业的体育市场开发团队，它的职责就是创造有利于市场效益回报的联赛环境。在实际运作中，为了保证联赛的精彩性，吸引更多观众的参与和积极关注，从而得到更为丰厚的赞助商赞助。在联赛的发展中一直在积极地吸引高水平外籍球员的加盟，而对于外援上场时间的限制也表现出波动性和反复性。尽管上场时间限制不断反复调整，但是外援一直是CBA联赛的真正主角。绝大多数俱乐部的生存能力很大程度上依赖于高水平强力外援的支撑。同时，CBA联赛的上座率、收视率以及盈利空间也寄托在外援的身上。可见，竞技成绩和经济效益的目标定位问题一直未能妥善处理，继而导致了联赛中一些问题产生。比如，俱乐部之间外援的恶性攀比导致俱乐部资金运作困难，运营赤字不断攀升，为俱乐部和联赛的发展埋下隐患。云南红河俱乐部就是这种隐患的最早牺牲品。

可见在实际发展中，政府篮球职业化改革的目标定位一直处于竞技成绩和市场效益之间反复和跳动，始终未能找到二者之间合适的平衡点。其实，竞技成绩和经济效益并不矛盾。若能从长远考虑，二者是相互依存、相得益彰。而实现二者的载体就是数量充足、质量优秀的国内球员。而目前的工作重心在于培养人才。

二、俱乐部的目标定位

“职业篮球俱乐部是靠自己组队培养或雇佣和租用职业运动员参加比赛和表演，借以提高运动水平，取得优秀名次，并进行各种方式的实体经营，获取经济利益的社团性组织。职业篮球俱乐部的经费主要是由大企业家、股份公司和自我经营收入负担”①。1995年我国竞技篮球职业化改革伊始，“职业篮球”俱乐部大多数是体工队直接“改头换面”而来，在政府的运作下，体工队加企业赞助就成立了俱乐部，政府在其中充当“拉郎配”的角色。随着职业化的不断发展，各种社会资本不断进军CBA联赛，俱乐部的数量呈现稳步增长态势。相比较NBA俱乐部纯民营资本，CBA联赛俱乐部的资本构成具有多样性和多元化特征。而不同性质的俱乐部职业化发展目标定位也不尽相同。

---

① 孙民治．篮球运动高级教程［M］．北京：人民体育出版社，2000，10：470－471.

(一) 竞技成绩

与政府和篮协追求国家队竞技成绩不同，俱乐部追求的是球队联赛排名。现代职业体育追求的是“注意力经济”。俱乐部球队在联赛中表现优异，季后赛成绩越好，球队的曝光率就越高，赞助商获得的注意力就越好。因此，俱乐部成绩越稳定，联赛排名越靠前，越能得到赞助商高额的赞助，加之带动其他方面的市场开发，俱乐部整体的市场效益就越良好。广东宏远是 CBA 联赛第一家发布盈利报告的俱乐部，长期的人才储备加之以市场为中心的发展理念固然不可或缺，同时不断提升的球队竞技成绩也是重要的成功要素。2008—2009 赛季，宏远俱乐部获得东莞银行 1000 万人民币的冠名赞助，而一般俱乐部冠名只能达到 300 万—500 万元。而上海大鲨鱼俱乐部，由于球队竞技实力低下，开赛 13 连败，50 场常规赛只获得了 6 场胜利。球队糟糕的竞技成绩严重地影响了市场效益，即使 2 元门票也少有观众问津，冠名企业西洋集团也中途撤资，使得俱乐部的运行一度陷入举步维艰的困境。可见，俱乐部的竞技成绩是获取市场效益的前提保障。

(二) 市场效益

俱乐部作为职业篮球市场的主要组织形式，加之现代职业体育已成为“烧钱机器”。逐利是资本的天性，高投入必然追求高回报。由于目前联赛的市场开发权限大多掌握在篮协手中，但是俱乐部投资者的市场回报反馈形式也不仅仅体现在货币的数字形式。而在俱乐部拥有的开发权限内，各个俱乐部都会尽力争取最大回报。而竞技成绩和曝光率或关注度是获取市场效益的关键。由于国内优秀球员尤其是明星球员的稀缺，加之人才培养的投入高、见效慢的特点，引进和使用高水平外籍球员就成为大多数俱乐部的首选。在 CBA 俱乐部中，尽管山西队竞技成绩一般，但是在引进大牌外援方面并不逊色其他俱乐部。2009—2010 赛季中期，山西引进了 CBA 有史以来“最大牌”外援，前 NBA 全明星球员马布里。有了马布里提气的票房，16 个主场比赛的票房收入达到 300 多万元；再加上鑫四海、兴瑞等企业支持，预计账面上的收入将突破千万元。相比赛季近两千万元的投入，尽管俱乐部仍在亏损，但给了俱乐部不少腾挪的空间。有了企业的加入，有了球迷的支持，俱乐部的根基更为厚实①。

可见，在俱乐部竞技成绩和市场效益高度相关，但是相比较广东宏远、新疆广汇等少数强队，其他大多俱乐部为了最大程度地博取市场效益，在发展中就不得不更多地依赖引进和使用高水平外援。由于外援明星在整体上高于国内球员，因此具有快速提升球队竞争力的效应。同时为了达到“以夷制夷”的效果，CBA众多俱乐部（八一除外）在外援的引进上不断攀比。在获取曝光率的同时，由于外援的过高工资造成俱乐部资金开支日趋紧张，资金链断裂是潜在的风险，云南红河俱乐部欠薪事件就是警示和教训。在大量使用外援的同时，后备人才的培养也在有意无意之中被轻视或忽视。而NBA的成功或广东宏远的成功生动地诠释了，自身优秀人才的储备才是制胜之道。

有学者调查得知，63.64%的篮协官员认为职业化改革目标应该是提升篮球运动技术水平，同时有81.81%的俱乐部老板认为职业化的改革目标是获取经济效益②。可见，政府和俱乐部各自主体职业化发展目标存在着较大差异。加之各自发展目标在实践中处于竞技成绩和市场效应之间徘徊。因此，在整体上我国竞技篮球职业化发展目标的定位表现为不清晰。目标是前进的方向，也是绩效考核的前提，不同的目标定位必然产生不同的考核标准。

深化体育改革是制度创新意义上体育体制的改革和运行机制的转换，是当今中国体坛的一次伟大革命。然而，检验这种变革成败得失的标准是什么，急需研究。如果没有这种标准或决策者和操作者不能在检验标准上取得共识，出现双重或多重标准，就会使体育改革失去一个矫正其航向的“罗盘”③。同理，我国竞技篮球职业化改革的成败得失也必须建立在明确的目标定位之上，没有目标或者是“各揣算盘”必然背离改革原始的制度设计，或者使得联赛的发展充满利益纷争。由上面分析可知，不管是政府还是俱乐部，竞技成绩是现市场效益的前提保障，而实现二者竞技成绩的共同平台就是充沛的国内优秀篮球人才。

---

① 山西已将亏损降到最低马布里带来300万票房收入［EB/OL］. http：//sports. sina. com. cn/cba/2010－03－18/11304891095. shtml.

② 纪康宝．体育俱乐部市场化运作与现代化管理实务手册［M］．长春：吉林电子出版社，2003，9：1166－1167.

③ 鲍明晓．论现阶段中国体育改革的艰巨性［J］．武汉体育学院学报，1994，104（2）：13－16.

第三节 人才瓶颈制约

1992 年初，邓小平在南巡讲话中强调指出："中国的事情能不能办好，社会主义和改革开放能不能坚持，经济能不能快一点发展起来，国家能不能长治久安，从一定意义上说，关键在人"[①]。可见人才是社会主义现代化建设的核心生产力，世界各国的综合国力竞争在根本上还是取决于人才的质量和数量的竞争。竞技体育的发展路径同样遵循这样的规律。我国"国球"乒乓球的经久不衰，美国"国球"篮球的引领世界，尽管属于不同的项目、不同的制胜规律、不同的发展国度，但是根本之处还是在于丰富而高水平的后备人才储备。

"篮球后备人才"简单地说是指具有一定程度的篮球训练特长，由青少年运动员年龄结构为主所组成的篮球储备群体。后备人才是我国竞技篮球持续发展的人力基础和动力之源。在传统计划经济体制下，我国竞技篮球后备人才同样遵循三级训练网模式，即基层体校——省市专业队——国家队。应该说，这种培养模式有力地发挥了举国体制的体制保障优势。不可否认，在三级训练网的培养模式下，我国竞技篮球运动水平迅速提升，培养了一批优秀的篮球运动员，很快确立亚洲篮球的领先地位，在世界大赛中也取得了较好名次，实现了冲出亚洲，走向世界的目标。

1995 年，我国竞技篮球开始了职业化改革探索的历程，随着运行体制、发展模式、所有制结构的变化，原有的篮球后备人才培养模式发生了巨大变化和调整。在原有三级训练网培养模式下，政府（国家的职能部门）是篮球后备人才培养的唯一投资者，当然也是理所当然的人才所有者。而在举国体制下我国竞技篮球职业化进程中，政府作为"职业篮球"的主管部门，"职业篮球"俱乐部作为职业联赛的主要组织形式。"职业篮球"俱乐部也成为我国竞技篮球后备人才培养的主体。当然不能说政府就脱手了篮球后备人才的培养工作，实际上，在我国职业篮球俱乐部的所有制结构中，有一部分的俱乐部属于政府（当地体育局）和企业共同所有。在这种所有制情况下，政府在俱乐部后备人才培养方面承担了主要角色，而在其他所有制结构的俱乐部中，俱乐部后备人才培养主要是由俱乐部自行运作管理。当然，政府（篮协）在准入制上对俱乐部的后备人才培养进行了要求和规定。在审视俱乐部篮球后备人才培养的总体情况下，并结合俱乐部自身实际情况的差异性，对当前我国竞技篮球职业化进程中后备人才培养存在的问题进行梳理和总结。

① 邓小平文选（第 3 卷）[C]，人民出版社，1993：380.

一、后备人才总量萎缩

世界竞技篮球强国的发展经验表明，丰富而广泛的人才储备是发展路径和成功之道。而人才问题已成为我国竞技篮球发展的瓶颈。我国竞技篮球人才在质量上表现为高水平优秀球员尤其是国际球星稀缺，在数量上表现为萎缩，而数量是质量的基础，数量的萎缩不仅不利于质量的提高，而且成为影响我国竞技篮球持续、协调发展的关键。据中国篮球协会运动队和运动员注册资料显示：20世纪80年代，我国各省市、解放军共有75支一线专业男女篮球队，而到了2004年底，在中国篮协注册的一线专业男女篮球队只有49支。此外，根据我国《体育事业统计年鉴》统计数据显示，1980年，我国一线专业篮球队伍的运动员有1323人，而在2004年底，在中国篮协注册的一线队伍的男女运动员只有784人。两项前后比较，运动队数量减少了26支，运动员总数减少了539人。另外据统计，1980年全国业体校篮球运动员（三线队伍）统计人数为50529人，1993年为30196人。而根据张雄博士的研究显示，截至2004年底，全国业余体校篮球运动员（三线运动员）统计人数不到20000人。由于业余体校篮球在训运动员的减少，人才培养出现断层，导致全国部分青年队（二线队伍）因生源不足而解散。目前，全国青年队男女二线专业队只有34支，在训人数不足600人①。而与此形成鲜明对比的是，世界篮球强国的注册篮球运动员数量要远远超出中国。根据FIBA的资料显示，美国的篮球人口大约有2480万，斯杯中连续三次战胜中国队的阿根廷篮球人口也有13万，西班牙的注册篮球运动员数量是43.5万，希腊是27.2万，澳大利亚是16万，哪怕是同样注册人数较少的俄罗斯，其1366人的专业篮球运动员数量也比我国多出一截。

我国竞技篮球后备人才总量萎缩的原因是多方面因素造成的。一方面，奥运战略和全运战略严重压缩了篮球项目的队伍数量，在人才输送的终端造成需求下降，从而制约了人才培育的积极性和吸引力。另一方面，随着社会的不断进步和经济的快速发展，以及独生子女的原因，家长对于孩子的培育方式和发展理念产生了较大改变。据调查，华东地区（苏、闽、赣、皖）四省不同收入家庭对子女从事竞技体育态度是：67.6%和74.3%的高收入家庭不愿意孩子从事运动训练和职业运动训练。77.5%和76.4%的中等收入家庭不愿意孩子从事运动训练和职业体育训练。65.9%和60.0%的低收入家庭不愿意孩子从事运动训练和职业

① 张雄，朱雷亚．中国竞技篮球人力资源生态环境的研究［J］．体育文化导刊，2005，4：14—16.

体育训练①。

二、成才率低，新人稀少

数量是质量的基础，拥有丰富庞大的篮球后备人才基数，那么就会增加成才率。美国竞技篮球运动的持续兴旺发展的根本保障就是庞大的后备人才储备。举国体制下我国竞技篮球职业化进程中，优秀篮球人才的数量和质量是实现二者双赢的共同载体。因为在目前条件下，我国国家队队员全部来自 CBA 俱乐部，(NBA 中国球员也是 CBA 俱乐部培养输送的)。每逢重大国际赛事，国家队便由俱乐部最为优秀的球员组成。基本遵循如下培养、输送路径（图 4-2）：

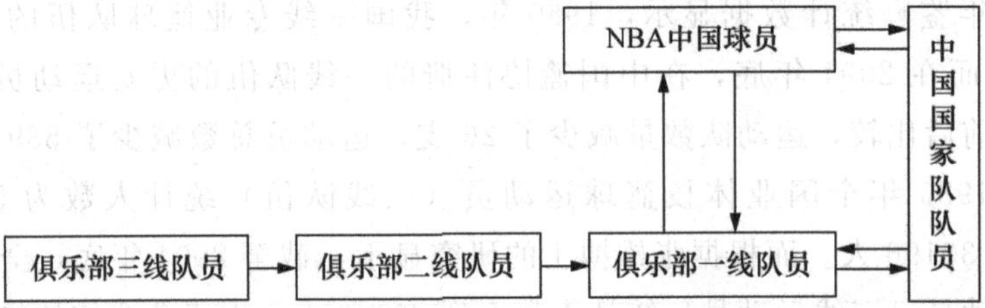

图 4-2　我国“职业篮球”后备人才培养成长路径示意图

国家队是我国竞技篮球的高端资源，而国家队队员代表着我国最优秀篮球运动员群体的最高水准。通过国家队队员的新陈代谢的情况，便可反映我国篮球后备人才的成才率，以及优秀后备人才成长的速度，也是衡量我国篮球后备人才培养质量的主要指标（表 4-2）。

表 4-2　1996—2008 历届国际大赛国家队队员名单（注：1998 年未能取得世锦赛资格）

国际大赛名称	中国国家男子篮球队队员名单
1996 年亚特兰大奥运会	胡卫东、吴庆龙、刘玉栋、单涛、巩晓彬、巴特尔、李晓勇、吴乃群、王治郅、李楠、郑武、孙军
2000 年悉尼奥运会	王治郅、姚明、巴特尔、刘玉栋、李楠、张劲松、胡卫东、孙军、郑武、李晓勇、郭士强、李群
2002 年男篮世锦赛	郭士强、刘炜、巩晓彬、张成、胡卫东、陈可、李楠、刘玉栋、朱芳雨、姚明、巴特尔、杜峰

① 刘志民．上海市竞技体育可持续发展的社会学论述 [J]．成都体育学院学报，2001，2：54—55.

续表

国际大赛名称	中国国家男子篮球队队员名单
2004 年雅典奥运会	姚明、刘炜、朱芳雨、杜锋、易建联、李楠、陈可、张劲松、莫科、巴特尔、张云松、郭士强
2006 年男篮世锦赛	陈江华、刘炜、张庆鹏、王仕鹏、朱芳雨、孙悦、张松涛、易建联、莫科、姚明、王治郅、杜峰
2008 年北京奥运会	陈江华、刘炜、张庆鹏、王仕鹏、朱芳雨、孙悦、李楠、易建联、姚明、王治郅、杜峰、王磊

（资料来源：根据《篮球》杂志统计整理）

由表 4-2 可知，在我国竞技篮球开启职业化改革至 2008 年北京奥运会期间，中国男篮共计参加了六届国际重大篮球赛事，其中四届奥运会，两届世锦赛，取得了四次世界第八名的历史最好成绩，也出现了一些被中国球迷熟知和喜爱的优秀篮球运动员。但是不可否认，我国优秀篮球人才的成才率较低或者说不能及时而持续地脱颖而出（表 4-3）。值得警醒的是，北京奥运会后中国男篮在国际赛场甚至在亚洲比赛中表现不尽如人意。

表 4-3　1996—2008 中国男篮参加历届国际大赛国家队队员名单

姓名拼音首字母	球员姓名	人数
B	巴特尔	1
C	陈可、陈江华	2
D	杜峰	1
G	巩晓彬、郭士强	2
H	胡卫东	1
L	刘玉栋、李晓勇、李楠、李群、刘炜	5
M	莫科	1
S	单涛、孙军、孙悦	3
W	吴庆龙、吴乃群、王治郅、王仕鹏、王磊	5
Y	姚明、易建联	2
Z	郑武、张劲松、张成、朱芳雨、张云松、张庆鹏、张松涛	7
球员总数	30	

由表 4-3 可知，在 12 年的六届世界大赛 72 人次的球员构成中，只有 30 名球员得以在世界最高平台上锻炼提高。而像王治郅、李楠参加了 1996 年和 2008 年两届奥运会。虽然他们是中国篮球优秀人才的杰出代表，但是整体上也反映了我国篮球优秀后备人才的青黄不接。

三、外援依赖

由于国内优秀篮球人才数量的匮乏，加之中国优秀球员又被NBA引进吸收，因此为了保障CBA联赛的竞技水平和精彩度，吸收和雇佣外籍球员成为必然选择。引进和使用外籍球员是不同国家、不同项目、不同水平职业联赛的必然手段和策略。而CBA联赛由于国内篮球人才瓶颈的制约，引进和使用外援是篮协和俱乐部必然选择（表4-4）。尤其是俱乐部在财政压力和追求市场的驱动下，高水平外援成为大多数俱乐部的“抢手货”和“救命稻草”。

表4-4　CBA联赛俱乐部对于外籍球员的态度调查表（调查样本为17家）

选项	频数	百分比
1. 水平高，可以迅速提升球队实力	12	70.5%
2. 迫于其他球队压力，不得已而为之	1	6%
3. 外援工资太高，并且不易管理	7	41%
4. 过度依赖外援，应该限制人数及上场时间	7	41%
5. 盲目攀比，导致各俱乐部开支过大	6	35%
6. 提升比赛精彩度，增强国内球员对抗强度	13	76%
7. 应效仿NBA彻底放开外援限制	4	23.5%

（资料来源：问卷调查整理所得）

由表4-4可知，有70.5%的俱乐部总经理认为外援水平高，可以迅速提升球队实力。纵观CBA联赛不同时期的外籍球员，尽管存在着良莠不齐，但是整体水平明显高于国内球员。因此，在目前的CBA联赛没有一支真正意义上的传统强队，除去八一队，其余俱乐部实力的强弱、联赛的排名，在很大程度上取决于外援的水平和表现。即使是广东宏远也不例外，不同的是外援的使用效果上更加理性和主动。

（一）NBA和CBA外援的作用比较

外籍球员的引进是世界竞技体育职业化进程中必然出现的现象。当然不同的发展水平、发展阶段以及不同的发展理念导致不同的“引援”动机，不同的动机直接导致不同的发展效果。以NBA和CBA为例，见表4-5。

表4-5 NBA和CBA引援动机及使用效果对比

	引援动机	外援个体价值	外援政策效果
NBA	吸纳全球篮球人才为联赛服务，为全球扩张战略服务	有效补给，丰富战术打法，整体上不会打破联赛平衡	保证了联赛水平的精彩性，吸引了全球观众的眼球
CBA	提高球队实力，提高联赛排名，客观上也提高了联赛精彩度	外援成了球队绝对主力，国内球员基本成了配角	吸引国内观众的同时，也出现外援引进攀比，外援依赖症

由表4-5可知，NBA和CBA不同的引援动机导致了不同的发展效果，当然除了发展理念外，联赛的发展水平也是不可比拟的客观差距。美国拥有世界上最为丰富的高水平篮球人才储备，国内球员足以维持NBA联赛的高水平运转。合理引进和使用外籍球员只是NBA全球扩张战略环节之一。而目前CBA的联赛水平整体较差，合理适宜地吸收外援也是一种发展手段。客观而言，不管是NBA还是CBA外援的使用都存在利弊两面性。美国男篮在悉尼奥运会后、北京奥运会前之间近8年的时间内，再也没有品尝到国际大赛的冠军喜悦。一方面是美国男篮自身原因，包括没有募集到最优秀球员参赛，也未能进行充足备战。另一方面是对手的实力强大，不管是西班牙男篮还是阿根廷男篮，其主力球员都是NBA的外援。与其说是世界篮球打败了美国男篮，不如说是NBA战胜了美国男篮。

（二）CBA联赛外援依赖表现

由上面分析可知，外援的使用既具有积极的作用，也有一定的负面效应。而对于CBA来说，虽然利弊共存，但是从发展效果来说弊端表现更为明显。下面仅以CBA联赛2008—2009赛季的球员个人技术统计为例进行分析。

1. 进攻方面

表4-6 2008—2009赛季CBA联赛得分前10名球员及前20名之内的中国球员

排名	球员	球队	总得分	场数	场均	占全队总分%
1	罗德尼·怀特	广厦	1453	40	36.3	34.5%
2	科克·施耐德	浙江	1604	46	34.9	34.9%
3	莱昂·罗杰斯	吉林	1597	46	34.7	35.3%
4	李·本森	陕西	1637	48	34.1	33.1%
5	麦克·海尔斯	东莞	1619	52	31.1	29.8%

续表

排名	球员	球队	总得分	场数	场均	占全队总分%
6	丹特·琼斯	北京	1534	50	30.7	30.6%
7	唐奈尔·哈维	江苏	1561	52	30	26.7%
8	麦克·图科	山东	1291	45	28.7	28.4%
9	科里·威廉姆斯	青岛	985	36	27.4	28.0%
10	克里斯·波特	福建	1384	53	26.1	25.1%
20	邱彪	东莞	1123	53	21.2	19.1%

(资料来源：中国篮协官方网站)

得分是篮球比赛取胜的最终渠道，场均得分多少不仅是球员得分能力的表现，也是球员在球队中核心地位的重要体现。由表 4-6 可知，在场均得分技术统计前 10 名球员中没有一名中国球员，而在前 20 名中只有一位中国球员。好看靠进攻，赢球靠防守。外援的引进确实提高了 CBA 联赛的精彩度、比分过百的场次非常频繁，即使联赛倒数第一的云南红河赛季场均也达到了 93 分。场均达到一百分以上的球队有 12 家。高比分的出现确实能够吸引观众的兴趣。但是通过表 4-6 可知，大多数球队的进攻首选和重心就是外援，最高比例达到 34.5%。当然也可从此比例反映球队使用外援的直接动机，即最大程度使用外援，尽可能进攻得分。但是外援在获取高分的同时也占据了足够充分的投篮次数。由表 4-7 可知，在投篮次数前 20 名的球员统计中，没有一位国内球员。外援的超高得分以及充足的出手次数有利地佐证了 CBA 联赛大多数俱乐部进攻依赖外援的事实。

表 4-7　2008—2009 赛季 CBA 联赛场均投篮次数前 20 名球员

排名	球员	场均投篮次数	排名	球员	场均投篮次数
1	李·本森	28.31	11	塞龙·史密斯	18.28
2	丹特·琼斯	27.72	12	胡安	17.74
3	罗德尼·怀特	24.6	13	山姆·霍斯金	17.5
4	莱昂·罗杰斯	24.24	14	克里斯·波特	17.4
5	科克·施奈德	23.52	15	杰拉尼·麦考伊	16.54
6	迈克·海尔斯	21.37	16	杜万·泰特	16.08
7	斯特雷	21.09	17	达莱尔·霍金斯	15.91
8	麦克·图科	20.78	18	迈龙·艾伦	15.73
9	克里·威廉姆斯	20	19	罗宾逊	15.58
10	唐奈尔·哈维	19.62	20	马特·弗雷杰	15.46

(资料来源：中国篮协官方网站)

2. 防守方面

赢球靠防守的理念已经被实践反复证明。NBA 太阳队以快攻见长，CBA 得分最高的是江苏队，尽管二者水平差异较大，但是共同之处就是擅长进攻、防守不佳，同时始终不能取得理想的名次，可见防守的重要意义。在反映防守的两个主要技术指标篮板球和盖帽上面，2008—2009 赛季 CBA 联赛中，篮板球前 10 名球员全部为外籍球员，盖帽前 10 名仅有莫科一位中国球员。

表 4-8　2008—2009 赛季 CBA 联赛篮板前 10 名球员及前 20 名之内的中国球员

排名	球员	球队	篮板总数	场数	场均
1	奥德杰	山西	989	50	19.8
2	李・本森	陕西	902	48	18.8
3	唐奈尔・哈维	江苏	777	52	14.9
4	丹特・琼斯	北京	719	50	14.4
5	麦克・海尔斯	东莞	730	52	14
6	达莱尔・霍金斯	天津	638	46	13.9
7	克里斯・亚历山大	辽宁	391	21	13.5
8	杰米尔・沃尔金	江苏	711	55	12.9
9	克里斯・波特	福建	680	53	12.8
10	萨马基	吉林	602	49	12.3
16	巴特尔	新疆	635	62	10.2
17	张凯	东莞	564	56	10.1

（资料来源：中国篮协官方网站）

表 4-9　2008—2009 赛季 CBA 联赛盖帽前 10 名球员及前 20 名之内的中国球员

排名	球员	球队	盖帽总数	场数	场均盖帽
1	弗朗斯・斯戴恩	青岛	125	50	2.5
2	大卫・哈里森	北京	107	45	2.4
3	杰米尔・沃尔金	江苏	124	55	2.2
4	李・本森	陕西	98	48	2
5	莫科	八一	90	48	1.9
6	奥德杰	山西	88	50	1.8
7	杰拉尼・麦考伊	广厦	46	28	1.6
8	萨马基	吉林	79	49	1.6

续表

排名	球员	球队	盖帽总数	场数	场均盖帽
9	达莱尔·霍金斯	天津	70	46	1.5
10	罗宾逊	陕西	67	48	1.4

（资料来源：中国篮协官方网站）

由上面分析可知，不管在进攻、防守，还是在核心的技术指标上面，外援占据绝对的优势。客观而言，既然能够进入 CBA 联赛发展，外援的实力水平自然比国内大多数球员高。和 NBA 引援动机不同，目前 CBA 大多数俱乐部引进外援的直接动机显得单一和短视，即最快最短时间内快速提高球队名次。追求球队优异比赛名次对于俱乐部来说天经地义，无可厚非。因为成绩越好就意味着曝光率越高，美誉度越好，那么俱乐部投资者的回报率自然越高。但是如果把联赛作为一个整体考量，那么就脱离了联赛发展的核心目标，即不断提高中国篮球水平，创造国际大赛优异比赛成绩，为国争光。现实的情况是，联赛确实需要精彩度，但是精彩的同时，场面上更多地是外援对抗外援，国内球员处在一种尴尬局面。尤其是最后关键球的处理上几乎全部由外援包办，所以对于国内球员的锻炼价值大打折扣。而世界竞技篮球强国以及高水平职业联赛成功经验表明，国内球员的质量和数量才是基石和保障。

第四节　职业篮球法制建设滞后

职业体育是市场经济条件下竞技体育发展存在的形式。在本质上，职业体育就是一种经济活动。“职业体育俱乐部作为职业体育市场的主要组织形式，在西方发达职业体育国度，职业体育俱乐部都是以股份有限公司的形式存在”①。而任何经济活动都是通过公司和公司之间或具体人与人之间的交往完成的。作为公司，逐利是资本的天性，而人作为一种高级动物，趋利避害是其本能。因此，在追求利益为目的的活动中，任何一方都想实现自身利益最大化。当任何一方或双方不择手段追逐利益的时候，一种经济活动或交易过程就遭到了破坏。国与国之间的贸易、公司之间的合作以至人与人之间的交往都得遵循一定的行为规范。一般来说，规范行为可以通过两种方式，一种是软性的道德或惯例约束，一种是刚

① 蔡晓波，金凯，海祥．国内外体育产业发展的法律环境比较研究［J］．上海体育学院学报，2003，27（6）：4－6．

性的法律法规。前者寄托于人的自觉或自省，后者依靠行为代价的惩罚威慑。在肯定人性善良的同时，行为规范的取得必须依赖法律法规的威严和震慑。因此，有人说市场经济就是法制经济。

职业体育发生、发展必须依托一定的社会制度环境，而我国职业篮球是在职业化条件并不完全具备的情况下开展的改革探索。而法制环境建设滞后表现尤为明显，首先，我国整体法制建设落后于职业体育发展。其次，我国职业体育参与主体呈现多元化，不同的投资投机造成利益协调机制缺乏，从而导致联赛层面的监督不规范。再者，俱乐部内部管理制度不健全。

一、国家层面

时至今日，体育产业已经形成巨大的产业规模，全世界体育产业年产值达到8000亿美元以上，发达国家的体育产业增加值通常占到GDP的1%以上，比如美国，体育产业作为十大支柱产业之一，占GDP的2%[①]。而职业体育作为美国体育产业的支柱产生了巨大的经济效益和社会影响力。四大联盟已经成为享誉世界的职业体育成功典范。而美国职业体育的成功与国家层面的法规制度建设是分不开的。尽管美国没有职业体育法，但是政府把职业体育归属为消遣业，视为一种商务组织，经济法直接适用于职业体育。尽管美国是一个市场经济高度发达的国度，鼓励自由竞争，但是职业体育却享受反垄断豁免。

反观我国职业体育发展历程，我国竞技体育职业化是在相关协会部门的主导下开展的市场化、社会化改革探索，国家层面的政府机关没有直接参与到职业体育的发展规划或宏观引导上面。在制度方面，尽管我国体育产业蕴藏着巨大的需求市场，但是国家没有关于体育产业发展规划，从而导致产业发展是由具体部门或企业定位自行探索，在体育产业整体发展上缺乏国家政策进行强有力地推动。在法律方面，作为我国体育事业的根本法《中华人民共和国体育法》，没有关于职业体育的定性或规定，更没有职业篮球的描述。体育法关于竞技体育领域的纠纷是由体育仲裁机构执行。在实践中，竞技体育的发展包括职业体育发展都是由相关协会部门管理和决策。“借鉴欧洲职业足球可知，围绕着职业足球欧洲国家形成了上至欧盟法律下至各国法律，既有一般法律也有特别法律的全方位多层次

① 刘鹏．充分发挥体育产业服务经济社会发展的作用［N］．中国体育报，2010－3－31.

的法律体系”①。反观我国职业体育发展现状，国家层面的法律制度几乎处于空白，呈现出无法可依的局面。尽管相关法律提供了参考依据，但是一旦产生重大违规失范问题，没有具体法律直接适用成为困境，我国足球职业化出现的问题就是例证。总之，我国职业体育没有获得相应的法律地位，还未能在国家体育序列中获得独立席位。

二、联赛层面

相比较 NBA 联盟利益共同体，CBA 联赛存在多种所有制形式、多种投资主体以及多元化的利益追求。篮协追求掌握管理权，追求竞技成绩的提高，俱乐部追求市场回报，企业追求广告效益，运动员、教练员追求经济收入。可见，不同的投资动机以及裹挟其中的利益纷争，使得联赛的发展充满不确定因素。要实现经济活动的顺利开展，必须依靠法律制度。目前 CBA 联赛的现状是，俱乐部与政府、企业、联赛之间，俱乐部与俱乐部之间，俱乐部与教练员、运动员之间的关系还不规范，没有完全纳入法制化轨道，相互之间的关系缺乏相应的法律依据。一旦相关利益主体发生利益纠纷时，由于缺乏相应的法律依据，裁决的执行者就有协会代替行使，于是行政手段代替法律手段就成为我国职业篮球市场惯例。广东“凤铝事件”的发生就是例证。

篮协作为我国竞技篮球职业化的设计者、推动者和管理者，限于竞技成绩的压力和管理者政绩的考量，在篮球职业化进程中表现出一定的保守和谨慎，因为职业化只是篮协发展竞技篮球的手段，培育人才、提高成绩才是目的。因此，在我国竞技篮球（男篮）竞技成绩始终没有更大突破的境况下，篮协发展职业化信心和底气明显不足。因此，篮协关于职业化发展始终缺乏明确而科学的发展规划，关于联赛的制度化建设，始终停留在针对管理对象的层面。篮协不同时期的领导人在发展理念上表现出较大的差异性，就是缺乏规划的直接体现。

三、俱乐部层面

职业体育俱乐部作为职业体育市场的基本组织形式，它的发展水平直接决定了联赛的发展水准。欧洲一些足球职业俱乐部的成功依托多方面因素，其中之一

① 贾文彤，郝永朝．欧洲职业足球中的法律制度对我国职业足球法制建设的启示 [J]．天津体育学院学报，2004，19 (3)：74—76.

就是俱乐部内部的有效管理[①]。有效管理必须依靠制度的健全，反观我国CBA联赛俱乐部发展现状，尽管出现了广东宏远这样的产业化、制度化运作的俱乐部，但是大多数俱乐部存在管理制度不健全。尤其是企业与体育局合办的俱乐部，由于产权制度的缺陷从而滋生了一系列问题的产生，加之发展目标和话语权的地位不同，从而导致了俱乐部发展运行陷入困境。有些俱乐部仍沿袭过去专业队的一套制度，管理、经营、财务、人事等制度没有顺应职业体育市场发展需要而做出实质性的改变。比如俱乐部的主教练的任命罢免权限掌握在体育局手中，而俱乐部则只能服从安排。由于俱乐部内部制度化建设滞后，从而导致经营机制不完善，内部激励和约束机制失衡，同时俱乐部之间也存在相互攀比，无序竞争。

中国改革开放总设计师邓小平曾说："制度好可以使坏人无法任意横行，制度不好可以使好人无法充分做好事，甚至会走向反面。"可见制度对于社会健康正常运行的极端重要性。同理我国竞技篮球职业化的顺利发展和推进急需制度化建设的配套和完善。法制建设滞后也是目前我国竞技篮球职业化发展困境的重要原因。

第五节 社会转型期的原因

所谓社会转型有两方面的含义：第一层含义是从传统社会向现代社会转变；第二层含义是从计划经济向市场经济转轨。"对于目前正处于社会转型时期的中国来说，其社会形态既没有完全脱离传统社会，又没有彻底进入现代社会，而处于传统社会向现代社会过渡中的混合状态。在这样的社会中，传统社会的风险与现代社会的风险共时性地存在着，表现出所谓的风险共生现象"[②]。如果用系统理论研究社会及其组成部分的话，那么我国可以把整个国家和社会看作一个大系统，经济系统则处于基础地位，而像文化、教育以及体育则属于从属系统地位，尽管对于国家和社会大系统有积极的反作用，但是在根本上取决于政治系统和经济系统的影响和制约。具体到我国体育系统，它的任何改革探索都是在核心系统改革辐射下随动进行的，而不可能游离于基础系统、核心系统的制约而单独

---

① 蔡晓波，金凯，海祥．国内外体育产业发展的法律环境比较研究［J］．上海体育学院学报，2003，27（6）：4－6.

② 李路路．社会变迁：风险与社会控制［J］．中国人民大学学报，2004，（2）：10－16.

进行。

根据社会转型的含义可知，转型时期是一个承上启下的过渡时期，处于新旧体制的双重作用之下。当然，对于社会大系统之内不同层别的系统，由于和大系统的关联紧密程度以及自身的发展特点，从而表现出不同系统形态转型的非同步性。具体到体育系统，在社会转型的大环境背景下进行。1993 年颁布的《国家体委关于深化体育改革的意见》指出了改革目标：改变原来在计划经济体制下，单纯依赖国家和主要依靠行政手段办体育的高度集中的体育体制，建立与社会主义市场经济体制相适应，符合现代体育运动规律，国家调控，依托社会，有自我发展活力的体育体制和良性循环的运行机制，形成国家办与社会办相结合、集中与分散相结合的格局。力争在 21 世纪末初步建立具有中国特色的社会主义体育新体制。尽管这个改革文件已经过去十几年了，但是不可否认对于其中绘制的改革目标，即使现在也没有更大突破。可见社会转型、体制转轨是一个渐进而漫长的过程。

传统社会和现代社会都是相对稳定的社会，社会问题不突出，但转型社会既不同于传统社会，也不同于现代社会，而是处于从传统社会向现代社会的过渡阶段，这是由于社会转型本身的复杂性以及迅速的变动性，决定了转型过程中社会问题产生的必然性。[①] 我国竞技篮球职业化的改革探索正是在社会转型、体制转轨的大背景下展开的。由于处于社会转型时期，我国篮球职业化改革探索必然受到新旧两种体制的约束和影响，或者说在“夹缝中生存”，改革的进度和深度取决于新旧体制的博弈结果，见图 4-3：

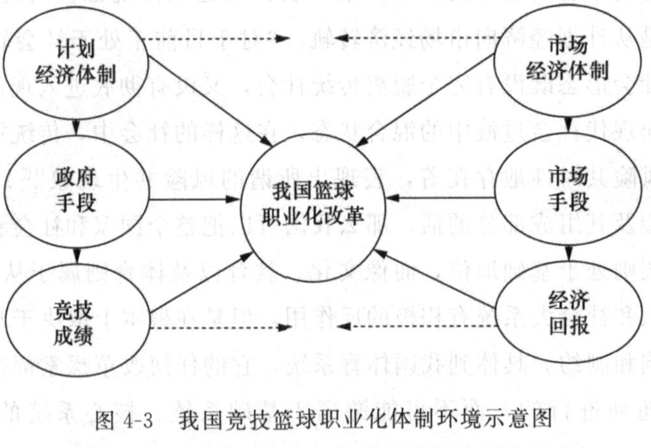

图 4-3　我国竞技篮球职业化体制环境示意图

（实线箭头表示作用力方向；虚线箭头表示可能的冲突）

① 章辉美．社会转型与社会问题［M］．长沙：湖南大学出版社，2004，5：24—25.

由上图4-3可知，计划经济体制的优势在于政府手段，市场经济体制的优势在于市场手段。社会转型、体制转轨的时期我国竞技篮球职业化同时受到这两种手段的共同作用。两种手段的资源配置和调节的力度，直接决定我国篮球职业化改革的进程和状态。从目前的发展状态来看，政府手段还占据主导支配地位，尽管不排斥市场手段的积极作用，但是从作用的力度来看，市场手段还只是辅助手段，未能真正起到根本的基础性资源配置作用。究其原因，一方面社会转型、体制转轨需要时间和过程。加之探索的时间成本，导致了改革的渐进性和长期性。另一方面，我国竞技篮球职业化改革是在职业化条件并不完全具备的前提下开展的。比如说竞技水平和国际大赛的比赛成绩还没有提升和突破，同时竞技表现还起伏不定，即使在亚洲也时常发生惜败甚至溃败的窘境。而提高竞技水平和创造优异比赛名次是政府不可推卸的责任。因此，在难保竞技成绩的前提下，政府不可能过多让渡于市场权利。尽管我国竞技篮球职业化改革探索业已走过十四个年头，但是积存的问题一直没有解决。比如，职业化水平较低、市场开发薄弱、俱乐部经营空间狭小、联赛发展充满波动性等都是由于社会转型、体制转轨的原因造成的。应该说，当前发生在举国体制下竞技篮球职业化进程中的种种矛盾和问题是社会大环境、大系统发生变化后所引发的随动效应，是社会转型时期举国体制传统运作方式和业务流程带来的暂时、局部的紊乱，或者说“阵痛”。一方面对出现的问题保持客观理性的态度。发展中出现问题是正常的，不必惊慌失措。另一方面，对矛盾的解决过程要有渐进性、长期性的思想准备。解决问题的根本方式应该积极主动调整，自我完善，在深化篮球职业化改革和加快发展中化解矛盾，寻求突破，在新的历史时期赋予举国体制新的内容和内涵。

第六节　市场主体地位未确立

党的十四大报告明确指出，计划经济不等于社会主义，资本主义也有计划；市场经济不等于资本主义，社会主义也有市场。计划和市场都是经济手段。“计划多一点还是市场多一点，不是社会主义与资本主义的本质区别。实践的发展和认识的深化，要求我们明确提出，我国经济体制改革的目标是建立社会主义市场经济体制，以利于进一步解放和发展生产力”①。当然我国建立和完善社会主义市场经济体制，注定是一个长期渐进的过程，也是一项艰巨复杂的社会系统工

① 江泽民．中国共产党第十四次全国代表大会报告，1992年10月．

程。建立社会主义市场经济体制重要环节之一就是转化企业经营机制，通过理顺产权关系，实行政企分开，落实企业自主权，使企业真正成为自主经营、自负盈亏、自我发展、自我约束的法人实体和市场竞争的主体。可见企业是市场的主体，市场主体是指进入市场的商品所有者。而市场产生的前提是有了商品产生和商品交换。虽然在现实生活中，有不同类型和形态的商品生产者和消费者，但是绝大多数商品的生产和流动是在企业环节发生和完成的，因此可以说企业是市场的基本经济单位。社会发展实践表明，如果企业不能够真正成为自主经营、自负盈亏、自我发展、自我约束的法人实体和市场竞争的主体的话，那么就不可能形成真正的市场，发展和健全社会主义市场经济就只能是一个美好的愿景。可见，培育企业市场主体地位是促进社会主义市场经济发展的首要环节。

职业体育作为竞技体育和市场经济结合的产物，在本质上来说是一种经济活动。而俱乐部又是职业体育发展的必然产物，因此作为职业体育的主要组织形式，俱乐部也是一种经济组织。而经济组织要想真正参与市场角逐，它的重要条件就是必须拥有市场主体地位。我国竞技篮球职业化是在政府的主导下进行改革探索的，当初俱乐部的构成也是临时组合而成，省市体委出运动员、教练员以及场地设施，然后再寻求一些企业的赞助。尽管经过了十几年的发展，我国职业篮球俱乐部的组织形式已经发生了很大变化，并且没有政府控股的俱乐部也不在少数。但是由于种种原因，我国职业篮球俱乐部的市场主体地位问题一直没有得到较好地解决和获得更大的突破。尽管在中国篮协俱乐部准入标准中明确规定职业篮球俱乐部是具有独立法人资格的实体，但是现实情况中有的俱乐部尽管注册了，但是并不具备真正独立的法人资格条件，没有独立的财产权和有限责任，当然篮协在实际操作中的把关不严也是原因之一。“由于我国竞技篮球职业化改革探索的体制环境特殊性，以及我国竞技篮球职业化发展的初级阶段特征，决定了目前我国职业篮球俱乐部不属于真正意义上的实体，只能视为半实体性质的准俱乐部”[①]。当然，作为目前我国职业篮球的主要组织形式之一，即使居于主体地位的篮协也不可能具有市场的主体地位。

一、中国篮球协会市场主体地位可行性分析

在市场上进行商品交换的组织和个人，称为市场主体。虽然企业是市场最重要的主体，但是并不排除其他形式的市场主体，比如自然人、政府组织等。时至

① 张林．职业体育俱乐部运行机制［M］．北京：人民体育出版社，2001，12：135－136.

今日，政府已成为重要的市场主体，发挥着十分突出的作用。但是客观而言，我国的经济体制改革是在政府主导下进行的，这给政府职能的明晰界定设置了障碍，适应社会主义市场经济需要的新职能难以准确定位，实现真正转变。实际上，政府要充分发挥市场主体的作用是非常不容易的。“塑造政府市场主体地位，首先必须做好政府定位，既要保证赋予政府充分履行经济调节、市场监管、社会管理和公共服务的职责，又要明确政府的权限范围，防止政府职能的‘错位’、‘缺位’和‘越位’。”①

在我国竞技篮球职业化进程中篮协一直作为政府的职能部门行使对职业篮球及其联赛市场的调节、监管。按照市场主体的理论分析，篮协可以成为市场主体。并且在目前的我国职业篮球发展阶段，篮协掌控着市场空间和市场资源的分配方式。但是决不能说篮协可以成为真正的市场主体，成为像企业一样的市场主体。对于目前篮协的角色而言，说已经开展了市场行为和存在准市场的结构可能更好。市场包括多方面的要素，比如独立市场主体、价格、竞争、供求关系、利润、风险等。我国竞技篮球职业化、市场化探索，并不意味着将市场中的要素全面彻底地引入职业化。实际上，篮协（政府）进行职业化改革只是寻求发展方式、手段的创新和突破。赚取利润不是政府主导竞技篮球职业化、市场化的主要内容和目的，其核心目标就是培育人才，提高我国竞技篮球整体水平，创造优异国际大赛比赛成绩，为国争光。

二、目前CBA联赛俱乐部市场主体地位状况

随着我国社会主义市场经济体制的建立、发展和不断完善，在实践中取得了宝贵的发展经验，同样在理论界也展开了广泛深入的研究讨论，并取得了丰富的研究成果。关于市场主体地位问题，理论研究认为产权独立是确立企业市场主体地位的前提条件。但是结合我国职业篮球俱乐部的发展实际可以看出，产权独立是必要条件，但不是充分条件。

（一）产权独立型俱乐部市场主体地位状况

虽然我国竞技篮球职业化早期俱乐部的产权形式比较复杂，也就是政府和企业在俱乐部中的产权不清。但是后来进入CBA联赛的俱乐部在产权上已经实现了完全独立。这些俱乐部所有制性质都是民营，在所有制和产权方面与政府没有

① 董雪．塑造政府市场主体地位的几点建议［J］．决策与咨询（下旬刊），2009，2.

任何纠缠。这类俱乐部有：广东宏远、山西中宇、陕西东盛、福建 SBS、浙江广厦、新疆广汇、东莞新世纪以及暂时脱离 CBA 联赛的北京奥神。产权独立，是指所有或占有主体对于所有或占有的财产依法享有的支配、处置、受益等排他的、不可侵害的权利。“市场主体的所有决策和行为都必须以其财产为基础，这是市场经济运行的一个极为重要的原则”①。因为只有拥有了独立的财产权利才能拥有独立的地位，也才能在市场经济活动中同其他主体建立平等的契约关系。上述产权独立的俱乐部，其俱乐部财产权利完全归自己所有，包括运动员、教练员、品牌价值等，从理论上说完全具备了进入市场进行独立自主经济活动的一切条件。但是在实际运行中不难发现，目前我国职业篮球俱乐部市场主体地位不能确立，包括产权完全独立的俱乐部。尽管产权独立俱乐部完全具有进入市场条件和资格，但是目前的境况是市场资源和空间处于政府支配或垄断之下，俱乐部的市场开发、经营项目完全取决于政府的分配和让渡。目前来说，俱乐部的市场空间还比较狭小，市场开发项目主要限于：俱乐部冠名权、门票受益、球场部分广告（非显要位置）、运动员胸前广告等。而俱乐部收入主要是冠名权和门票，这也是导致目前大多数俱乐部收入过少的重要原因之一。

(二) 产权不清晰俱乐部市场主体地位状况

由于历史的原因，CBA 俱乐部有一些俱乐部是由政府和企业组合而成的。而二者的发展目标和投资动机是不尽相同的，企业投资为的是市场回报，而体育局是为了提高竞技成绩，完成发展任务。按照谁投资，谁受益的原则，投资方应该居于俱乐部主管方的地位。但是现实情况是另外一种局面，尽管企业投入了资金，主管方也投入了一定资金，如八一火箭、吉林通钢、浙江万马等。主管方投入的资金形式是运动员、教练员、场地设施以及工作人员等。“而目前我国尚缺乏体育无形资产的评估机构。分析这些俱乐部的组建、投资合作关系，很容易看到其产权关系模糊，虽然依照合作协议确定了责权地位和责权范围，但是各方责、权、利划分不清楚，进而隐含责权不明，分配制度不明”②。相同的市场空间和经营项目，比较产权独立、责权清晰的俱乐部而言，这类俱乐部的市场主体地位更是不可企及。加之在同样有限的市场开发项目上，由于产权独立俱乐部属于民营性质的俱乐部，他们在经营理念和市场开发手段上更加成熟。因此，这两

---

① 吴永林．企业市场主体地位浅析［J］．冶金经济与管理，1997，4：35—36.

② 孙义良，梁小军．我国职业篮球俱乐部现状与发展走向研究［J］．武汉体育学院学报，2008，42（3）：30—33；67.

类俱乐部在经营收入上表现出较大差异性。

由以上分析可知，作为我国职业篮球市场两大行为主体，篮协和俱乐部目前都没有确立真正的市场主体地位。因而从整体上来说，我国职业篮球市场主体地位不可能确立，如图 4-4 所示：

图 4-4 目前阶段我国职业篮球市场主体地位示意图

由图 4-4 可知，目前阶段假若真正实现我国职业篮球市场主体地位，那么必须实现篮协和俱乐部二者独立的市场主体地位，否则子系统的破坏必将影响系统的稳定。而现实情况是篮协的市场主体地位不可能实现，而俱乐部市场地位的确立决定权掌握在篮协（政府）手中。因此，要想真正实现我国职业篮球俱乐部市场主体地位以及我国职业篮球市场地位，唯一的路径就是篮协（政府）放手职业篮球的管理。而实际上，我国一切社会改革探索都是在政府的主导下开展的，离开党的领导，离开政府的领导是不可能的，甚至是犯罪的。这既有制度和国情的原因，也有现实因素。由于我国竞技篮球职业化水平还处于低水平发展阶段，市场本身不具备自我发展、自我调节的功能。设想如果政府放手我国篮球职业化改革，赋予其市场主体地位，一旦成为真正的市场主体，就得遵循市场规律，那么始终对于中国市场虎视眈眈的 NBA，很可能轻而易举地占据并完全垄断中国篮球市场，这是中国篮协也是中国篮球不愿意看到的情况。因此，目前我国职业篮球市场真正市场主体地位的缺失既是发展中存在的真实问题，也是目前发展阶段中各种因素综合作用的结果。

本章小结

我国竞技篮球职业化是在职业化条件并不齐备的背景下开展的改革探索，因此在发展的过程中不可避免地面临困难和问题，而困境产生的原因也是多种因素的综合结果。

（1）改革的根本目的是解放和发展生产力，随着我国社会主义市场经济的不断发展，政府管理职能也在逐步转变。在体育领域，尽管职业化发展方式需要管理体制的完善和创新，但是由于路径依赖，举国体制的改革力度还很小。在目前的职业化进程中，政府还未能实现管办分离，政企分开。CBA联赛发展进程中出现的问题和困难在很大程度上源于管理体制束缚。

（2）我国篮球职业化改革的目标定位一直处于竞技成绩和经济效益之间反复和跳动，而始终未能找到二者之间合适的平衡点。具体表现在篮协自身、俱乐部自身以及篮协和俱乐部之间发展目标都存在模糊或冲突。

（3）我国竞技篮球竞技成绩一直未有突破，甚至有严重下滑的趋势。在CBA联赛中外援成为真正的主角，本土球员的主体作用和锻炼价值严重受损。究其原因，缺乏高水平的本土篮球人才是主要原因。一方面，在总量上后备人才数量缩减；另一方面，成才率较低。

（4）制度是一切行为的规范，我国竞技篮球职业化、法制化建设明显滞后，体现在三个层面。国家层面缺乏健全的职业体育法律法规；联赛层面各种利益主体没有明晰的法律关系；俱乐部内部主要表现出管理制度不健全。

（5）由于处于社会转型时期，我国篮球职业化改革探索必然受到新旧两种体制的约束和影响。社会转型、体制转轨的时期，我国竞技篮球职业化同时受到这两种手段的共同作用。两种手段的资源配置和调节的力度直接决定我国篮球职业化改革的进程和状态。在目前的发展状态来看，政府手段还占据主导支配地位，尽管不排斥市场手段的积极作用，但是从作用的力度来看，市场手段还只是辅助手段，未能真正起到根本的、基础性的资源配置作用。

（6）职业体育作为一竞技体育和市场经济结合的产物，从本质上来说是一种经济活动。而俱乐部又是职业体育发展的必然产物，因此作为职业体育的主要组织形式，俱乐部也是一种经济组织。而经济组织要想真正参与市场角逐，它的重要条件就是必须拥有市场主体地位。目前，我国竞技篮球职业化的发展阶段，篮协的政府角色决定了不可能成为真正的市场主体。而俱乐部尽管极力追求市场主体地位，但是联赛的管理权、决策权、开发权都掌握在篮协手中，因此目前俱乐部确立市场主体地位不太现实。

第五章　CBA 联赛职业化改革困境的消解路径

新中国成立以来，体育事业受到了党和政府的高度重视。从发展体育运动到奥运争光战略，从全民健身计划到体育强国建设，中国体育取得了举世瞩目的历史成就。十八大以来，以习近平同志为核心的党中央从民族复兴和治国理政的战略高度出发，对中国体育提出了一系列新思想、新理念、新战略、新举措，形成了系统完整、内涵丰富的体育强国思想体系。习近平总书记在党的十九大报告中明确提出加快推进体育强国建设，虽然笔墨不多，但是内涵丰富、意义深远，具有高度的概括性和重要的指导性，既是习近平新时代体育强国思想的集中体现，也为新时代加快推进体育强国建设奠定了思想基础和理论依据。

而"高水平竞技体育对于丰富人民大众的文化生活，弘扬爱国主义、集体主义精神，对于增强国家和民族的向心力、凝聚力有着不可或缺的重要作用"①。举国体制作为我国竞技体育管理体制，历史已经证明并将继续证明它是我国竞技体育不断创新突破、实现可持续发展的体制保障。举国体制的优势在于"利用社会主义制度的优越性，充分发挥了全国体育界的聪明才智，为国争光的奉献精神，在政府主导下，比较好地利用了全国体育资源，调动了各方面的积极性，为实现国家的最高目标奋斗"②。但是随着我国社会主义市场经济体制的建立以及不断完善，我国政府职能也在相应地进一步转换。举国体制的运作方式也必将随之进行相应调整和完善。我国竞技篮球职业化作为在新形势下发展我国竞技篮球运动的一种手段和方式，尽管有着不同以往的运作模式和发展理念，但是不可否认，我国竞技体育职业化是在举国体制下进行的改革探索，这本身也是对我国竞技体育举国体制的创新和完善。举国体制与我国竞技篮球职业化并不存在根本矛盾，尽管目前我国篮球职业化进程中出现的问题与举国体制自身的制度缺陷和运行方式有关，但是完全可以充分发挥举国体制的优势和长处以克服职业篮球市场本身的失灵和不足。因为目前 CBA 联赛尚处于起始探索阶段，离开了政府主导

---

①　杨桦，孙淑惠，舒为平．坚持和进一步完善我国竞技体育举国体制的研究［J］．北京体育大学学报，2004，27（5）：577－582.

②　国家体育总局政策法规司．继承创新，科学发展：2008 年全国体育发展战略研讨会暨体育系统学习实践科学发展观论文集，上［M］．北京：北京体育大学出版社，2009，94－94.

是难以平稳推进的，也是不现实的。当然，在政府管理职能优势的同时，必须不断总结和尊重职业篮球发展规律而进行自身的体制创新和完善，继而充分发挥政府和市场两种手段的优势。体制的改革或改良不可能在短期内得到有效解决，也不在篮协管理者的权限之内，要实现体制改革与创新源头还在于总局，乃至国家对于竞技体育的发展理念。

第一节 保障国家队竞技成绩

20 世纪 90 年代允许美国职业篮球运动员参加奥运会，将世界篮球运动推向了一个新高峰，演进到了一个当代化阶段。中国篮球紧跟世界潮流，进行了改革，已经步入世界篮球职业化、产业化发展道路①。1995 年，中国篮协推出了以赛制改革为突破口，开启了我国竞技篮球职业化探索历程。前十个赛季被篮球界称为“十年甲 A”，从 2005—2006 赛季开始，联赛才被冠以“职业联赛”字样。回顾十几年的改革历程，CBA 联赛发展过程充满了反复尝试和不断调整，究其缘由，一方面是中国“摸着石头过河”的改革模式，另一方面也与不同时期篮协领导人的发展理念不无关系。然后，在目前中国国情和体育管理体制框架内，任何篮球管理者和决策者必须非常谨慎地权衡“联赛发展”和“国家队成绩”两者之间的关系，也就是如何理解竞技篮球和职业篮球的发展理念问题。

一、竞技篮球和职业篮球

竞技篮球是以成绩为目标，职业篮球是以市场为导向。

（一）竞技篮球

竞技篮球是指“最大限度地提高和发挥篮球运动员在技术、战术、体能、意识、心理等方面的潜力，取得优异比赛成绩而进行的科学、系统的训练和比赛过程。”可见，“竞技篮球与大众篮球的主要区别在于，它的竞技性和为了取得优异运动成绩的目的，而进行的系统化、科学化的训练过程，其训练效果如何，必须

① 孙民治，陈钧，方明．21 世纪世界篮球竞技运动的发展趋势——兼论中国篮球运动现状及对策[J]．体育科学，2001，21 (1)：44—46.

通过“竞赛”这一平台实现和完成”[①]。不难看出竞技篮球是一个复杂的系统工程，它涵盖了运动员的选材、人才梯队的培养、训练、管理、竞赛、科研等方面的子系统。为了达到总系统的总目标，各个子系统需要相互协调配合，才能取得最佳效应。

（二）职业篮球

“职业篮球是相对于业余篮球而言的，和业余篮球不同，职业篮球参与的运动员、教练员把它作为一种事业或谋生的手段，同时投资者和管理者把它作为一种产业来发展。职业篮球是竞技篮球在市场经济条件下呈现出新的发展形态，是市场经济条件下竞技能力商品化、篮球人才集团化、竞技篮球社会化的必然产物。”[②] 职业篮球既然是市场经济与竞技篮球耦合的产物，那么不同市场经济发展程度以及不同的竞技篮球发展水平，必然导致不同发展阶段的职业篮球。简而言之，职业篮球受到经济水平、体育的社会化程度、市场体系特征、运动技术水平、管理体制、运行机制，思想观念以及大众文化心态等方面的综合因素影响。

二、当前我国竞技篮球和职业篮球的关系

在我国竞技篮球职业化改革进程中，对于如何发展中国篮球始终存在两种“发展观”。第一种观点是一切发展手段就是为了提高运动技术水平，争取优异的运动竞赛成绩，在国际重大比赛中实现为国争光的神圣使命。因此，一切发展手段和目标就是以国家队成绩为核心。另一种观点认为，竞赛成绩只是篮球运动的一个方面，尽管它十分重要，但是它已不能涵盖和代表现代篮球多元化的功能和价值，因此，发展篮球运动最终目的是实现人的发展。上述两种发展观成为目前我国篮球发展过程中的争论焦点，因此，在不同领导人不同发展观的引领下，我国竞技篮球职业化的发展方式表现出不尽相同，甚至是差异较大的发展理念。但是，综合当前我国竞技体育管理体制特征、我国竞技篮球发展现状、社会经济发展水平以及篮球运动在我国巨大的影响力，所有这些因素的综合决定了当前发展重点应该放在提升竞技篮球水平上，尤其是国家队竞技成绩上。其中，管理体制以及篮球运动的影响力是提升国家队水平的原始动力。

① 刘卫东．竞技篮球运动制胜规律的研究［D］．苏州大学，2008.

② 孙民治．篮球纵横［M］．北京：人民体育出版社，1996，10：74－75.

(一) 管理体制

体育尤其竞技体育具有一项特有的功能，即作为一种媒介或载体在一定程度上或多或少，或强或弱地体现国家意志或国家意识，这种强弱多少主要取决于国家的意识形态及不同时期的发展需要。纵观我国社会各项事业的发展路径，正确的指导思想和管理方式是实现更快更好发展的体制保障。而举国体制就是发展我国竞技体育的正确决策和制度保障。我国竞技体育的举国体制，就是为了实现奥运战略最高目标的有效手段和方式[①]。实践是检验真理的唯一标准。实践证明举国体制是发展我国竞技体育的一条成功经验，是中国特色的竞技体育发展模式。举国体制作为探索发展我国竞技体育的一种制度设计和发展方式，二者之间是手段和目标的依存关系。同样是实现竞技体育发展的目标，各国所采用的方式和手段不尽相同。正如社会发展制度一样，各个国家都会根据意识形态、历史阶段、本国国情选择。实践证明，我国竞技体育的举国体制发展方式和制度设计是成功的、正确的，并随着改革开放的中国同步发展、相得益彰。当然，任何一种制度设计不可能尽善尽美，关键是看其能否推动社会发展，满足观众需要。我国竞技体育举国体制也不例外，在取得巨大绩效的同时，它存在的问题也受到许多学者的批判质疑。比如“金牌数量与质量的矛盾、巨额成本与政府承受力的矛盾、项目设置中两级分化的矛盾、国家与地方目标不一的矛盾”[②]。正是存在矛盾和问题，对举国体制进行改革和完善才有了必要性和动力性。而不管是分享我国竞技体育取得巨大成就的喜悦，还是理性静心地总结困难和问题，我们有必要站在人类社会发展进程以及中华伟大复兴的高度，理解和认识当代竞技体育的独特使命和重要意义。

北京奥运会后，胡锦涛同志在总结中国体育巨大收获时，其中着重肯定了举国体制的巨大优势。可见，在目前我国竞技体育发展范式下，举国体制的首要使命和任务还是提升运动成绩，实现为国争光、为国家服务。而竞技篮球作为我国竞技体育中影响力较大的竞赛项目，同时作为一个奥林匹克项目，它的竞技属性无疑是极其重要的，运动成绩的好坏将直接决定篮球项目的影响和地位，包括群众基础和上场潜力。尽管随着市场经济的发展，以及顺应国际篮球职业化发展潮流，我国职

① 梁晓龙．举国体制：中国发展竞技体育的成功之路（上）［J］．广州体育学院学报，2005，25（6）：1—5.

② 陈少坚．转型期中中国竞技体育管理体制与运行机制构建研究［J］．东南学术，2006，（4）：161—168.

业篮球也经过了十几年的改革，在发展方式和手段上进行了积极探索，也取得了些许成绩。但是不可否认，目前我国竞技篮球职业化管理体制还是照搬原有的体制，既有路径依赖的原因，但更为主要的是管理者面临的巨大成绩压力。

（二）篮球项目在我国的影响力

《辞海》对于“影响”二字的解释是：对别人的思想或行动所起的作用。“影之随形，响之应声”，因此要有影响，就要有形有声。那么，影响力本质上就是一事物对其他客观事物所发生作用的力度，从更本质的角度来看，影响力是一种控制能力，这种控制能力表现为影响力的发出者对于影响力的接收者在其认知、倾向、意见、态度和信仰等方面有目的性的控制作用①。“作为现代体育项目之一的篮球运动，由于其简便易行，对人体的锻炼价值高，竞赛过程富有趣味性、对抗性、配合性、技巧性和观赏性等，它深受我国人民的喜爱”②。引用前篮球运动管理中心李元伟主任的数字“中国篮球人口有三亿”，尽管这是一个无法精确到位的数据，但是中国篮球受众的庞大是客观的事实。尤其随着姚明等中国球员在NBA的不断成长进步，篮球运动在中国的影响力逐步提升。北京奥运会的到来和举办，更使得篮球运动在中国的影响力达到前所未有的高度。

北京奥运会前夕，胡锦涛总书记和温家宝总理先后观看和视察了男篮的训练准备情况，从党和国家领导人的关心可以看出篮球运动在中国的影响力。篮球门票是北京奥运会最紧张的门票，所有北京奥运会男篮比赛门票全部售罄。据统计，雅典奥运会篮球比赛观众是24.7万，北京奥运会是44.8万。而中美焦点之战更是创造了记录。如FIBA主席鲍勃·埃尔芬斯通所说：“这场比赛吸引了大约1亿的中国电视观众。吴邦国委员长和习近平副主席观看了中、德男篮之战。北京奥运会后，中国男篮获得了中共中央、国务院颁发的“北京奥运会先进集体”荣誉称号，这也是北京奥运会获得中央表彰的八支运动队中，唯一没有获得金牌的运动队。

在新时代的中国竞技体育发展顶层设计中，习近平总书记高度重视三大球的普及和发展。2014年南京青奥会期间，习近平总书记指出：“三大球是体育强国的标志，要想办法把水平搞上去”。要想办法把三大球水平搞上去，既是对世界体育发展规律的准确把握，也是对中国体育发展不足的深刻剖析。论及世界影响力和群众关注度，篮排足三大球无疑具有项目优势。新中国成立以来，党和政府

---

① 梁红娟．东方卫视的媒介影响力研究［D］．大连理工大学，2006.

② 陈钧．中国篮球职业化可持续发展战略研究［D］．北京体育大，2001.

历来重视三大球发展，也取得了以“女排精神”为代表的优异成绩。但是不可否认，三大球项目整体发展水平与我国竞技体育整体实力和国家地位不相符合，尤其是未能满足人民对美好生活需要中的体育需求。2015 年振兴足球上升为国家战略，振兴足球国家战略目标指向不仅仅是足球本身，而是通过探寻足球发展规律带动我国三大球运动的整体提升。

竞技篮球尤其是国家队是我国篮球运动的高端资源，它的成绩好坏、名次高低受到上至国家领导人，下至普通百姓的广泛关注。因此，我国竞技篮球的竞技水平和竞赛成绩直接关系着我国篮球运动的发展。北京奥运会上，中国男篮良好的精神风貌和精彩的比赛过程，受到了国家的嘉奖和民众的赞誉。可见，竞技水平和竞赛成绩是一个国家篮球运动发展水平的重要标志。基于管理体制以及篮球运动在我国巨大的影响力，从而决定了保障和提升国家队竞技水平是发展我国竞技篮球的核心要求，当然并不因此否定了职业化改革方向和实践探索，只是在目前发展阶段必须保障职业化为国家队有效服务。

三、提升国家队竞技成绩的路径分析

经过不同时期中国篮球人的不懈努力和拼搏奉献，中国男篮取得了一系列优异成绩，尤其在亚洲更是处于主导地位。但是 2009 天津亚洲锦标赛上的失利再次为中国男篮敲响危机四伏的警钟。中国篮协在赛后也史无前例地向全国人民发表了致歉信。而纵观亚洲及世界男篮竞争格局，中国男篮将面临巨大的成绩压力。别了 2017 年的跌宕起伏，中国男篮迎来了 2018 年新的赛程。首先，中国男篮将开始世预赛的征战；之后 2017—2018 赛季 CBA 总决赛将拉开序幕；接着是 2018 年 8 月份，中国男篮能否在第 18 届亚运会上向全国人民交上满意答卷？对于中国男篮来说，最值得期待的是 2019 篮球世界杯进入开幕倒计时一周年，这对中国男篮来说是一个巨大的挑战。因此，对于中国篮球或中国男篮来说，不管在任何历史时期内以及不同发展方式，保障或提升国家队竞技成绩才是“硬道理”和“第一要务”。根据中国男篮发展现状并结合职业化发展环境，笔者认为可以从以下几个阶段进行改革尝试。

（一）近期任务

1. 认真研究亚洲主要对手的特点和风格

通过 2017 年首届亚洲杯比赛可以看出，亚洲男篮的竞争格局发生了巨大变化，见表5-1：

表 5-1 首届男篮亚洲杯前八名球队

名次	球队
1	澳大利亚
2	伊朗
3	韩国
4	新西兰
5	中国
6	黎巴嫩
7	菲律宾
8	约旦

（资料来源：首届男篮亚洲杯官网）

由表4-1可知，由于澳大利亚和新西兰的加入，亚洲男篮竞争格局发生了翻天覆地的变化。澳大利亚队首次参加亚洲比赛，便在决赛中以79：56大胜伊朗队轻松夺冠。而中国队表现起伏较大，首战不敌菲律宾队，之后与伊拉克、叙利亚队的比赛也异常艰难。而在1/4决赛中大比分输给澳大利亚队。在5、6名的争夺中，中国男篮以79：78险胜东道主叙利亚队，最终获得第5名，同时也平了中国男篮参加亚洲比赛的最差成绩。随着国际篮联新的竞赛系统启用，亚锦赛也更名为亚洲杯，和以往赛制不同，亚洲杯只是各队争夺的荣誉，而不是和奥运会的参赛席位直接挂钩。但是随着大洋洲澳大利亚和新西兰的加入，亚洲男篮原有竞争格局已彻底打破。对中国男篮来说，重新审视竞争对手的风格和特点就显得异常重要。

2. 尽快克服自身瓶颈

（1）怕突破，持球突破是持球队员利用快速的脚步动作和熟练的控制球技术，在训练和比赛中用来超越或摆脱防守者的重要进攻技术。良好而合理的突破技术能够迅速扭转攻防态势，不但具有很强的攻击性，而且能够很好地与其他技术有机衔接，从而实现战术的灵活性。另外，突破技术所能创造出的战术丰富多样，因为外线形成突破可以通过战术实现，并不像中锋那样需要绝对的统治力，而一旦外线形成突破后，无论是否直接进攻，必然引起对方整体防线的收缩，或是补位，从而轻易地使对手不得不进入防守的轮转阶段。突破技术已成为体现队员攻击力强弱和衡量世界球队的重要标志之一。美国男篮有三大优势，突破、紧逼、快攻。而回顾中国男篮的发展历史，在中锋匮乏的时代依靠的是外围的精准投篮，在中锋崛起后又倚重内线的攻击，后卫的职责就是顺利运球过中线然后把球传到内线即可。能突、善传、能投的优秀后卫一直是中国男篮的渴求。指导思想偏颇，球员身体素质的局限尤其是速度、对抗能力的局限，加之控球技术的不过硬，导致了中国优秀后卫的稀缺。在突破技术和能力劣势情况下，中国男篮凸显的顽疾或短板之一就是怕对方突破。一旦遇到善于突破的对手，中国男篮的防守体系瞬间就会瓦解。究其原因是队员移动速率慢，防不住突破队员的摆脱和超越，补防队员也不能及时有效遏制。结果是要么对手轻松上篮，要么造成中国内线球员的过多犯规。在亚锦赛决赛中，伊朗男篮充分而高效地贯彻实施了突分战术，在瓦解中国男篮防守的同时实现快速、轻松、合理地投篮得分。

(2) 怕紧逼，当代篮球运动的显著特点之一是攻守对抗的凶悍和拼斗性的日趋激烈。在防守过程中强调主动性、凶悍性、力量性和破坏性①。在世界大赛上，紧逼防守战术的运用频率越来越高，直接反映了现代竞技篮球竞争激烈的特点。在比分落后时，为了遏制对手进攻节奏迅速掌握场上主动，各队都会常用紧逼战术。尤其是美国男篮，紧逼更是成为遏制对手的高效战术。在中国男篮的发展过程中，跳投、快攻、全场紧逼曾经是中国男篮的三大利剑，也是中国男篮当时对抗世界篮球强国的优势和特色。但是随着队伍的追求高大化，曾经的快、准、灵风格淡化了。而过去的优势和特点反而成为竞争对手制约中国男篮的有效手段。一时间，美国男篮怕联防，中国男篮怕紧逼成为国际篮球界的共识。而中美男篮相遇时，美国男篮的紧逼战术效果就达到了最大化。在 2006 年日本男篮世锦赛上，美国男篮通过紧逼防守直接抢断 9 次，抢断紧接着就是快攻得分。因此，突然而高效的紧逼战术可以迅速打乱对方既定技术运用和战术实施，尤其是通过对对手后卫队员的紧逼防守，可以在源头上破坏全队的进攻体系。中国男篮后卫队员过多过长的运球也给对手实施紧逼战术创造了更多机会。当然，中国锋卫队员的控球能力及身体对抗能力偏弱也是短板之一。中国男篮要在根本上解决怕紧逼的困境必须要思想、身体、技术、战术多方面进行调整和改进。思想上要能敢于面对任何对手、顽强拼搏永不言败，在思想和斗志上不输于对手；身体上要进一步提高对抗的力度和韧性，在训练和国内比赛中鼓励对抗，在国际赛场上才能善于、敢于对抗。技术上要提高控球能力、传球能力；战术上需要调整思路，提高攻防节奏，内外线均衡设置，合理控制后卫队员的运球时间。

(3) 篮板意识差。在足球业界说“得中场者得天下”，在篮球业界也有一说“得篮板者得天下”，或者说“得内线者得天下”。篮球运动的特性决定了篮下区

① 孙民治，陈钧，方明．21 世纪世界篮球竞技运动的发展趋势——兼论中国篮球运动现状及对策[J]．体育科学，2001，21 (1)：44—46.

域是双方争夺最为激烈的区域，而篮板球是攻守转换的争夺焦点。现代世界篮球竞技运动正沿着主体空间和高难度技战术方向发展，比赛双方进行高水平的全面对抗，比赛过程复杂多变。尤其是势均力敌的比赛，控制篮板球成为极为重要的环节。而出色控制篮板的一个重要因素，是运动员要有争抢篮板球的强烈意识。美国职业教练雷·乔治认为，“抢篮板球75%取决于愿望，25%取决于能力”。可见，强烈的争抢意识对提高争抢篮板球能力的积极作用。回顾中国男篮在亚锦赛上的篮板球表现，尤其是进攻篮板球的表现不尽人意。即使面对半专业、半业余的弱旅印度队时，中国男篮在进攻篮板球上还是以6：12落后，而无论在身高、技术和个人能力上，印度男篮都不能和中国男篮相提并论。可见意识在拼抢篮板球中的重要意义。而在中国男篮全部九场比赛中，其中七场比赛前场篮板球少于对手，九场比赛前场篮板球总数以86：106少于对手。从中不难看出中国男篮篮板球意识差的老毛病没有得到有效改观。正如中国男篮在20世纪90年代初的一份技术统计中指出，“由于我们对篮板球在比赛中的作用认识不足……所以与强队比赛，抢篮板球往往就成为一个很大的负担”①。

因此，从保障中国男篮近期竞技成绩来看，重点是认真仔细地分析对手，同时针对自身固有的短板或瓶颈进行重点攻关。现代世界强队包括西亚球队，全面而没有明显技战术短板。根据木桶原理，有着明显短板的球队是不可能取得理想成绩的，即使是美国男篮也不例外。

（二）中期目标

中国男篮早在20世纪50—60年代就取得过骄人的成绩，在职业化改革前的1994年也取得了世界第八名的历史最佳名次，尽管当时球员的身体素质、训练比赛条件和现在的球员不可同日而语。随着中国三大中锋“移动长城”的崭露头角，中国篮球吸引了世界的目光，国人也多了几分渴望和希冀。在北京奥运会上，尽管中国男篮拥有天时地利人和，结果还是未能创造历史。随着姚明等明星球员逐步退出国家队，中国男篮必将进入一个新的轮回，也能更加清醒地定位自身的实力和潜能，同时也是认真总结成功经验和吸取失败教训的全新起点。

1. 确立风格，拥有特色

篮球运动技战术风格具有两个方面的含义：一是思想作风。是运动员的思想觉悟、意志品质、战斗作风和道德修养等；二是技术方面。指的是运动员的技

① 孙民治．篮球纵横［M］．北京：人民体育出版社，1996，10：210－211.

术、战术和特长。这二者是密切联系、相互促进的。篮球运动技战术风格，是指运动员在比赛中表现出来的思想作风、身体、技术和战术特点的综合体现①。风格就是特色，但是风格并非恒久不变。回顾新中国篮球运动发展，我国篮球风格经历了不断发展和调整。例如，20 世纪 50 年代至 20 世纪 60 年代中期的“三大法宝”：快攻、跳投、紧逼防守。20 世纪 70 年代至 20 世纪 80 年代的“积极主动、快速灵活、全面准确、勇猛顽强”。表 5-2 全面总结了我国不同时期的训练比赛指导思想。

表 5-2　我国曾经提出的篮球运动训练指导思想②

时间	提出的训练指导思想
1955 年	“积极、主动、快速”。
1957 年	“积极、主动、快速、灵活、准确”。
1959 年	“以小打大”。 “以投篮为纲”，“狠、快、准、灵”的技术风格，“以我为主、以攻为主、以快为主、积极防守”的战术指导思想。
1972 年	“积极主动、勇猛顽强、快速灵活、全面准确”。
1981 年	“苦”“三从一大”“以小打大”“快速、灵活、全面、准确”。
1985 年	“以小打大”“快速、灵活、全面、准确”。
1988 年	“以防守为主”。
2000 年	坚决贯彻“三从一大”科学训练原则，“系统训练、打好基础、加强体能、全面创新、百花齐放”的二十字方针，以及“快、准、灵、防，狠”的技术风格，“以我为主、内外结合、以快为主、快慢结合、以防为主、灵活变化”的战术指导思想。
2003 年	坚决贯彻“三从一大”科学训练原则和“两严”方针，“系统训练、打好基础、强化体能、全面创新、百花齐放”。以全场争夺为方向，把拼抢防守作为重点，强化体能和作风，重视提高对抗能力，形成“快、准、灵、全、专”的技术风格；在此基础上形成“以小打大、以快制高、以巧克强、以准取胜”的战术风格。
2005 年	以世界先进篮球技战术为方向，形成全面、快速、准确、稳定、凶悍的技术风格和内外结合、攻守兼备、以守促攻、快速多变、多点进攻的战术风格。

由表 5-2 可知，我国篮球在不同历史都提出了不同的指导思想，指导思想只是理论，通过刻苦的实践才有可能转化为风格和特色。近年来，虽然中国男篮身体条件与世界强队的差距逐步减小，但是竞技成绩却始终未能突破。究其原因，

① 叶国雄，陈树华．篮球运动研究必读［M］．北京：人民体育出版社，1999.

② 孙民治，焦卫宾．我国篮球运动训练指导思想与技术特点、战术风格的研究［J］．广州体育学院学报，2005，25（5）：1—7.

技术无特点、战术无风格是问题的集中表现。因此，必须对原有的指导思想、技术特点和战术风格给予充实完善，并赋予新内涵，确立新的精神和目标，进而从青少年抓起，从国家队抓起，发展和创新自己的技术特点与战术风格①。

(1) 遵循世界竞技篮球风格演变

对于中国来说，篮球运动是舶来品，回顾世界竞技篮球的发展历程，其高端和优质资源始终掌握在欧美国家尤其是美国手中。当然不同国家或地区呈现出不同的风格特点。但在一定时期内，世界竞技篮球还是呈现出总体上的特色和风格。例如，竞技篮球风格在20世纪50年代开始注重身高；20世纪60年代的“速度＋高度”；20世纪70年代的“高度＋速度＋技巧”；20世纪80年代的“体重＋力量”；20世纪90年代以后的“更加全面＋强对抗”等，以及在今后仍然有待于被认识到的某些特征②。现代篮球运动总体上朝着一个趋势、多种风格、不同打法和“高智慧、超高度、高速度、高强度、高技巧、高比分、强对抗”方向发展③。

理论来自实践，而实践出真知。中国篮球到底走什么样的风格，在较长时间内成为理论和业界广泛讨论的热点。前中国男篮主教练尤纳斯对于中国男篮要学习的篮球风格也提出了自己的看法：“中国队员只有提升防守能力，改变一些不正确的篮球理念，不断接近强队的水平，到那时候自然也就会形成自己独特的风格了”④。因此，对于中国男篮的竞技风格来说，重要的不是简单地提出口号，其实最为重要的是融入国际竞技篮球发展潮流中，不断加强同世界球队的比赛交流。知彼知己，百战不殆。只有充分了解和遵循世界竞技篮球整体风格的发展趋势和规律，继而根据自身特点和优势确定自身主体风格才有实际意义。

(2) 合理聘用主教练

国内外篮球队伍的训练比赛实践表明：“帅乏智，卒不悍，战必败”。总结欧美世界强队长盛不衰的原因可知，教练员职业道德普遍较强，对现代篮球深层次特征、趋势认识深刻，掌握科学化训练管理水平较高，并形成较有个性特点的现代篮球理论观点和训练、管理的组织体系，从而球队有特点，个人有特长，明星球员的篮球个性思维与技能突出⑤。可见，主教练对于球队技术特点和战术风格

① 孙民治．篮球运动高级教程［M］．北京：人民体育出版社，2000：28－29.

② 邓飞．中国篮球运动发展指导思想辨析［J］．体育文化导刊，2003（3）：18—19.

③ 孙民治．篮球运动高级教程［M］．北京：人民体育出版社，2000：28－29.

④ 王家宏，李燕领．中国竞技篮球运动风格的发展的反思与把握［J］．上海体育学院学报，2009，33（6）：83－86.

⑤ 孙民治．篮球运动高级教程［M］．北京：人民体育出版社，2000：16－17.

形成具有重要意义。

在我国不同历史时期，中国男篮的主教练表现出不尽相同的篮球理念。尽管他们执教时间长短不同，取得的业绩也各有差别。但在任期内，他们根据自己的治队理念形成自己的风格。如钱澄海发扬快速灵活的特点，形成了“紧逼、快攻、跳投”三大法宝的风格；蒋兴权注重内线，形成了内外结合，以内为主，注重联防的风格；王非注重个人的发挥，形成了突分结合；哈里斯的整体篮球；尤纳斯的“以防守为基础；内外结合，以内为主；高快结合，以快为主；多点进攻，加强快攻；重视组织后卫的发挥”①。在众多主教练中，钱澄海无疑是最具特色和风格的。他作了十年的男篮队长，十六年的男篮主教练。执掌中国男篮长达十六年，使得中国男篮由一支闭门造车的队伍成长为亚洲霸主。他 16 年调教国家队，将中国男篮调理得有声有色。针对世界不同强队，组织不同打法，在一系列国际比赛中取得了优异战绩。中国男篮从 1975 年第一次参加亚锦赛开始，在之后的连续五届亚锦赛里都占据着冠军的位置，让其他的亚洲球队望尘莫及。1972 年至 1988 年的 16 年里，钱澄海执教的中国男篮没有丢失过一次参加世锦赛和奥运会的机会，其中，1986 年率队夺取了世锦赛的第 9 名，实现了中国篮球历史性的突破。当年 24 支球队中，得到第 9 名的成绩，是非常不容易的。20 世纪 90 年代初，他面对中国篮球的现状，大声疾呼：“如果中国篮球再不重视基层训练，将来一定会吃大亏的！”在中国篮球最急功近利的时候，他说：“不要只注意培养大个儿不注意小个儿，再过 10 年，没有好的小个儿，累死你们这帮大个儿！”他对国家队的未来展望：“光靠外线成不了世界强队，只有内线强了，内外结合，才能最终成为世界强队。”对于中国篮球，可谓金玉良言。

在聘用和使用中国男篮主教练的过程中，近年来存在着两个值得深思的问题。第一，国内主教练换帅频繁。而主教练下岗的主要原因在于重大比赛失利，例如悉尼奥运会后的蒋兴权，釜山亚运会后的王非，天津世锦赛后的郭士强。频繁换主教练不利于主体风格的形成。第二，外教周期短。中国男篮先后聘请了美国人哈里斯、立陶宛人尤纳斯，以及现在的美国人邓华德。尽管外教对于中国来说利弊参半，但是总体来说外教在职业素养、拼搏精神、注重防守、训练模式和理念、强调对抗、重视伤病预防和恢复、录像编辑与分析、对手情报收集与研究等方面给中国篮球带来了新的内容和手段。但是，外教的聘请合同里阶段性成绩要求也是硬性指标，由于周期较短，加之各自不同的篮球理念，在塑造球队的过程中必然带有功利性和短时行为。因此，一个球队要想形成自己的风格，需要一

① 李鸿亮，韩学民．我国篮球技战术风格的发展［J］．体育文化导刊，2009（11）：52—55.

个英明的领导决策层，需要优秀的教练员团队，需要主教练的篮球理念和我国篮球技战术风格相一致。所以，应根据我国篮球技战术风格特点合理聘用主教练。

2. 教练员、运动员、裁判员三线队伍建设

教练员、运动员和裁判员等三线队伍是我国篮球运动人力资源的核心部分。不管是保障国家队竞技成绩，还是促进我国篮球运动整体发展，教练员、运动员和裁判员三线队伍建设是振兴中国篮球事业的希望所在。

（1）教练员队伍建设

在我国篮球运动发展历程中，曾经涌现出钱澄海等一批勇于探索，甘于奉献的杰出教练员，他们对中国篮球的快速发展发挥了重要的推动作用。但是，随着世界篮球运动，尤其是竞技篮球运动的不断创新发展，中国篮球与世界高端篮球资源的接触稀少，从而造成相对封闭的发展阶段。在教练员层面尤其明显，客观而言，我国教练员队伍整体综合素质远低于世界先进水平。纵观世界先进篮球国家高水平教练员队伍，他们大多具有运动员实践经历，又有较高的科学文化素养，普遍是大学本科、研究生毕业，不少还是大学的教授或教练员，相关现代科技知识丰富。同时，随着现代篮球运动竞争的日趋激烈，世界强队的教练员极为重视团队分工，分工明确，协同作战。姚明在接受国内媒体采访时谈道，NBA教练员非常辛苦，每天休息四五个小时算得上奢侈了。

目前，我国篮球教练员同世界先进篮球国家教练员的差距是全方位的。中国篮协定期组织国内年轻教练员赴美国学习，他们普遍的感受是美国教练员的技战术并不比我们高明，关键是他们对细节的把握非常到位，甚至达到“吹毛求疵”的地步，并且在训练比赛中非常重视现代科技的合理使用，使得训练效果最佳化，身体恢复最大化。CBA联赛不可能照搬NBA的模式，但是美国篮球值得中国篮球学习借鉴的方面确实很多，尤其是教练员队伍的科学合理培养。少年强则中国强，中国篮协在重视中高级教练员外派学习固然重要，值得注意的是基层教练员的现代篮球理念、方法、手段对于中国篮球的未来更为重要。尤其是篮球人才重点培养单位的教练员，更有必要接受世界先进篮球教练员的素质培养。

（2）运动员队伍培养

运动员是比赛的主体，教练员的战术设计最终还得依靠场上运动员的领会、贯彻执行。而运动员个体综合素养高低对于篮球的理解具有较大的影响。“纵观世界球队运动员，基本上都是大学毕业，对现代篮球理解较深，篮球意识强，思维、观察、分析、理解能力较强，敬业精神执着，自求成才发展心切，训练比赛自觉主动；身体与体能基础好，基本功扎实，篮球意识强并具有个性特点，重视个体作用与集体协同有机结合，竞赛拼斗凶悍顽强，心理状态稳定，大赛经验较为丰富”①。

目前，我国运动员培养体系存在的问题较多，原先的三级训练网络丢失，培养模式虽然呈现多样化趋势，但是同时也表现出分散性和随意性，缺乏相对稳定的培养模式。目前培养模式下培养的篮球运动，总体上存在着“先天不足”：第一，文化知识水平普遍较低，国家队层面的运动员真正接受大学本科教育的几乎没有。虽然表面上并不影响其训练比赛，但是很难向更高层面发展，因为篮球在最高层面上是一种文化形态。第二，过分要求身高。篮球是巨人的运动，无高不篮球，都生动地表明篮球运动的特殊项目特性。纵观世界竞技篮球发展，在一定时期内高大化是一个趋势。我国男女篮曾经拥有穆铁柱和郑海霞而受益匪浅，后来又涌现了“三大中锋”，一时间高度成为我国篮球运动选材的第一标准，不同层面的篮球专业运动员群体身高普遍高大化。近年来在世界重大比赛中，中国男篮平均身高也是最高的。但是，高度是需要和速度紧密结合的，尤其是中国男篮后卫线的短板。速度慢、运球过人技术差是造成中国男篮惧怕对方紧逼的重要原因。

借鉴世界先进篮球国家运动员培养经验，我国篮球运动员培养应该注意两个方面的调整和改进。第一，大学应该成为篮球人才培养的基地。解决目前我国大学不能培养高水平篮球人才的瓶颈在于两个方面，第一，由中央政府出面协调体育和教育的协同发展问题，其次为大学输送和培养高水平教练员，在目前中国大学校园并不缺乏可塑的篮球人才，最为缺乏的是高水平教练员。第二，在篮球运动员选材方面注意不同身高比例的搭配，目光不能紧紧锁定那些骨龄高的少年儿童。在我国篮球发展历史上涌现出一批身高一般的杰出运动员，比如吴忻水、宫鲁鸣、阿迪江等。

（3）裁判员队伍建设

篮球裁判员是比赛上的裁决者和主导者，裁判员水平的高低直接决定着比赛的走向以及比赛的连续性、精彩性和公平性。相比较 NBA 职业裁判，我国目前篮球裁判多是业余的，绝大多数都是学校老师，又以大中专学校老师绝多。目前，我国篮球裁判员队伍整体表现为：男性居多，女性较少；年龄结构偏大，晋级国际级人数偏少；英语水平低，缺乏国际大赛执法经验；未能融入国际裁判员

① 孙民治．篮球运动高级教程［M］．北京：人民体育出版社，2000：30—31.

群体①。一名优秀裁判员的成长受制多种因素的影响，包括思想素质、心理品质、业务能力、知识结构、身体素质以及社会关系、社会条件等②。

针对我国篮球裁判员队伍现状，结合国际竞技篮球资源分布特点。在今后我国篮球裁判员培养和使用应该做到三个“国际”，首先是必须掌握国际语言，把能否掌握熟练英语作为裁判员的必备条件，只有这样才能为后续发展和培养奠定基础。其次是国际标准，尽管我国执行的是国际篮联统一规则，但是在裁判员等级考核中往往形式大于内容，尤其是初级裁判员的培养和认定。最后是国际视野，我们培养的裁判员不仅仅限于国内比赛或联赛上使用，而应该把视野放在国际上，因此篮协应该创造条件，鼓励有资质的裁判员走出国门，加强国际交往，增加国际比赛执法经验，深刻领会和把握国际篮球最新、最前沿的裁判理念，继而为国内比赛服务。

人才的培养是一个系统工程，而教练员、运动员、裁判员三线队伍建设对于保障国家队成绩和我国篮球运动整体发展具有重要意义。要尽快改变我国优秀教练员、运动员和裁判员队伍的匮乏断档、训练水平下降和竞技成绩滑坡的现状，最为关键的是要有规划、有层次、有重点、有具体的手段和方法，从严抓好三支队伍的建设，缩短与国际先进水平的差距。

（三）长期目标

由于NBA的国际传播，尤其是1992年NBA球员被允许参加奥运会以来，竞技篮球职业化逐步成为世界性潮流，职业化已经成为现代竞技篮球的发展方式和运作手段。当然，限于我国市场经济条件以及管理体制和篮球运动水平，目前我国竞技篮球职业化仅仅处于起步探索阶段，还处于计划下的市场探索，竞技篮球为本的职业化尝试。而作为竞技篮球必然追求竞技成绩。然而，借鉴世界竞技篮球强国的发展经验和发展路径，可以预期我国竞技篮球必然朝着职业化发展不断发展，当然并不淡化国家队的竞技表现，而是在联赛为本的基础上实现国家队优化组合，因为有充沛的高水平人力资源保障，从而能有效地保障国家队竞争实力。

① 徐军海，王涛，任洁等．中国国家级以上篮球裁判员队伍基本现状的调查研究［J］．北京体育大学学报，2004，27（3）：422－424．

② 商勇，刘翠萍．我国优秀篮球裁判员成才的促进因素分析［J］．山东体育学院学报，2006，22（4）：92－94．

1. 转变中国篮球协会职能

篮协是 CBA 联赛的管理者和决策者，而目前我国篮球运动发展阶段正处于竞技篮球和职业篮球交替试验阶段，篮协两手都要抓，一手抓国家队竞技成绩，这是硬指标；一手抓联赛，制定规则，探索市场，处理纷繁复杂的联赛事物，这是软指标。可见，作为中国篮球运动的管理者，中国篮协肩负的使命和任务是世界任何一个国家篮协都无法比拟的。随着联赛为本的真正实现，篮协也会从政企不分、事企部分、管办不分的纠缠中解脱出来，从而真正实现为中国篮球服务，为国家队服务。正如魏纪中所说："凡是老百姓能办的，政府就要退出、放权，转为给政策、支持、引导和监督。"实际上就是政府职能转变的问题。

篮协从繁杂的联赛琐事中分离后，工作重点应该放在三个方面：第一，完善、调整、制定符合我国国情和篮球运动实际的规划和政策，变微观领导为宏观领导，变行政手段为政策调节。第二，真正落实篮球运动的普及工作，使得篮球运动深入国人内心，继而在普及的基础上扎实推进后备人才工程。第三，充分利用自身优势和资源创建国家队服务团队，建立一支高效、科学合理、协同作战的国家队常年服务团队，而改变目前国家队临时组队的应付之举。2010 年南非世界杯期间，德国国家队就有 30 人的服务团队，还不包括在国内的后方保障团队。可见，现代竞技体育竞争日趋科学化、集团化。

正如我国社会转型一样，我国篮球运动也处于转变、交替和探索阶段，竞技篮球和职业化篮球还处于融合的初级阶段。竞技性作为篮球运动的特征之一，作为现代竞技体育项目之一，尤其是深受我国人民喜闻乐见的体育项目，国家队的竞技成绩不仅是领导者的政绩需要，也是引领和推动我国篮球运动的动力源泉。即使是篮球王国美国也不能放松和容忍国际大赛成绩的滑坡。而竞技成绩在我国现有体制和民族情节下显得更为重要，因此保障国家队竞技成绩是必不可少的，这一点不容置疑，当然实现手段必须结合职业化这一发展手段和篮球环境。

2. 真正做到联赛为本

国际竞技体育发展实践表明，高度发展的职业体育可以为国家培养和输送大量高水平优秀运动员，可以吸引和募集更多的青少年参与体育运动。职业体育在给受众带来娱乐和享受的同时，创造出市场价值，并带动配套产业链的发展。职业体育的发展形态兼容了竞技体育、群众体育和体育产业的和谐发展，是体育与一个国家经济社会产生良性互动的重要载体和平台。通过 NBA 以及欧洲足球五大联赛可以发现，职业体育开展好的项目，它的群众基础、竞技成绩、市场价值和项目文化都显示出良好而协同发展的态势。

纵观历届世界篮球锦标赛和奥运会比赛成绩，世界篮球强国大多数都属于发展职业化篮球的国家，这足以反映职业化的优势和存在基础，显示出职业化篮球强大的生命力。这主要因为，职业化具有先进的体制模式和运行机制，使得竞技篮球与市场经济有机结合；职业化带来的高收入不仅有效刺激运动员训练比赛热情和自觉性，而且还有高收入的要求和以物质条件保障职业篮球的长远发展，这足以引起人们对人才的重视和对后备梯队建设重要性的深化理解，保障篮球运动的进步和发展①。尽管目前和今后较长时间内，CBA 联赛职业化程度不可能有飞跃式发展，但是向实质意义上的职业化迈进是一个总体趋势，并且随着联赛水平的提高，国家队竞技成绩也将会得到有力保障。联赛为本的理念和运作模式下，保障国家队竞技成绩的理论依据如下：

尽管 CBA 联赛目前还是一个半职业化性质的赛事运作模式，管办不分，政企不分是基本特色。但是随着我国体育产业方案的出台，体育产业化和职业化进程必将不断推进。鉴于我国市场经济体制发展以及国有企业股份制改造经验，CBA 联赛必将向股份制方向发展，尽管短期内我们不可能照搬 NBA 职业联盟的运作模式，但是不可否认股份制必将给 CBA 联赛带来活力和生机，尤其是自我造血能力大大增强，盈利状况的改观为俱乐部发展带来良性循环。CBA 俱乐部投资者和管理者深知后备人才是俱乐部发展的潜力和未来，而俱乐部后备人才困境最主要的两个问题在于资金和教练员。随着俱乐部资金和收入的提升，俱乐部可以充分利用市场手段和品牌效应募集更多优秀篮球后备人才，当然也包括大学篮球人才培养基地。

第二节 有效整合篮球人才培养资源

“模式是指某种事物的标准形式或使人可以照着做的标准式样。”② 各个学科和行业均有自己的固定模式，但任何模式都是在不断发展和创新的。在我国竞技体育发展历史上，竞技体育人才培养模式主要体现在政府主导支配的三级训练网模式。尽管这一模式如今仍在发挥着重要的作用，但是随着社会整体发展环境的变迁以及竞技体育发展手段不断丰富，我国竞技体育后备人才培养的模式也在发

① 孙民治．篮球纵横［M］．北京：人民体育出版社，1996：82—83.

② 中国社会科学院语言研究所．现代汉语词典［K］．北京：商务印书馆，1986：107.

展变化，整体上呈现出多元化和多样化发展趋势。具体到我国竞技篮球运动领域也是如此。

一、目前我国竞技篮球人才培养模式类型

在计划经济体制下，我国竞技篮球后备人才培养完全吻合我国竞技体育人才培养的主体模式：三级训练网训练体制，即基层体校—省市专业队—国家队。而在社会主义市场经济体制下，我国竞技篮球后备人才培养方式和投资渠道呈现出多元化的发展态势。有各级体育部门办的，有教育部门办的，也有体育部门和教育部门联合办的，有部队办的，有社会办的，有个人办的，更有俱乐部自身办的。目前，我国竞技篮球人才培养体系整体发展方向是，在国家投入为主的前提下，充分发挥政策杠杆作用，积极引导和促进社会各种力量，创办不同形式的竞技篮球后备人才培养模式，拓宽我国竞技篮球后备人才培养口径，扩大人才培养网络。目前，我国竞技篮球人才培养模式主要涵盖以下类型：

（一）传统模式

我国竞技篮球后备人才传统培养模式是 20 世纪 50 年代开始发展起来的，它的鲜明特征是完全由政府主导推行，包括运动员的选拔、训练、比赛、退役安排等完全由政府负责，基本模式如图 5-1 所示：

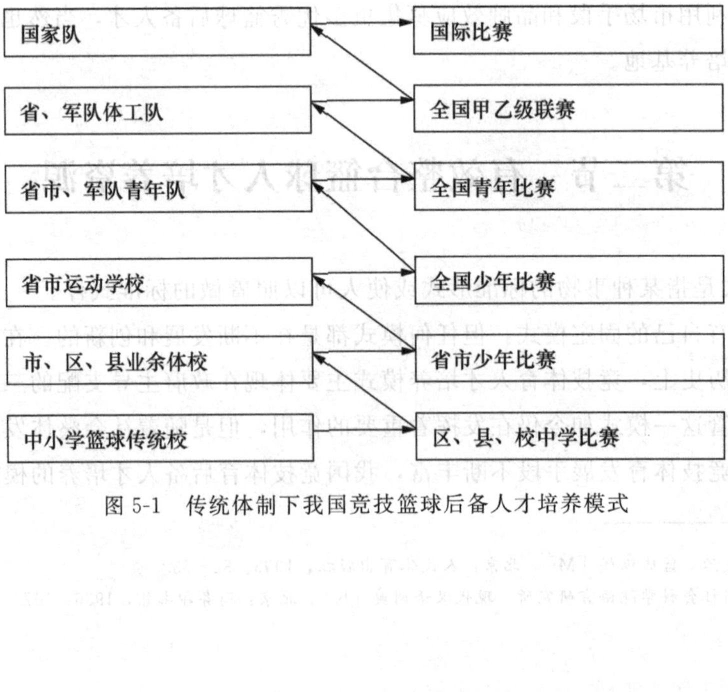

图 5-1 传统体制下我国竞技篮球后备人才培养模式

由图5-1所示，在“举国体制”保障下，我国竞技篮球运动逐步发展，水平提高较快，培养了一大批优秀篮球人才，实现了我国篮球运动冲出亚洲走向世界的目标①。回顾我国竞技篮球发展历程，梳理一下为我国竞技篮球不断发展做出杰出贡献的一批优秀篮球运动员，不难发现绝大多数都是在传统培养模式下造就的，无论是威震中国篮坛的94黄金一代，还是享誉世界的中国移动长城概莫能外。但是随着我国经济、社会整体环境的变迁以及世界竞技篮球竞争的发展趋势，传统单一的竞技篮球后备人才培养模式也逐步显现出一些不足和缺陷。比如投资渠道单一，供需矛盾加剧；体教脱节，逐步失去制度优势等②。

在中国竞技体育不断实现超越的过程中，人才辈出的竞技体育后备人才起到了决定性的作用。而作为传统培养模式的主力军，各级各类体育学校是竞技体育后备人才的最为重要的培养阵地。据统计，在2001—2004年奥运周期中，中国共获得391个世界冠军，其中95%的运动员来自各级体校。而在2002年第19届盐湖城冬奥会和2004年雅典奥运会获得的金牌运动员，全部来自体校的培养输送。在我国竞技篮球后备人才培养中，尤其在职业化改革探索以前，各类各级体校构成了高水平篮球人才的培养基地。国内闻名的“94黄金一代”，享誉世界的中国篮球“移动长城”都是在体校的环境下成长进步的。虽然，随着职业化改革以后，我国竞技篮球后备人才培养模式出现了多样性和多元化，都是体校以其独特优势继续发挥着培养后备人才的职责。中国篮协曾经授予30家篮球人才重点培养单位，也曾经给予一定的培养经费支持，见表5-3：

表5-3 中国篮协授予的篮球后备人才重点培养单位

北京西城体校、北京东单体育中心、河北省体校、河北省保定市第二体校、辽宁省体校、辽宁省沈阳市体校、辽宁省阜新篮球学校、辽宁省丹东市体校、吉林省体校、长春市青少年业余体校、黑龙江省体校、黑龙江省大庆市体校、上海市体校、江苏省南京市中山东路体校、江苏省苏州市体校、江苏省徐州市少体校。
山东省烟台市体校、山东省威海市体校、河南省体校、河南省焦作市篮球学校、湖北省体校、湖北省宜昌市体校、广东省体校、广东省广州市伟伦体校、广西省青秀篮球学校、广西省河池体校、成都体育学院篮球学校、福建省体校、福建省福州市体校、山东省济南市体校。

（资料来源：中国篮球协会青少部）

① 刘玉林，白喜林．从篮球后备力量看我国的篮球运动水平［J］．中国体育科技，1998，34（8）：30－34.

② 阎军．我国篮球后备人才培养体制改革研究［J］．山东体育学院学报，2009，25（2）：37－39.

（二）体教结合模式

体教结合，顾名思义就是体育和教育的有机结合，具体说就是把后备人才的训练比赛始终贯穿于学校环境中，从而使得运动员的体育技能训练和文化知识获取同步发展。在西方竞技体育发达国家，体教结合模式基本是成为体育后备人才培养模式的代名词。比如世界篮球王国——美国，它的篮球后备人才培养都是由学校负责完成的，学校成为后备人才培养的主体，并且是唯一的主体。在我国，尽管体教结合模式在理论上已经进行了大量深入研究，不管在国家管理层还是理论工作者已基本形成共识，即体教结合是当今世界竞技体育人才培养主流模式，也是未来我国竞技体育后备人才培养的发展趋势。但是，“由于我国竞技体育具有一套十分完备的组织管理体系，竞技体育部门的发展过于强大，使得我国高等院校的竞技体育难以正常的成长，发育十分不健全”①。尽管如此，在我国竞技篮球后备人才培养领域也进行了积极探索和有益尝试，主要形式如图 5-2 所示。客观而言，体教结合模式是在国家政策杠杆的引导下，借鉴国外竞技体育人才培养经验，结合我国竞技篮球运动发展现状而采取的积极改革尝试。当然在取得成绩的同时，也存在着一些困难和不足。主要体现在：①缺乏高水平教练员，我国篮球主体水平与世界强国之间有着较大差距，差距的表征是多方面的，成因也是多因素的。其中高水平教练员的质量和数量便是重要的一环。可喜的是，中国篮协已经深刻认识到高水平教练员对于我国篮球运动水平提高的极端重要性，已经采用“引进来和走出去”的办法，着力提升我国篮球教练员的执教水平和综合素质。“引进来”是指时常邀请国外著名教练到中国讲学，“走出去”是指定期或不定期地选派国内俱乐部出国观摩学习，深造进修。但是目前涉及的教练都是国家队、俱乐部或省市队主教练场面。具体到各级学校篮球教练，目前的境况整体上是数量不够、质量较低。②经费问题困扰，经费问题是影响体教结合培养模式的一个重要而现实的问题。本来我国教育资金投入就不足，而具体划拨到学校篮球后备人才培养的经费就少之又少。③领导的重视程度问题，尽管体教结合模式已经在不同地区、不同层次的学校探索尝试。但是一个重要的前提是，领导的发展理念和重视程度问题，许多学校都是把篮球队伍的建设仅仅作为一个工具，尽量发挥其活跃校园文化、宣传学校形象的作用。在现实中，不同的学校、不同领导的不同重视程度往往决定人才培养的效果。④体育部门和教育部门的沟通协调问

① 池建．论竞技体育与高等教育的结合［J］．北京体育大学学报，2003，26，（2）：149－150；159．

题，由于目前我国行政管理体制的条块分割约束，体育部门和教育部门不能进行有效地职能沟通与合作。体育部门追求的是竞技篮球人才的培养数量和质量，继而提升我国竞技篮球整体水平，为国争光。而在目前“应试教育”的压力下，追求升学率和就业率是各级各类学校的工作重心。二者在发展理念上的差异导致了体教结合模式的应有效率未能发挥。⑤人才输送路径阻碍，在美国，篮球后备人才的输送渠道非常顺畅，基本遵循小学——中学——大学——职业篮球俱乐部—国家队。而我国目前体教结合模式下的运动员输送渠道不畅通，基本上很难进入职业篮球俱乐部。由于输送渠道阻止，导致了培养路径的动力源缺乏。

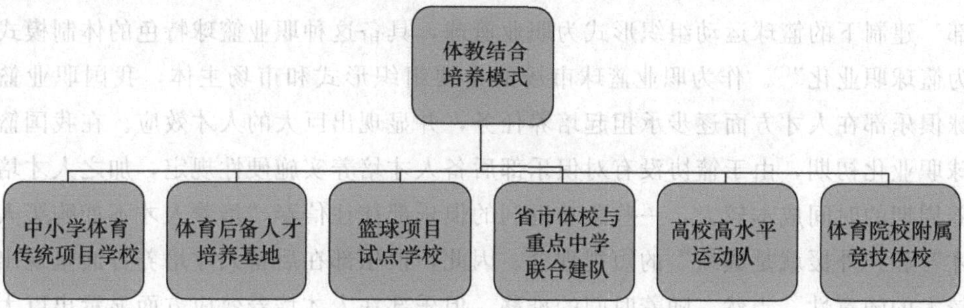

图 5-2　我国竞技篮球体教结合培养模式

（三）社会化培养模式

“社会化”培养模式被描述为“社会化”，主要是出于以下几点考虑：第一，模式内部的行政、人事相对独立于体育部门与教育部门管理之外；第二，人力资源或培养经费主要源于社会；第三，模式的运营采用市场化手段[①]。随着我国经济社会的不断发展，尤其是我国竞技篮球职业化改革探索以来，高水平的篮球运动员可能意味着高薪收入。高薪诱惑无疑是吸引和激励有志向、有条件青少年的篮球成才动机。有需求就有市场，社会篮球学校也就应运而生。这种模式的类型主要见图 5-3 所示。

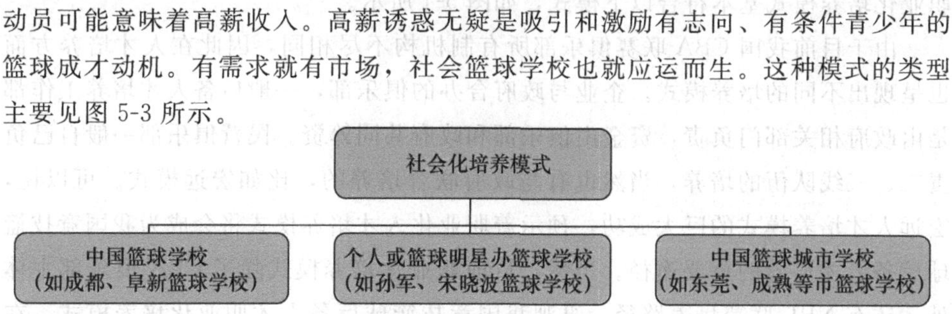

图 5-3　我国竞技篮球社会化人才培养模式

① 侯德红，唐建倦．中国竞技篮球后备人才培养模式研究［J］．首都体育学院学报，2009，21(3)：375－377；381.

应该说，社会化培养模式很好地引导和发挥了社会和个人投身篮球后备人才培养的积极性，是我国竞技篮球后备培养体系的有益补充。但是，社会培养模式一方面缺乏传统体制下政府的有力保障，另一方面也不具备学校系统的教育资源优势，因此很难吸收到高水平、有潜力的后备人才。

(四) 职业化培养模式

职业篮球是相对于业余篮球而言的，职业篮球的建制是以职业球员为主，组成的“职业俱乐部”建制。因此，我们称这种“受市场机制调节的‘职业俱乐部’建制下的篮球运动组织形式为职业篮球，具备这种职业篮球特色的体制模式为篮球职业化”①。作为职业篮球市场的主要组织形式和市场主体，我国职业篮球俱乐部在人才方面逐步承担起培养任务，并显现出巨大的人才效应。在我国篮球职业化初期，由于篮协没有对俱乐部后备人才培养实施硬性规定，加之人才培养周期的时间成本较大，一些急功近利的俱乐部往往信奉“培养人才不如购买人才”和“外援就是成绩”的短视理念。因此，俱乐部在后备人才培养方面呈现出较大的随意性。当然，随着时间的推移，俱乐部在人才培养效应方面显示出巨大的差异性，而后备人才不仅是俱乐部的发展根本，也关系到我国竞技篮球整体水平的提升。为了规范和促进俱乐部人才培养工作的常态化和制度化，中国篮协在《2008—2009 赛季中国男子篮球职业联赛俱乐部准入实施方案》中明确规定：拥有或协议拥有一支不少于 12 名球员，并在中国篮协注册的二线队伍的法律文件。“协议拥有”特指以下两种情况：俱乐部与大学合办、俱乐部与体育局合办。随着 CBA 俱乐部对于篮球后备人才重视程度的提高，各个俱乐部都配备了自己的二线队伍，有的俱乐部还建立了三线甚至是四线队伍。CBA 联赛竞技篮球人才职业化培养模式基本符合以下模式，如图 5-4 所示。

由于目前我国 CBA 联赛俱乐部所有制机构不尽相同，因此在人才培养方面也呈现出不同的培养模式。企业与政府合办的俱乐部，一般后备人才培养工作都是由政府相关部门负责，资金由俱乐部和政府共同筹资。民营俱乐部一般自己负责二、三线队伍的培养，当然也有与政府联合培养的，比如宏远模式。可以说，宏远人才培养模式的巨大成功，预示着职业化人才培养模式将会成为我国竞技篮球后备人才培养的重要途径。当然，目前职业化培养模式除了 CBA 俱乐部主体外，还有 NBL 联赛培养路径。纵观我国竞技篮球后备人才职业化培养模式，在取得巨大成绩的同时，也存在一些问题和不足。主要表现在：①俱乐部之间差异

① 孙民治．篮球纵横［M］．北京：人民体育出版社，1996：74—75.

巨大，这种差异主要反映在发展理念、培养经验、资金保障等。②后备人才培养效率较低，尽管各个俱乐部配备了自己的二、三线队伍，但是进入一线队伍的运动员数量非常有限。大部分二线队员要么寻求就业机会，要么进入高校篮球联赛打球。③后备人才输入量较小。在同CBA俱乐部总经理的访谈中了解到，大部分俱乐部感到优秀后备人才不充裕。

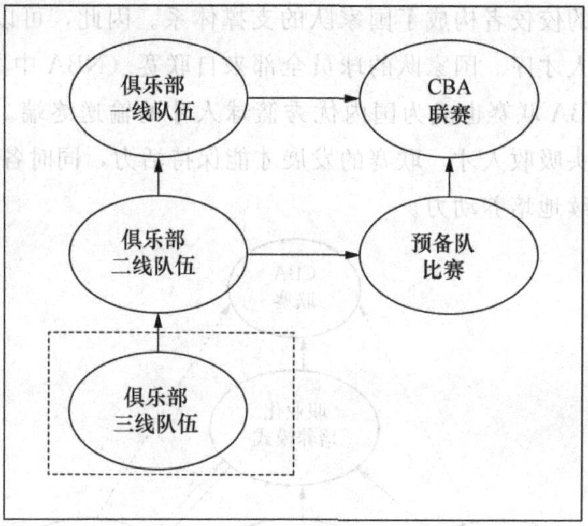

图5-4 CBA联赛竞技篮球人才职业化培养模式示意图

（注：虚线表示部分俱乐部目前拥有三线后备队伍，但是按照规定俱乐部必须拥有二线队伍）

二、整合人才培养资源，提升人才培养效益

我国竞技篮球后备人才培养模式由过去单一的政府主办，发展成为如今多元化的人才培养格局无疑具有重要的意义。一方面引导和发挥了社会力量培养篮球后备人才的积极性，极大地丰富了培养手段，积极拓宽了篮球后备人才培养口径。另一方面，有效缓解了政府一家独办人才培养的巨大负担，继而使得政府可以转换人才培养职能，政府可以在政策引导和宏观调控上对各种篮球后备人才培养模式进行有效整合，以期我国竞技篮球后备人才培养效益的最大化，为实现我国竞技篮球职业化以及我国篮球运动整体水平提升奠定坚实的人才基础。

（一）几种培养模式的相互关联

我国竞技篮球职业化的改革动机不同于NBA的商业化模式，CBA联赛在寻求市场经济体制下发展竞技篮球的新手段、新路径，但是改革是在政府的主导下推进的。尽管联赛的发展是多元利益主体的结合体，政府追求的核心目标是培养篮球人才，提高水平，创造优异比赛成绩，为国争光。因此，人才培养是政府主导下 CBA 联赛的核心目标，当然，人才的质量和数量也是其他利益主体实现自身利益最大化的根本保证。竞赛是职业体育的核心产品。CBA 联赛作为我国竞技篮球职业化的最高竞赛平台，也是我国优秀篮球人才成长、成材的摇篮。联赛中国内优秀球员的佼佼者构成了国家队的支撑体系。因此，可以说 CBA 联赛是我国竞技篮球的人才库。国家队的球员全部来自联赛（NBA 中国球员也是 CBA 联赛培养的）。CBA 联赛也成为国内优秀篮球人才的输送终端。只有 CBA 联赛不断地从输送源头吸收人才，联赛的发展才能保持活力，同时各种篮球人才培养模式也才能有持续地培养动力。

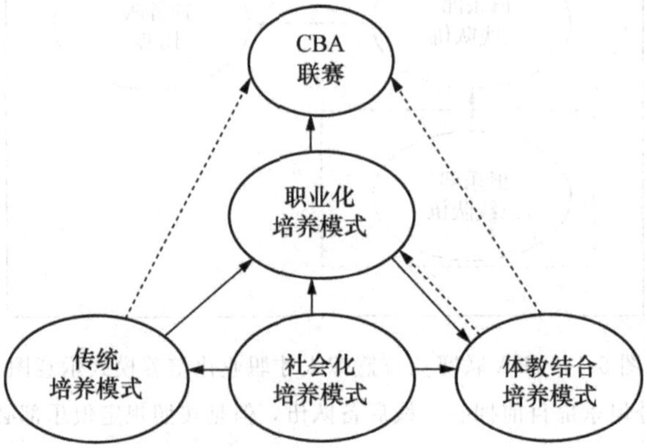

图 5-5　我国竞技篮球职业化进程中篮球人才培养模式关联图
（虚线表示输送效率较低）

由图 5-5 可知，尽管目前我国竞技篮球后备人才培养方式日趋多元化、多样化，但是职业化培养模式处于核心环节。传统模式的优势和规模逐渐丧失，在全运战略的影响下，各省市专业篮球队编制受到压缩。有职业篮球俱乐部的省市，传统培养模式逐渐与职业化培养模式融合互补。社会化培养模式尽管直接面对青少年，也拥有体制灵活的优势，但是由于自身品牌影响力的制约，目前还未能显示较大的培养效益。体教结合模式作为国外竞技体育人才的主要渠道，随着我国竞技体育更大发展需要，体教结合模式必将显示强大的生命力。但是具体到我国竞技篮球人才培养，作为我国篮球人才体教结合模式的主要载体，CUBA（中国大学生篮球联赛）和 CUBS（中国大学生篮球超级联赛）尽管办赛规模、参与人数远远高于 CBA 联赛。但是相比较 NBA 的人才输入路径，我国大学生篮球联赛人才输出效率很低。创始于 1998 年的 CUBA，十几年内先后向 CBA 联赛输送了王晶、韩德君、刘久龙、刘子秋、殷志勇、陈铎刚等球员。而创始于 2004 年的CUBS也先后向CBA联赛输送了十几名球员，其中以人大谢立彬、杨超为杰出代表，前者还进入了国字号队伍。但是作为国内高校最高水平的联赛，CUBS的输出效率还较低。相反，CBA二线队伍的大多数运动员的出路就是CUBS。而作为我国目前竞技篮球人才培养的主要模式，各个俱乐部的培养效益差距也是较大的，同时二线队员进入一线的概率和机会比较小。原因不是一线不需要新生力量，而是缺乏高水平、有潜力的人才。在同CBA俱乐部总经理的访谈中，后备人才供给情况整体令人担忧，见表5-4所示。

表5-4 对CBA俱乐部总经理关于后备人才输入情况调查（调查样本为17家）

生源情况	频次	百分比
很充裕		
充裕	3	17.6%
一般	9	53%
稀缺	5	29.4%
很稀缺		

（资料来源：调查问卷整理得出）

由表5-4可知，CBA大多数俱乐部对于后备人才的输入境况感到不乐观，数量是基础，庞大的基数是提高质量的有力保障。美国篮球后备人才不仅普遍质量较高，而且其篮球后备人才基数也是世界上最庞大的。而我国目前的状态是，一方面质量低下，另一方面数量又不能保证。因此，为了实现我国竞技篮球后备人才数量增加和质量提升，政府必须发挥宏观引导和调节职能，在现有基础上促进各种篮球人才培养资源的整合和优化。

（二）整合和优化路径

由以上分析可知，我国竞技篮球后备人才培养出现了可喜的多元化格局，极大地丰富了培养手段、有效地地拓宽了培养口径。但是人才培养不仅注重培养方式、培养路径，更重要的在于培养效益，具体来说反映在联赛人才新陈代谢及国家队人才储备的情况。政府在对各种人才培养模式和路径进行整合和优化之前，必须充分剖析的各种培养模式的优势和短板，继而采取措施优化组合（表5-5）。

表5-5　我国竞技篮球后备人才几种培养模式的优、劣势比较

培养类型	优势	劣势
传统培养模式	经验、师资	项目压缩、经费减少、生源萎缩、不利于球员综合素质提高
职业化培养模式	俱乐部品牌效应，吸引力强	受到俱乐部发展理念影响较大、输入不畅、缺乏高水平教练员
社会化培养模式	体制灵活、市场化运作	追求经济利益，覆盖面较窄
体教结合培养模式	教育和体育结合、运动员基数较大、普及面较广	缺乏高水平教练员，竞技水平较低、经费缺乏

1. 政府出台政策吸引，动员更多青少年投身篮球运动

没有庞大的后备人才基数，选择面较小，发掘优秀或潜在优秀篮球人才的概率降低。数量是质量的前提保障，即在普及基础上的提高，这也是我国发展竞技体育的基本方针。在动员方式上，可以借鉴西班牙篮球后备人才的发现和培养方式。政府在全国范围内开展篮球夏令营活动，而不仅仅局限于城市。通过丰富而有趣的篮球活动，在尽可能广泛的局域内发现、吸引、动员有潜能的少年、儿童喜爱篮球，培养篮球兴趣。而少年时期的兴趣对其人生发展将会产生重要影响，即使未能从事篮球运动，也会成为忠实的篮球迷，这些无疑对我国篮球运动的发展具有重要的支撑作用。离开广泛而忠实的受众，项目的发展至多也就是偏安一隅，无人问津。在激发儿童兴趣的同时，开展及时、专业、系统的早期训练极为重要。我国优秀杰出篮球运动员成材路径表明，早期专业系统训练是必由之路，姚明、王治郅便是成功案例。

2. 大力培养教练员人才

我国竞技篮球人才培养效率普遍较低是多种因素造成的。而教练员便是其中重要一环。由表5-6可知，64.7%的俱乐部认为缺乏高水平教练员是影响俱乐部后备人才培养的重要因素。一个高水平教练员不仅能够慧眼识才，避免人才浪费，而且通过科学合理的训练，使得后备人才的成材率及可持续发展有了重要保障。在现实中经常出现这样的情形，要么发现人才较晚，错过了早期专门化训练；要么训练不当，使得球员提升空间狭小，造成向上输送困难，成材率低。由此可见，目前我国篮球教练员整体水平亟待提高，不仅是国家队层面。2000年雅典奥运会周期，中国男篮为了实现竞技水平更大的提升，第一

次聘请了外籍教练员担任国家队主教练。随后，篮协启动了大规模的教练员培养规划，定期选派国内中青年教练员赴美国进修学习。毋庸置疑，这些举措对于提升国内教练员执教水平，更新篮球理念，丰富培养手段都起到了积极的作用。但是，目前篮协选派的只是国家队、俱乐部层面的教练员。需要强调的是，我国更需要大量的具有现代理念、具备现代篮球教学训练手段的基层或高校教练员。他们的水平直接决定了我国竞技篮球后备人才源头的数量和质量。因此，政府需要有计划、有步骤培养大量的基层教练员。当然，出国进修学习也是一个重要环节。

表5-6 针对俱乐部后备人才培养不足的现状调查（调查样本为17家俱乐部）

选项	频数	百分比
1. 后备人才缺乏，输入渠道不畅通	11	64.7%
2. 缺乏高水平教练员	11	64.7%
3. 缺乏培养经验		
4. 缺乏培养经费	1	5.8%
5. 缺乏训练基地及充分的比赛锻炼	4	23.5%
6. 培养周期较长，引进人才效益更快	1	5.8%
7. 未能在理念上真正重视后备梯队建设	10	58.8%

（资料来源：问卷调查整理得出）

3. 疏通输送阻滞，加强人才流动

人才的培养是一个系统工程，每个环节都是紧密相连的，任何一个环节的阻滞都会影响到整体链接的顺畅。输入渠道不畅通是影响俱乐部后备人才培养的重要因素。其中，高校高水平运动员、俱乐部之间的畅通交流尤为重要。目前境况是单项交流较多，即俱乐部二线队员大量进入高校，参加高校篮球联赛。但是，按照CUBA和CUBS的运动员业余和专业限制，一旦俱乐部为球员在篮协进行注册，那么按照业余原则，该球员就不能参加CUBA联赛了，只能参加身份认同更为开放的CUBS，但是目前CUBS的规模和覆盖率未及CUBA，2008—2009赛季全国只有16所高校建队参加了CUBS联赛，见表5-7。

表5-7 2008—2009赛季CUBS参赛队伍名单

南区（8支）	北区（8支）
电子科技大学（成都）	西安交通大学（西安）
湖南大学（长沙）	哈尔滨工程大学（哈尔滨）
东南大学（南京）	中国人民大学（北京）
厦门大学（厦门）	天津工业大学（天津）
上海交通大学（上海）	东北大学（沈阳）
华中科技大学（武汉）	山东大学（济南）
广东工业大学（广州）	东北师范大学（长春）
南京财经大学（南京）	辽宁大学（沈阳）

（资料来源：CUBS官方网站）

由表5-7可知，CUBS的球队大多集中于大城市，覆盖率较窄。由于覆盖率的问题，部分俱乐部二线队员无法参加CUBS联赛，为球员的交流造成障碍。比如，山西中宇俱乐部，由于山西境内没有CUBS高校球队，为了使得俱乐部二线球员能够参加高校联赛，俱乐部没有给大部分二线球员在篮协进行注册，因为一旦注册就意味着成为专业球员而不能参加CUBA了。同时，俱乐部又要参加篮协组织的俱乐部青年联赛，而没有注册的球员便不能参赛。这样一方面，俱乐部的竞赛成绩自然低下，另一方面，多数运动员又失去了高水平的联赛锻炼。

针对俱乐部和高校高水平运动队的双向交流，政府应该采取有效措施，改变目前的交流阻滞。其一，应该鼓励和协助CBA俱乐部所在省市有条件高校建队参加CUBS，这样一方面拓宽篮球人才培养口径，扩大高校联赛影响力。另一方面，为所在省市的CBA俱乐部二线球员的出路提供便利选择路径。其二，建立试训机制和下放机制。NBA联盟为了发现和锻炼球员，采用试训和下放锻炼的方法。具体到我国竞技篮球人才培养情况，一方面定期选拔CUBA和CUBS联赛中佼佼者进入有关俱乐部进行试训，在更好教练员、物质保障等优势条件下，进一步发掘运动员的潜能，避免人才浪费。因为目前高校联赛球队普遍缺乏高水平教练员。另一方面，对于俱乐部二线球员可以定期下放到高校联盟参加联赛，对于球队人数限制可以适当放宽。再根据球员的表现重新吸收或永久下放高校，同时吸收其他优秀球员进入俱乐部，从而实现二者动态交流。

4. 政府建立完善人才库工程

通过政府行为，建立覆盖全国范围、涵盖不同层面运动员的发掘、培养、交流等动态、系统的人才库工程。对于进入人才库的不同年龄、不同等级的运动员，尽管建立人才库工程是一项繁杂而巨大的工程，但是一旦工程竣工便会产生持久效益。一方面，政府可以随时了解和掌控全国范围内不同等级运动员的成长或退出情况，最大程度上增加人才培养的规模和效益。另一方面，对于不同层面的运动员交流转会，政府应该做到一清二楚，有效调节。避免目前人才交流的哄抢和恶性竞争，从而给实力和竞争力较低的俱乐部造成难觅人才的困境，同时品牌影响力大、竞技实力强的俱乐部人才过多，竞争激烈，从而造成人才浪费。

5. 建立篮球人才培养专项基金

人才培养是一项系统而耗时、费力、耗财的长期工程。目前，各种不同类型的篮球人才培养方式面临的一个共同困境和不足就是经费难以保障。职业篮球俱乐部也普遍存在后备人才培养经费紧张的困境，对于学校系统和传统的体育系统更为艰难。针对目前我国竞技篮球后备人才培养经费严重不足的困境，政府可以委派篮协着手建立专项基金。基金的筹集方式可以多渠道、多路径。一方面篮协可以参照国家对于教育投资的模式，即按照GDP的一定比例配额发展教育事业。篮协按照联赛的赛季收入，按比例配额进入人才培养专项基金。另外，可以组织一些商业比赛筹资。对于筹集的资金，一方面直接定期定额资助进入人才库的运动员，另一方面对于不同培养主体给予一定的奖励。至于奖励额度，可以根据输送的运动员级别进行细化。

第三节　加强职能部门的监督职能

“职业体育俱乐部作为体育产业的重要组成部分，使体育竞赛表演、服务及其相关产品进入生产、交换、消费领域，是为了满足人民群众日益增长的体育需求。”[①] 职业篮球俱乐部是职业篮球的组织之一或是主要的组织形式，但并非唯一的职业篮球组织形式。职业篮球俱乐部制度的推行，是我国竞技篮球体制改革的重大举措，是在社会主义市场经济条件下解决我国竞技篮球发展所遇矛盾和困难的探索尝试，为我国篮球改革发展，为竞技篮球社会化、产业化、市场化提供了借鉴，产生了积极地推动作用。但是不可否认，相比较西方百年职业体育俱乐

① 张林，徐昌豹．现代职业体育俱乐部的本质与特征［J］．上海体育学院学报，2001，25（3）：1－6.

部的发展历程，我国职业篮球俱乐部还处于起步发展阶段，内外环境的种种因素造成了目前CBA联赛职业篮球俱乐部还不能完全独立支撑联赛的平稳发展。相反，俱乐部的发展目前还离不开篮协的有效监督管理。与此同时，篮协作为政府的职能部门，它的职能行使是在体育总局的赋权和监督下开展的。而在实际过程中，尤其是在我国竞技体育职业化进程中，各个项目中心的职业化改革中，总局的监督基本处于不到位或“缺失”的状态，中国足球一系列问题集中爆发的教训，佐证了缺乏有效监管的结果。

一、国家体育总局对中国篮球协会的有效监督

1952年11月，“中央人民政府体育运动委员会”简称“中央体委”正式成立。在1954年的全国人大一次会议上，中央体位被正式改组为“国家体育运动委员会”，简称“国家体委”。国家体委是隶属于国务院直属的管理体育工作的最高行政机关。它的主要目标和任务就是迅速提高我国运动技术水平，积极参与国际竞争，奥运争光。国家体委的建立意味着中国体育从此进入了一个具有鲜明主题的竞技大道。它给中国体育带来的绝不仅仅是一个体育管理机构，更是我国体育质变并不断发展壮大、兴旺发达的开始。1998年3月24日，国家体委正式改组为国家体育总局。尽管名称有所变化，但是作为国家管理体育的最高行政机关，它的职责和使命一如既往，即提高运动成绩，为国争光。

1997年国家体育总局篮球运动管理中心正式成立，这是中国篮协顺应管理体制改革，将行政职能转变为事业性领导[①]。尽管名称有所改变，但是行政性质没有实质上改变。在1997年《国家体委运动项目管理中心工作规范暂行规定》明确规定：中心必须接受国家体委领导，全面贯彻执行国家体委的方针、政策和工作部署；中心制定的规章、制度不得与国家体委的政策、法规相抵触；中心接受国家体委各职能部门的指导、监督和检查；国家体委机关各厅、司、局、委应当做好为中心服务的本职工作等[②]。

1995年，中国篮协在借鉴国外职业篮球和国内足球职业化发展经验的基础上，积极探索中国篮球的职业化改革探索。客观说，我国竞技篮球职业化是在内外环境的促使下，篮协自身主动探索的结果，而作为篮协的主管部门，总局本身也没有发展职业足球的经验和模式。同时由于竞技成绩第一的理念、高度计划和

① 孙民治．篮球运动高级教程［M］．北京：人民体育出版社，2000：508－509.

② 国家体委．国家体委运动项目管理中心工作规范暂行规定，1997年11月24日．

行政手段的管理模式局限。总局自身并没有发展职业体育的原动力，对于足球、篮球等项目职业化探索改革，作为监督管理部门，总局也没有明晰的发展理念和科学的发展规划。后来，我国足球发展出现的一系列问题表明，我国相关项目职业化改革基本上处于自我发展、自我摸索的状态。因此，结合我国篮球职业化发展困境，体育总局应该加强和优化对篮协的监督管理职能，根据解决发展困境的需要，目前应该着重加强和优化以下方面的监督。

（一）改变“成绩唯一”的监督标准

国家体育总局的任务和使命决定了提高竞技成绩是其首要的动机。而篮球管理中心（实际上就是篮协）作为总局的下属职能部门，总局的任务是通过项目管理中心具体操作和实践完成的。因此，总局的使命和任务通过行政上隶属关系下放到项目管理中心。而竞技成绩也就成为总局考核项目中心和其领导人的重要，甚至是唯一的硬指标。2002年釜山亚运会中国男篮惜败，2008年北京奥运会刘翔的退赛，二者表面上没有任何关联，但是随后管理中心主任的调离却是相同的结果。可见，竞技成绩始终是摆在项目管理中心领导人面前的巨大压力。但是，考虑到我国不同项目的竞技水平和群众基础的较大差异，同时在篮球职业化发展环境下，总局传统的“唯成绩”监督重点和考核标准在客观上缺乏科学性，在本质上有悖于科学发展观的本质要求。理性而务实的做法应该是合理审视竞技水平，重点放在普及篮球运动，扩大后备人才的广度和深度。

1. 理性审视我国竞技篮球现有水平

对于我国竞技篮球的竞技水平，理论工作者和广大球迷存在着认识的不同。在众多的理论研究中，中国篮球尤其是竞技篮球存在的问题是占主导地位的，而对于优势和潜能较少提及和论述。广大球迷由于爱国主义情感的缘故，一直对中国篮球尤其是中国男篮寄予了过高期待，尤其是北京奥运会更是达到峰值。但是，竞技体育的竞争是公平的也是残酷的，中国男篮尽管拥有被誉为“有史以来最强阵容”，但还是未能创造历史。可见，对于我国竞技篮球竞技水平应该理性审视。一方面，现代竞技篮球高端资源集中在欧美篮球强国手中，尤其是运动员和教练员以及裁判员。我们在缓慢进步，同时别人也在进步，因此赶超欧美竞技篮球强国是不切实际的理想主义。另一方面，我国竞技篮球自身发展遇到了一系列新问题，尤其在职业篮球和竞技篮球交错发展初期，各种新问题和新矛盾不断涌现。突出表现为竞技成绩未有突破，甚至有下滑趋势，同时职业化发展进程缓慢而充满反复周折。客观而言，我国篮球和足球竞技成绩始终不能赶超世界强国的缘由是多方面的，除了管理体制和发展手段局限外，体质也是重要的因素之一，正如美国乒乓球不可能挑战中国乒乓球一样，中国篮球不可能达到美国篮球的水准。作为篮协的监督管理部门，体育总局应该理性审视我国竞技篮球现有水平，合理制定成绩要求，不可过高盲目，否则难免造成篮协为了眼前成绩而“杀鸡取卵，揠苗助长”。

2. 不断深入普及篮球运动

1949 年后，随着新中国的成立，篮球运动在中国传播、普及和发展进入了一个新阶段。人民政府积极倡导“发展体育运动，增强人民体质”的健身方针。“篮球运动因其简便易行，富有对抗性、趣味性、健身性和教育性功能，因而得以在各级政府行政主管部门有计划、有组织地推动下，以各种形式在全国各学校、部队及工矿、企业、事业、群众团体中迅速开展起来，成为广大人民群众喜闻乐见的体育项目”①。20 世纪 90 年代以来，随着 NBA 和 CBA 联赛的传播，在客观上有力地促进了篮球运动在中国进一步普及。

在本质上，篮球是游戏，在属性上，篮球是文化。篮球文化是人类社会大文化的一个下位概念②。关于文化的界定，古今中外有着不同的表述和诠释，但是关于文化的实质，人们的认识已经达成一致，文化是由物质文化、规范文化或制度文化、精神文化三大层面构成的。具体到篮球文化，最为基础的是物质文化，是指人在从事篮球运动时所需依赖的物质条件，包括场地、运动器材、运动服装、科研设备及运动技术。费老（费孝通先生）认为文化是“人为”的，也是“为人”的③。可见，篮球文化传播普及的根基，在于不断满足民众的物质文化需求。近年来，随着我国社会经济的快速发展，以及全民健身工程的开展，体育场地设施有了长足进步。但是，我国城乡差距有继续扩大趋势。在广大农村尤其是边远贫困地区，体育场地设施还处于真空或缺失状态，即使是中小学也存在严重不足，篮球场地设施由于相对代价较高尤为不足。而中小学生是祖国的未来，在中小学时期养成的运动习惯，将影响其一生的健康意识和锻炼习惯。因此，总局应该在加大篮球基础设施建设、普及篮球运动方面，加强对篮协的督促管理。

---

① 孙民治．篮球运动高级教程［M］．北京：人民体育出版社，2000：24—25.

② 孙民治，杨伯镛．关于我国篮球文化的一些思考［J］．上海体育学院学报，2006，30（2）：30—34.

③ 费孝通．论文化与文化自觉［M］．北京：群言出版社，2005：226—227.

（二）科学制定我国篮球运动发展规划

规划是发展的蓝图、调控的框架、施工的依据[①]。为了顺利推进事业的发展，规划的制定必须科学合理，否则发展力度越大，偏离正常轨道就越远。上至国家，下至各个部门都会制定符合实际的发展规划。篮协作为我国管理和引领我国篮球运动发展的职能部门，制定科学合理的发展规划必不可少。而在实践中，篮协一直缺乏明确、科学、具有系统性和连贯性的发展规划。纵观我国篮球发展历程，尤其是职业化改革以来，篮协缺乏发展规划是不争事实，因而在职业化进程中多次出现反复性、动荡性，尤其是领导人的调整会带来发展理念和方向的较大变更。缺乏科学合理的发展规划，也是造成我国竞技篮球职业化发展的困境原因之一。为了我国篮球运动健康发展，尤其是在竞技篮球和职业篮球交错发展初期，总局指导督促篮协制定发展规划显得尤为重要。在制定规划时必须遵循以下原则：

1. 明确指导思想

总局在督促和检查篮协制定发展规划时，必须明确指导思想，坚持用科学发展观统领规划制定的全过程。在规划的制定中，必须深刻领会科学发展观的基本内涵和精神实质，切实增强贯彻和落实科学发展观的坚定性和自觉性。

2. 建立健全规划体系

总局在监督篮协制定规划之前，必须根据国家发展规划制定自身的发展规划，并确保自身规划必须服从和衔接国家规划。而篮协规划制定必须服从和衔接总局的发展规划。同时，在篮协制定的发展规划中，竞技篮球发展规划、竞技篮球职业化发展规划以及群众篮球发展规划等也需要相互衔接，从而使得各级规划协调一致，形成合力。

3. 完善规划制定的程序和方法

规划的制定不是理论推理，也不是领导人的思想火花，规划制定是一个科学而严谨的过程，必须建立社会参与、专家研究、科学论证等配套制度。具体到我国篮球发展规划，必须广泛争取社会各界、不同形态篮球领域、不同篮球投资人的意见和建议，做到集思广益，使得规划能够代表最广大人民群众的利益。

① 李忠杰．提高规划制定的科学化水平［J］．人民论坛，2006，3：1.

二、中国篮球协会对俱乐部的有效监督

在我国竞技篮球职业化进程中，篮协作为政府的行政机构（尽管它不属于国家机构的组成部分，也不受国家机关组织法的规范与调整）直接主导了改革的进度和力度。实际上，中国篮球协会在对我国职业篮球（包括中国篮球运动整体发展）进行管理时，所使用的权力既有通过国家法律赋予的，也有联赛参与成员通过契约认可获得。

（一）中国篮球协会对俱乐部有效监督的权利来源

1. 法律上赋予

依据《中华人民共和国体育法》第 29 条、第 31 条、第 40 条分别规定："全国性的单项体育协会对本项目的运动员实行注册管理""全国性单项体育竞赛由该项运动的全国性协会负责管理""全国性单项体育协会管理该项运动的普及与提高工作""代表中国参加相应的国际单项体育组织"①。显而易见，国家从法律层面已经授权中国篮球协会对篮球运动（包括篮球职业化改革）进行行业管理，"篮协具有了国家篮球体育竞技行政管理职能"②。

2. 参与主体的认可（或者说利益妥协和博弈的结果）

职业篮球俱乐部作为职业篮球市场的最为重要的组织形式，它的主要动机就是获取利润回报。因为，职业俱乐部运作需要巨大的资本投入，而逐利是资本的天性。具体到我国竞技篮球职业化进程中的职业篮球俱乐部来说，尽管追求利润是社会资本投资职业篮球的直接动机，但是客观而言，我国政府主导型职业篮球改革模式或阶段，决定了目前我国职业篮球俱乐部实现自身利润需要遵守篮协的监督管理。尽管篮协制定的管理条例或者说行业规定，对于俱乐部自身利益最大化设置了一些障碍，但是为了长期发展需求，俱乐部在加盟联赛的时候必须接受篮协的监督协议（表 5-8）。

---

① 中华人民共和国体育法．中华人民共和国常用法律大全［M］．北京：法律出版社，2004，767.

② 毕仲春．我国职业篮球市场组织与行为法律规范的研究［D］．北京体育大学，2006：33－34.

表 5-8　对 CBA 俱乐部总经理关于篮协监管的态度调查（注：调查样本为 17 家）

非常赞同	赞同	不好评价	不赞同	很不赞同
2	10	4	1	

（资料来源：调查问卷整理）

由表 5-8 可知，对于篮协的有效监管，持“非常赞同和赞同”态度的俱乐部数量为 12 家，占 17 家调查对象的 70.5%；持“不好评价”态度的 4 家，占 17 家调查对象的 23.5%；而持“不赞同”态度的仅有 1 家，占据调查对象的 6%。可见，尽管俱乐部投资者对于篮协的管理方式“颇有微词”，但是鉴于目前的国情和联赛管理体制，对于篮协的监管方式已经达成共识或默许。

（二）中国篮球协会对俱乐部监督的动因

“职业体育俱乐部的分散决策、独立的财产权，使得它们行为的首要出发点是为了追求和实现自身利益的最大化，这就不可避免地与整个社会之间产生利益矛盾。因此，政府为了社会公众利益，有必要对职业体育俱乐部实施一定程度的管理与约束。”① 由于职业体育运行的社会环境差异较大，加之联赛的不同发展水平，因此，政府对于俱乐部的宏观管理的方式方法不尽相同。在西方职业体育发达的国家，政府对于俱乐部的管理相对宽松，主要通过立法、司法和职业体育政策对职业体育俱乐部进行宏观调控。

职业篮球俱乐部是职业篮球的组织之一或是主要的组织形式，但并非唯一的职业篮球组织形式。职业篮球俱乐部制度的推行，是我国竞技篮球体制改革的重大举措，是在社会主义市场经济条件下，解决我国竞技篮球发展所遇矛盾和困难的探索尝试，为我国篮球改革发展，为竞技篮球社会化、产业化、市场化提供了借鉴，产生了积极的推动作用。我国第一个篮球俱乐部是广东东莞宏远篮球俱乐部，它于 1993 年 12 月 28 日由中国篮球协会正式批准成立。相比较 NBA 职业篮球俱乐部六十多年的发展历史，我国职业篮球俱乐部还处于初级发展阶段。同时由于国情和体育管理体制的限制，造成了我国职业篮球俱乐部多种所有制并存的发展模式。应该说，这种多种所有制形式并存的格局在我国竞技篮球职业化进程中起到了积极引导作用。对于吸收社会各种资本投资职业篮球起到了重要的激励作用。但是不可否认的是，由于多种所有制形式并存加之俱乐部发展处于初级阶

① 张林．职业体育俱乐部运行机制研究［M］．北京：人民体育出版社，2001，12.

段，政府有必要对职业篮球俱乐部进行有效监管，当然也加大了监督管理的难度和复杂性。

1. 中国篮球协会的职能体现

我国竞技篮球职业化的发展动机和发展方式，和西方职业篮球有着较大区别。相对于西方职业体育单纯的商业运作模式，利润是第一位的。政府和篮协开展职业化改革的目的不是简单地为了商业利润，而是寻求一种新的发展方式，这种发展方式是为了实现管理体制和运行机制的突破。而必须强调的是，不管是何种发展方式和运行机制，在目前和今后相当一段长的时间内，政府和篮协的最终目标和最高使命就是提高竞技水平，提高比赛成绩，实现为国争光。政府和篮协的工作职责决定了我国职业篮球管理者和决策者必须提高成绩，宏观上为了完成使命，微观上为了保证政绩。因此就不难理解在 CBA 联赛进程中存在的一些有悖于职业体育发展要求的现象。当然，在我国职业篮球发展初级阶段中出现和存在的一些问题是正常的，政府需要做的不是管还是不管的问题，而是如何进一步完善管理职能，提升管理效益的问题。

2. 解决 CBA 俱乐部存在问题的客观需要

我国职业篮球俱乐部作为职业篮球的主要组织形式，作为联赛的两大主体，职业篮球俱乐部和篮协，通过联赛平台而把两者的利益捆绑在一起，见图 5-6 所示。

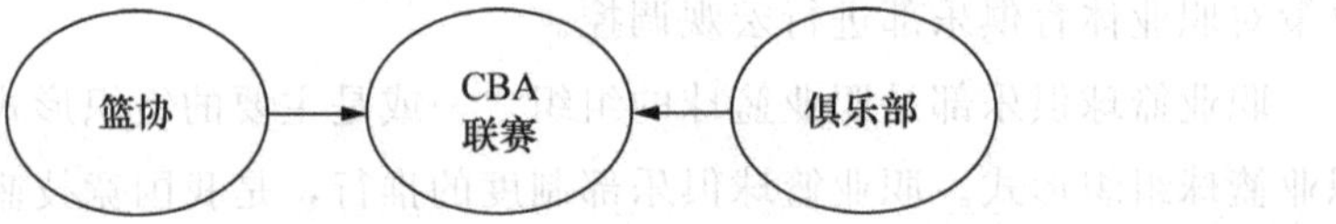

图 5-6 CBA 联赛主体示意图

职业篮球俱乐部作为 CBA 联赛主体之一，同联赛的发展历程一样不可避免地存在一些困难和问题。通过问卷调查和访谈得知，目前 CBA 联赛俱乐部整体上存在诸多方面的问题。当然这些问题有些是客观环境使然，有些是俱乐部自身造成。为了研究需要，笔者把俱乐部存在的问题分为客观问题和主观问题，见表 5-9 所示。

表 5-9 目前 CBA 联赛俱乐部存在的主、客观问题

客观问题	主观问题
社会制度环境制约	内部制度不完善
职业化管理体制约束	激励、约束机制不完善
市场主体地位未确立	职业精神、职业意识较低

续表

客观问题	主观问题
俱乐部融资困难	篮球后备人才培养滞后
缺乏优秀篮球人才	

（资料来源：调查问卷整理得出）

由表5-9可知，我国职业篮球俱乐部在发展进程中，存在的问题是多方面因素造成的，对于客观问题只能通过社会的整体发展，以及政府和篮协通过管理体制创新加以解决或改善。而对于俱乐部主观因素（或自身、个体因素）造成的问题，政府和篮协的有效监督管理就显得十分重要。因为就客观而言，目前大多数俱乐部进行职业投资还表现出较大的短视行为，甚至不排除商业投机行为。而职业体育俱乐部自身建设是一项系统工程，国外成熟俱乐部的发展都经历了长期而逐步完善的过程。具体到我国职业篮球发展实践，俱乐部的所有制构成形式以及投资动机和发展理念存在较大差异。如果俱乐部未能把职业篮球作为一项产业投资、经营的话，那么俱乐部自身很难自觉而自愿地进行自身建设、克服自身问题。客观而言，目前真正把职业篮球作为一项产业经营的俱乐部凤毛麟角。

基于篮协的管理职能，以及目前俱乐部存在的自身无法自觉或自愿解决问题的现实。篮协对于俱乐部应该进行有效监督管理，对于促进俱乐部自身问题的有效解决具有重要的现实意义。

（三）当前中国篮球协会对俱乐部监督的主要内容

鉴于俱乐部自身问题实际，以及为了联赛的更好发展，篮协应该对俱乐部存在的主观问题以及主要活动进行有效监督。

1. 对后备人才培养的监督

现代竞技体育的竞争日趋激烈，科技因素、经济实力也已成为重要的影响因素，甚至有些学者把现代竞技体育的激烈竞争归结于世界各国综合国力的比拼。但是不可否认的是，不管外在因素如何变迁，运动员作为竞技体育运动竞赛的主要载体，优秀运动员的数量和质量直接决定一个项目或一个国家竞技体育的发展速度和发展水平。世界竞技篮球强国的发展经验生动表明，优秀篮球后备人才的充足是最为重要的保证。美国篮球的长盛不衰，西班牙篮球的异军突起就是有力证明。而我国竞技篮球水平一直没有更大突破，尽管其中原因是多方面的，但是优秀篮球后备人才的匮乏是最为主要的原因。

竞技体育后备人才的培养是一项投资大、周期长、见效慢的系统工程。随着我国竞技篮球实施职业化改革以后，我国篮球后备人才培养的方式和模式发生了较大的变化，呈现出多样性、多元化特征。其中，职业化培养模式已经成为最为重要的培养模式或人才流动终端。篮协也对俱乐部自身进行的后备人才培养做了严格规定。在《2008—2009 赛季中国男子篮球职业联赛俱乐部准入实施方案》第二十二条规定：俱乐部必须拥有或协议拥有一支不少于 12 名球员并在中国篮协注册的二线队伍。（“协议拥有”包含以下两种情况：俱乐部与大学合办、俱乐部与体育局合办）。二线队伍的年度经费不低于 70 万元人民币，二线队主教练的工资水平不得低于一线队伍助理教练的 65％。

随着篮协对俱乐部后备人力培养工作的重视程度不断加强，加之俱乐部自身人才理念的不断增强，尤其是宏远人才培养效应的巨大影响，在一定程度上使得 CBA 俱乐部在后备人才培养方面的投入逐步增加。同时，在启用二线队伍新人的力度也在加大。以 CBA2009—2010 赛季为例，参赛球队 17 支（云南红河暂停一个赛季），在 235 名注册球员中，第一次参加 CBA 联赛的新注册球员有 34 人。同时 CBA 联赛参赛球员的年龄也呈现出年轻化，在 235 名参赛球员中，平均年龄 22.9 岁，其中小于 25 岁有 175 人，占 75％；小于 20 岁有 95 人，占 40.4％。2009—2010 赛季中国男子篮球职业联赛的主题口号定为“蓄力”，可见篮协已经深刻地意识到年轻球员的数量和质量不仅是联赛的基石，也决定着中国篮球的未来发展。

（1）目前 CBA 联赛俱乐部后备人才培养总体状况

竞技体育职业化是迄今为止我国竞技体育发展历程中，一次最为深刻的改革探索。从管理体制、运行机制、发展理念等方面都发生了巨大的变化或调整。我国竞技篮球职业化改革探索也是如此。随着职业化改革的实施，篮球人才培养方式和渠道也发生了较大变化。其中以俱乐部为培养主体的职业化培养模式，已经成为我国竞技篮球人才培养的主要渠道。但是由于 CBA 联赛各个俱乐部所有制构成形式和自身发展水平的差异，在篮球人才培养方面表现出不同的培养方式，从而呈现出不同的培养效益。

①八一富邦俱乐部

目前在 CBA 联赛的 18 家俱乐部（包括云南红河）的所有制构成形式中，“国有”色彩最重的要数八一男篮了。国有不仅体现在球员和教练都是部队编制，而且不允许有外援参加。在此意义上，八一富邦火箭俱乐部是特殊的俱乐部类型。在中国篮球发展历史上，八一男篮不容置疑地统治着一个时代、代表着一个符号。不管在全运会还是在 CBA 职业联赛中，八一男篮均取得了令人惊叹的辉煌成就，见表 5-10、表 5-11 所示。

表 5-10 历届全运会男篮比赛前三名球队

届：时间	举办地	冠军	亚军	季军	届：时间	举办地	冠军	亚军	季军
1：1959	北京	四川	北京	八一	8：1997	上海	八一	辽宁	广东
2：1965	北京	北京	四川	江苏	9：2001	广州	八一	上海	江苏
3：1975	北京	八一	北京	辽宁	10：2005	南京	八一	广东	江苏
4：1979	北京	八一	湖北	广东	11：2009	济南	广东	山东	八一
5：1983	上海	北京	八一	江苏	12：2013	沈阳	广东	辽宁	山东
6：1987	广州	八一	辽宁	吉林	13：2017	天津	辽宁	新疆	广东
7：1993	北京	八一	辽宁	江苏					

（资料来源：根据《篮球》杂志整理得出）

表 5-11 八一俱乐部在历届 CBA 联赛中的联赛排名

赛季	名次	赛季	名次
1995—1996	冠军	2006—2007	冠军
1996—1997	冠军	2007—2008	第 6 名
1997—1998	冠军	2008—2009	第 11 名
1998—1999	冠军	2009—2010	第 8 名
1999—2000	冠军	2010—2011	第 15 名
2000—2001	冠军	2011—2012	第 18 名
2001—2002	亚军	2012—2013	第 15 名
2002—2003	冠军	2013—2014	第 13 名
2003—2004	亚军	2014—2015	第 19 名
2004—2005	季军	2015—2016	第 19 名
2005—2006	第 7 名	2016—2017	第 20 名

（资料来源：中国篮球协会官方网站）

由表 5-10 可知，在新中国迄今为止 13 届全运会上，八一男篮取得了 7 次冠军。由表 5-11 可知，在过去的 22 届 CBA 联赛中，八一男子篮球俱乐部获得了 8 次联赛总冠军。八一男篮不仅造就了辉煌的成就，而且也铸造了“八一男篮的拼搏精神”。但是，走下领奖台就意味着重新开始——冠军只意味着过去；篮球场上靠实力说话——精神不能决定一切。对于八一男篮目前的境况，这两句体育界名言就是真实的写照。

八一男篮的成功要素固然很多，但是最为主要的两点就是人才、精神（或态度）。在职业化改革之前，在传统的竞技篮球人才培养模式中，八一男篮（包括女篮）无疑是最大的受益者。首先，部队具有极大的吸引力，尤其是成为部队篮球队员等于拥有了铁饭碗。所以在很长一段历史时期内，部队篮球是全国篮球后备人才的首选之地，部队掌握着全国篮球人才最优秀的资源。其次，即使其他单位或系统拥有了出色的篮球人才，部队系统由于具有特殊的行政权利，可以较为容易地挖掘过来。拥有了充沛而高水平的人才资源，因此也造就了多支参加 CBA 联赛的部队篮球俱乐部，如表 5-12 所示。由于八一男篮又是部队系统篮球队的最大平台，加之部队特有的严格训练、敢于牺牲的精神，八一男篮的成功也就在情理之中。

表 5-12　CBA 联赛首赛季参赛俱乐部名单（注：加粗字体为部队系统篮球队）

赛季	球队排名
1995—1996	1. **八一**；2. 广东宏远；3. 北京首钢；4. 辽宁鞍钢；5. 山东；6. 浙江中欣；7. **济南部队**；8. **沈阳部队**；9. **武汉空军**；10. 江苏诚怡；11. **南京部队**；12. **前卫**

（资料来源：根据《篮球》杂志整理得出）

没有绝对的真理，也没有永远的冠军。随着我国社会主义市场经济体制的建立和不断发展，以及 CBA 联赛的不断推进。八一男篮的传统优势已经逐步消失，传统模式培养的优秀人才也逐步老化，目前八一男子篮球俱乐部后备人才培养工作已经落后于其他俱乐部的发展。究其原因，首先，八一男篮拥有着巨大的荣誉，但是荣誉也就意味着巨大的压力。这种压力就是极力确保成绩，因此在联赛的进程中，八一男篮为了顾及成绩而过多地依赖于老队员，从而忽视了年轻队员的比赛历练。其次，随着职业篮球理念的不断提升或者说经济效益的不断强化，个人收入或发展空间已成为篮球后备人才选择的主要标准。相比较与民营俱乐部的资金充裕，八一男篮已经没有丝毫的优势可言。另外，特殊的管理体制也是制约八一男篮后备人才培养困难的原因之一。

②与体育局合办的俱乐部

企业与体育局合办俱乐部，是我国特殊国情下开展职业化改革探索的特殊产物。尽管它有着自身的弊端和不足，比如产权不清，责权不明。但是在一定时期内，在后备人才培养方面，此类俱乐部具有明显的优势。

第一，作为政府主管体育的行政职能部门，体育局具有长期人才培养的优势。这种优势体现在多方面。首先，经验优势。在长期的竞技篮球人才培养的过程中，尽管成才率较低，但是积累了丰富的培养经验。其次，场地设施。在长期的人才培养过程中，在国家和政府的投入下，体育局拥有了较为先进的人才培养必须的场地设施等硬件条件。再次，行政资源优势。由于体育局具有本省或本市区域内的体育行政管理权限，对于本区内的篮球后备人才可以实施一定程度的“地方保护主义”，从而为其他俱乐部在人才挖掘方面设置了较大障碍。

第二，有效地减轻了俱乐部人才培养的压力。在西方成熟的职业篮球联赛中，俱乐部作为联赛的主要组织形式，它的动机和使命就是提升比赛名次或精彩度，从而获得更多的曝光率，继而获得更多的商业回报。因此，联赛本身属于纯商业行为，而俱乐部也没有后备人才培养的任务和使命。在我国竞技篮球职业化的发展初级阶段，加之我国整体篮球人才资源短缺的境况下，俱乐部便肩负起我国篮球后备人才培养的一份职责和使命。但是不可否认的是，职业篮球俱乐部围绕联赛为中心的正常运作复杂而烦琐，尤其是迫于俱乐部联赛排名的巨大压力，使得俱乐部对于后备人才培养显得力不从心。而把后备人才培养工作交由体育局负责，极大地减轻了俱乐部的负担，从而把精力更多地投入俱乐部一线队伍的训练和比赛。

第三，政府的投入也减轻了俱乐部的资金投入。体育局作为当地政府主管体育的行政部门，它的职责和使命就是培养人才，提升项目的比赛成绩，实现为省（市）争光或为国争光。成立职业篮球俱乐部之后，体育局的职能和职责并未改变，只是发展手段和实现方式发生了调整或变化。因此，在此类俱乐部中，俱乐部后备人才培养经费投入上是政府和俱乐部共同出资。

③民营俱乐部（国内资本）

民营俱乐部是指在所有制构成上与政府或体育局没有任何关联，俱乐部产权明细、责权明确，是真正意义上自负盈亏的俱乐部，在目前我国职业体育环境下，即使是自负盈亏的民营俱乐部也不能实现自主经营。当然，随着联赛的发展，俱乐部的经营权限和空间会不断提升。在俱乐部后备人才培养方面，民营俱乐部同样具有自身的优势和不足。

优势方面，民营俱乐部体制灵活，在人才挖掘、引进方面具有速度快、投入大的优势，从而在同其他俱乐部的人才争夺中占得先机。民营俱乐部一般都是实力雄厚的财团投资，据2008年胡润百富榜统计，涉及CBA联赛7位俱乐部所有者，个人资产从100亿到10亿人民币不等。可见，资金的充裕是民营俱乐部吸收和引进篮球后备人才的巨大优势。

不足方面，尽管民营俱乐部具有资金优势，但是由于发展理念的差异，民营俱乐部人才培养的效益方面表现出巨大的差异性。“宏远模式”已经成为我国篮球人才培养的成功模板，究其原因，人才培养的理念最为重要。宏远俱乐部自始至终都把人才培养放在第一位，现在宏远人才优势的巨大效益正是十几年来的累积。相比较宏远的人才理念，有些民营俱乐部人才培养观念淡薄，它们认为后备人才的培养应该是政府的职责和使命。俱乐部的发展任务就是参加联赛，提升联赛名次，而把后备人才培养职责下压给俱乐部明显是不妥的，甚至是不公平的。同时在部分民营俱乐部追求短期效益的驱使下，后备人才培养工作投入力度不够。另外，为了尽快提升俱乐部联赛成绩，在人才使用上过度地依赖外籍球员，使得国内球员发展空间严重压缩，也使得俱乐部二三线队伍的上升概率减小。

④有外资参与的俱乐部

在 CBA 职业篮球俱乐部准入实施方案中规定：外资不得成为控股股东或独立注册成立 CBA 联赛俱乐部。可见篮协在限制外资控制联赛的基础上，并没有排斥或拒绝外资的进入。2009—2010CBA 新赛季开赛之际，NBA 骑士队股东华裔投资人黄建华正式入股吉林东北虎俱乐部（2009—2010 赛季已冠名为吉林龙润茶）。根据协议，黄建华拥有俱乐部 48%的股份。同时，姚明也在新赛季正式拥有了上海大鲨鱼俱乐部的 5 年经营权。一个是直接入股（也有媒体说黄建华是控股），一个是托管协议，二者的参与方式有较大区别。但是，不管是黄建华还是姚明，他们带来的不仅是资金，也带来了国外先进的管理和理念。同样在人才培养方面也具有自身优势和不足。

优势方面，具有外资成分的俱乐部在人才培养方面具有国际化视野，能够在国际范围内引进所需人才，包括教练员和球员。在 2009 年中国男篮教练员“信任危机”的背景下，聘用外籍主教练成为潮流。在 2009—2010CBA 新赛季，17 家俱乐部共有 6 家俱乐部聘请外籍教练（其中 5 名是主教练）。其中，吉林龙润茶和上海玛吉斯俱乐部还聘用了体能训练师。外籍教练员和体能师带来了先进的训练、比赛方法和理念，对于人才培养的效益起到积极提升作用。

不足方面，外资成分俱乐部由于不可避免地注重商业投资，在聘用高水平外籍球员的情况下，客观上限制了国内球员的锻炼空间。同时，由于后备人才培养在西方职业体育俱乐部是不存在的，因而在发展理念上，以及是否尽力配合和遵循篮协的后备人才培养的规定，这种认识和理念上的差异可能造成此类俱乐部后备人才培养力度不够。

(2) 中国篮球协会对俱乐部人才培养的监督方式

通过以上分析可知，篮协在人才培养的问题上与职业篮球俱乐部存在着分歧，同时 CBA 联赛俱乐部之间也存在着较大差异。职业篮球俱乐部的商业投机性加之人才培养的长期性，决定了部分俱乐部人才培养的随意性和主观性。“为了保障我国竞技篮球以及职业篮球的可持续发展，必须在政府体育职能部门的宏观调控和指导下，解决好调查研究中暴露出的一些问题"①。具体到俱乐部篮球人才的培养，包括一线队伍的训练比赛和二三线后备梯队的训练比赛。实际上，目前我国职业篮球俱乐部理想的人才培养体系应该是一条完整的链接。一线和二线，以及二线和三线等梯队合理配置、有效流动，才能形成良性循环。

①对俱乐部一线球员的培养监督

2009—2010赛季，CBA联赛17支球队共计注册参赛球员235名，新注册的有34人，或者说这34名球员是我国竞技篮球后备队伍中幸运儿和佼佼者。对于绝大多数篮球运动员来说进入国家队机遇较小，进入NBA联赛更是凤毛麟角。据统计，1996年至2008年在中国男篮参加的6次国际顶级大赛中（4届奥运会和2届世锦赛），只有30名中国球员有幸代表国家，实现为国争光的光荣梦想。而进入NBA的中国球员目前也只有5位。由此可见，对于多数国内球员来说，CBA联赛是历练发展的最高平台。而CBA联赛也是我国竞技篮球人才最为重要的锻炼平台，可说是中国国家队的人才库。1996年职业化改革以来，不同时期国家队球员都有CBA联赛背景。由此可见，CBA联赛俱乐部国内球员的培养效果直接决定着我国竞技篮球人才的未来发展和提升空间。

鉴于目前CBA俱乐部国内球员的培养现状，篮协的监管必须合理控制外援的使用时间。外援依赖早已成为CBA联赛发展的"烫手山芋"，或者说"双刃剑"。从联赛吸引观众和赞助商的角度考虑，必须引进高水平的外籍球员。从培养国内球员的战略考量，必须理性、合理地限制外援的上场时间，甚至是使用时间。篮协关于外援的上场时间一直在调整和摸索，而实践表明不管是几人几节次，外援依赖现象依然严重。2009—2010赛季的联赛主题是"蓄力"，意为培养锻炼新人、蓄势待发的赛季。尽管由上赛季的外援放开政策调整为4节6人次（对八一实行4节5人次），尽管外援上场节次由上赛季的8/20调整为到6/20，对比下降了2/20节次。但是，外援的实际使用时间降低不多。以山东队为例，本赛季山东黄金队大刀阔斧换血，本意是给年轻人创造更多发挥空间。可两场比赛下来，虽然都是赢球，却怎么也高兴不起来，得分基本上被两外援包办，本土球员表现寥寥。其中，外援安德鲁·艾米特更是连续两场得到53分。还有些球队，本土球员干脆沦为场上陪跑，蓄力之说更加无从谈起。

②对俱乐部后备梯队建设的监督

由前面分析可知，俱乐部的职业化人才培养模式已经成为我国竞技篮球人才

---

① 于振峰，张振东，张建军等．中国篮球竞技后备人才现状调查与培养对策［J］．体育学刊，2002，(9) 5：123－126.

培养的重要平台。而俱乐部后备梯队建设也已成为我国竞技篮球后备人才培养的重要环节。俱乐部后备人才的数量和培养质量在很大程度上决定着我国竞技篮球的发展潜力。而目前各个俱乐部在后备人才培养方面表现出较大的差异性、随意性和短视行为，因此，政府和篮协需要切实加强监督管理职能。监管内容主要涵盖以下方面：

第一，后备人才合理配置及流动。

目前，我国竞技篮球人才市场存在着流动困难和地方保护主义。一线队员如此，二线队员也存在哄抢或地方保护。究其原因还是在于优秀人才的匮乏。加之俱乐部经济实力差异较大，导致俱乐部在后备人才吸收、引进方面存在严重失衡。在调查中发现，广东宏远虽然拥有巨大的人才储备，但同样也存在着人才浪费的弊端。而其他俱乐部却是“巧妇难为无米之炊”。尤其是经营状况困难的民营俱乐部更是如此。鉴于这种后备人才配置情况，政府和篮协应通过政策导向和行政干预的手段，有效调节有限的后备人才资源的合理流动和配置。

第二，经费投入。

竞技篮球后备人才培养是一项耗时费钱的工程，俱乐部的开支本来就千头万绪，赤字运营已经成为当前 CBA 俱乐部的普遍现象。经费问题已成为俱乐部后备人才培养的重要制约因素。当然，既有客观上的资金紧张问题，也有俱乐部发展理念的问题。因此，政府和篮协应该着重监管俱乐部后备人才培养经费的完全、及时到位，同时在篮协返还俱乐部联赛经费中，设立后备人才培养专用账户，做到专款专用。同时，当地体育局应提高培养经费的投入标准。因为培养后备人才是各级体育局的职责和使命，体育局投资俱乐部后备人才培养实际上是履行职责。

第三，教练员的激励考核机制。

在较长时间内，俱乐部二三线队伍教练员的工资收入普遍较低，教练员的积极性受挫。因而在实际工作中缺乏激励考核机制，尤其是大多俱乐部二线队伍是与体育局合办。因此这些教练员是体工队的职工，或者说铁饭碗，干得好坏都一样。因此，篮协制定俱乐部二三线教练员绩效考核标准非常重要，有压力才有动力，才能保证训练质量的提高。比如制定教练员的奖金直接与上升一线队运动员的人数以及俱乐部青年联赛的比赛名次直接挂钩。

第四，对后备队伍的培养工作进行动态检查。

由于俱乐部自身实际千差万别，同样在后备人才培养方面也不尽相同。国外高水平的职业篮球运动员的竞技状态表明，系统而严格直至近乎残酷的训练质量是根本保证。对于可塑性极大的后备人才来说更是如此，因此俱乐部后备人才培养的质量是篮协监督的重点环节。篮协可以利用检查各个赛区联赛工作的间隙，随时检查督导俱乐部后备人才培养工作。对于存在问题及时通报，快速解决。对于后备人才培养工作优秀的俱乐部给予物质奖励，并定期组织其他俱乐部参观学习，交流经验。

第五，进一步提升俱乐部青年联赛的地位。

俱乐部青年联赛作为各支俱乐部后备人才比赛交流的平台，比赛的名次很大程度上代表着俱乐部的发展潜力。而目前的俱乐部青年联赛更多地是形式大于内容，未能真正起到激励俱乐部培养人才的功效。目前的联赛排名没有与俱乐部的绩效直接挂钩，俱乐部有时考虑运动员的出路没有派出全部主力参赛，因为一旦参加俱乐部青年联赛，篮协注册球员就不能参加CUBA。篮协可以设立青年联赛的奖励基金，同时俱乐部的联赛获益配额也参照青年联赛的比赛成绩。

2. 对俱乐部内部制度建设的监督

在职业篮球市场中，俱乐部通过联赛中介与协会或联盟进行利益捆绑。在目前我国职业篮球发展的初级阶段，俱乐部作为市场主体形式之一，和我国职业篮球发展进程一样，我国职业篮球俱乐部还处于初级发展阶段，自身难免存在一些问题和不足。这些问题的存在和产生既有外在社会环境、管理体制的制约，也有俱乐部自身建设的滞后造成，尤其是俱乐部制度化建设的不完善造成。因此，为了确保我国职业篮球俱乐部的规范运作，平稳发展，完善运行机制，必须建立科学完善的俱乐部管理制度。而政府和篮协的有效监督管理对于俱乐部自身制度化建设具有重要的引导和规范作用。基于目前联赛发展实际以及俱乐部制度建设存在的问题，篮协应该加强对俱乐部以下方面的制度建设进行监管。

（1）俱乐部的组织制度

对于俱乐部内部组织建设一直受到篮协的高度重视，在俱乐部准入标准实施方案中就明确规定：中国男子篮球俱乐部必须是企业法人，俱乐部股份有限公司应依法建立股东大会、董事会、监事会；俱乐部有限责任公司应依法建立股东会、董事会、监事会，并依照公司法明确责任，俱乐部总经理由董事会聘任，明确责任，履行职能，对董事会负责。俱乐部应形成股东大会或股东会、董事会民主决策，董事会、总经理规范执行，监事会有效执行的法人治理结构。但是在实际运行中，“一些俱乐部的董事会、监事会形同虚设，没有必要的机构设置和专职工作人员；董事会、经理人员职责不清，董事会没有正常行驶俱乐部权利机构的职能，俱乐部行政部门的行政会议代替董事会或企业包揽、决定一切，俱乐部董事长、总经理的权利过于集中，对其缺乏必要而有效的监督，使得短视行为时常发生”①。

（2）工资分配制度

回顾 NBA 职业篮球的发展历程，商业元素和资本要素始终主导和推动着职业篮球的发展，尽管 NBA 大牌球星风光无限，名利双收。但是真正的主角和操盘手是幕后的球队老板。NBA 是一个纯商业活动，包括亿万球迷崇拜偶像的超级球星也是商品。当然，由于国情不同，体制迥异，目前 CBA 和 NBA 还有巨大差别，包括球员的工资收入水平。但是对于职业球员或准职业球员来说，通过职业篮球比赛获取经济回报或者实现自身利益最大化的动机是基本相同的，不同的是 CBA 联赛球员在博取经济利益的同时，还肩负着为国争光的使命。

在职业化改革以前，我国篮球运动员的工资收入是微薄的，即使像刘炜这样的上海队队长，在上海体育职业技术学院目前的工资也只有 2000 左右。但是，随着 CBA 联赛的推进与发展，随着球市的形成以及赞助商的广泛参与，CBA 球员的工资收入提升很快。目前的实际境况不是球员的工资太低而是俱乐部的工资开支太高，从而为俱乐部的资金运转造成紧张，以至赤字运行。为了规范俱乐部的规范管理，控制成本支出，降低经营风险，保障俱乐部、球员、教练员的合法利益，中国篮协在 2009—2010 赛季制定了职业篮球俱乐部球员、俱乐部工资管理办法（试行）。其中，俱乐部的工资总额不能超过上赛季俱乐部年度收入的 55%，现役国家队球员和教练员工资上限不能超过 100 万人民币（下同），有国家集训队或二队经历的球员和教练员工资上限不能超过 80 万，其他国内球员和教练员工资上限不能超过 50 万。有 NBA 经历的球员或教练员不受工资上限规定，但是俱乐部总额不能超过收入的 55%。对于外籍球员工资额度限制是外援月工资总额不得超过 6 万美元，或 8 万美元（包含亚洲籍外援）。

应该说篮协的限薪制度在一定程度上有助于俱乐部缓解工资支出，降低经营风险。但是在实际运行中，篮协还是缺乏有效的直接监控。另外，篮协限薪的细则尚不明晰。只是对于工资额度做了标准，而对于薪金的标准未做硬性规定。薪金包括比赛奖金、出场费、津贴、补贴。由于制度标准上的漏洞给了俱乐部灵活操作的空间。俱乐部根据自身发展的实际，在实际的工资分配上一直属于俱乐部的商业机密，到底外援、外教或国内球员和教练的工资收入有多少，各个俱乐部都是三缄其口，尤其是外援的工资一直是高度的商业机密。针对俱乐部的工资制度现状，篮协不仅要制定限薪制度，更要对俱乐部的实际工资发放进行介入调

① 熊晓正，夏思永，唐炎等．我国竞技体育发展模式的研究［M］．北京：人民体育出版社，2008：94—95.

查，重点检查俱乐部的财务制度。

（3）财务会计制度

财务管理是企业管理的核心。完善的财务管理制度及有效的运行机制，不仅有利于保护企业资产安全完整，保证会计资料真实可靠，而且对提高企业资产利用率、促进企业正确决策、最终提升企业资金利用率有着关键性的作用和意义。[①] 在西方职业体育环境下，职业体育俱乐部就是企业化管理。但在目前我国职业篮球市场发展阶段，大多数俱乐部还不能按照企业化的管理方法和市场化的运行机制进行发展。在内部财务会计制度上也存在着保守或隐蔽状态。针对目前俱乐部财务会计制度的发展现状，政府和篮协在宏观上应监督俱乐部全面切实实行《企业财务通则》和《企业会计准则》及国家相关法律，建立与国际惯例相一致、符合职业篮球俱乐部运行特点的财务会计制度。通过俱乐部内部审计制度建立和政府、篮协外在审计监管相结合的方式，逐步形成对职业篮球俱乐部财务会计监督机制。

俱乐部财务会计制度的建立和完善需要一个过程，目前篮协的工作重点应该是建立和完善俱乐部财务电算化制度，强制要求俱乐部定期填报俱乐部的财务数据，包括俱乐部球员、教练员的工作情况，继而实现对各个俱乐部的财务状态进行实时、动态、远程电子化监控。

3. 俱乐部职业化、标准化建设

CBA 联赛直到 2005—2006 赛季才冠以“职业”二字，见表 5-13 所示。

表 5-13　历届 CBA 联赛名称

赛季	联赛名称
1995—1996	中国男子篮球甲级联赛
1996—1997	希尔顿全国男篮甲级联赛
1997—1998	希尔顿中国男篮甲 A 联赛
1998—1999	希尔顿中国男篮甲 A 联赛
1999—2000	希尔顿中国男篮甲 A 联赛
2000—2001	希尔顿中国男篮甲 A 联赛
2001—2002	摩托罗拉中国男子篮球甲 A 联赛
2002—2003	摩托罗拉中国男子篮球甲 A 联赛

① 吉文丽．完善企业财务管理［J］．中国乡镇企业会计，2007，9：41—43.

续表

赛季	联赛名称
2003—2004	联通新时空中国男子篮球甲 A 联赛
2004—2005	中国男子篮球甲 A 联赛
2005—2006	中国职业篮球联赛
2006—2007	中国职业篮球联赛
2007—2008	中国男子篮球职业联赛
2008—2009	中国男子篮球职业联赛
2009—2010	中国男子篮球职业联赛
2010—2011	中国男子篮球职业联赛
2011—2012	中国男子篮球职业联赛
2012—2013	中国男子篮球职业联赛
2013—2014	中国男子篮球职业联赛
2014—2015	中国男子篮球职业联赛
2015—2016	中国男子篮球职业联赛
2016—2017	中国男子篮球职业联赛

（资料来源：中国篮球协会官方网站）

众所周知，CBA 联赛目前为止，或者说今后一段时间内都不可能成为真正意义上的职业篮球联赛，这一点从篮协管理者到俱乐部投资者都是心知肚明。即使少数学者鼓吹联赛发展如何职业，要么是对于中国职业篮球不甚了解，要么是对于中国职业篮球发展过于理想化。理性而言，目前我国职业篮球的职业化水平较低是多方面因素造成的。既有国家宏观发展模式造成的，也有中国体育体制制约的，既有职业篮球管理者行政管理方式造成的，也有俱乐部自身发展理念制约。因此，作为篮协和俱乐部必须同时提升职业意识共同制定职业标准。而作为管理者，篮协有必要加强对于俱乐部职业化、标准化建设的监督管理。

CBA 联赛的职业化发展水平在很大程度上依赖或取决于俱乐部的职业化建设情况。但是，目前的情况是俱乐部职业化建设未能满足联赛的发展需求。主要的问题表现在，俱乐部不清楚或不愿意清楚职业化的内涵，如何构建职业俱乐部、如何运作等。尽管篮协制定了俱乐部准入考核标准，但是俱乐部只是应付检查，未能从长远和战略的高度落实俱乐部职业化、标准化建设问题。

客观而言，CBA 联赛的职业化建设水平需要一个渐进、累积的过程，既不能故步自封，也不能操之过急。目前阶段，可以加大俱乐部职业意识的灌输和教育。篮协可以利用赢方公司先进的职业体育管理知识和经验对俱乐部进行培训学习。首先在思想上和意识上深刻认识到俱乐部应该怎么运作发展。一旦职业意识形成，它就可能转换为职业行为，变成我国竞技篮球职业化进程中一个重要的组成部分。但是，必须强调意识对于行为的影响只是潜在的导向意义，没有直接的决定意义。因此，若要真正实现CBA联赛的职业化，必须制定科学合理的职业化标准，这个标准必须对职业篮球市场的种种行为设置标准，包括篮协的行为限制，使得相关市场主体都按章行事，有所为，有所不为。

4. 俱乐部对球员的思想教育

在我国竞技体育职业化改革之前，在传统的体工队模式下，运动员的政治思想教育一直是我国体育管理中的优良传统。“在我国竞技体育的发展中逐步形成了中华体育精神，同时中华体育精神也成为运动员思想教育的核心内容。中华体育精神是指以中国人在体育实践活动中形成的，爱国奉献、团结协作、公平竞争、拼搏自强、快乐健康为主要价值标准的意识思维活动和一般心理状态。”① 正是在中华体育精神的鼓舞、激励下，中国体育健儿不断超越自我，为祖国和人民赢得了巨大的荣誉，为综合国力的提升，乃至中国民族的伟大复兴做出了重要贡献。

随着改革开放不断深入，随着市场经济的不断发展，以及伴随着我国竞技体育职业化的改革推进，应该说相比较过去的体制环境，目前我国运动员的思想教育方式和内容发生了较大变化。尤其是职业运动员的思想教育工作更加复杂，由于职业体育俱乐部往往把博取经济利益放在首位，因而不管在意识上还是在行动上都放松或放弃了对职业运动员的思想教育。基于目前我国职业篮球俱乐部运动员思想教育的实际，结合我国职业篮球发展阶段，篮协应该着重加大对俱乐部运动员职业体育精神和社会主义核心价值观教育。

NBA的发展经验表明，联赛的职业化水平高低是各方面“职业”的综合结果。其中比赛的主角——球员的职业精神是至关重要的，也是衡量联赛职业化水平发展的重要指标。2006年新华社发出体育专电：“中国篮协发出学习姚明的职业体育精神”的号召。按理说，姚明的职业在美国，他代表的职业体育精神也是遵循NBA的制度标准。篮协之所以发出学习姚明的职业体育精神，主要原因是我们的俱乐部以及职业球员普遍缺乏职业体育精神。尽管中外职业体育精神有可能存在了解上的不同之处，但是敬业的精神和对待训练、比赛的态度是一致的。在CBA有些俱乐部，由于比赛频率的增加，球员的训练态度消极、教练员的训练质量低下，训练往往流于形式，甚至是投篮和跑战术。没有高质量的训练就没

---

① 黄莉．中华体育精神的文化内涵与思想来源［J］．中国体育科技，2007，43（5）：3－15.

有高水平的比赛表现。当今 NBA 球员中，科比无疑是最为优秀的球员，但是他的训练态度和训练刻苦程度也是 NBA 众所周知的。因此，篮协必须检查和督导俱乐部对运动员职业精神的灌输和洗礼。否则，没有精力充沛、生龙活虎、高度职业感的运动员群体，CBA 联赛的发展只能停留在理想化的设计层面。

在加强运动员的职业体育精神教育的同时，社会主义核心价值观的教育则是贯穿于运动员思想教育的全过程。当代社会发展实践表明，全球化推动了价值观念的多样化，价值观的多样化结果之一就是，人们在“密密麻麻”的“价值丛”中容易迷失方向，从而不能确定自己的真正价值观在哪里。另外，“价值观的多样化，又会给人们确立一种普遍有效的价值规范带来威胁，造成价值危机和信仰危机”[①]。应该说在目前的中国，部分国民信仰危机的情况客观存在，而信仰是价值体系终极的价值标准。当前对于我国来说，最大的问题来自价值体系的怀疑，尤其是对核心价值观念的怀疑。党的十六届六中全会通过的《中共中央关于构建社会主义和谐社会若干重大问题的决定》，深刻揭示了社会主义核心价值体系的内涵，明确提出了社会主义核心价值体系的基本内容，主要包括以下几个方面：坚持马克思主义指导思想、坚持中国特色社会主义共同理想、坚持以爱国主义为核心的民族精神和以改革创新为核心的时代精神、坚持社会主义荣辱观。结合我国职业篮球发展以及职业篮球运动员思想教育实际，目前着重需要强化对运动员的爱国主义、社会主义荣辱观教育。不可否认，在目前的 CBA 联赛中存在着“重金钱，轻教育”“重物质刺激，轻精神激励”“重俱乐部利益，轻国家利益”的个别现象。客观而言，由于俱乐部的成分复杂，投资动机多样，目前 CBA 联赛俱乐部的思想不够统一，这种思想混乱或“各揣算盘”的局面为联赛发展设置了障碍。因此，篮协当前任务之一就是协调和统一好俱乐部的思想，形成明确的发展思路，齐心协力提升中国竞技篮球的整体水平，继而才能实现俱乐部、运动员、篮协乃至国家的多元利益。

第四节　深化联赛制度化建设

制度是人类相互交往的行为规范，使人们的行为更可预见并由此促进劳动分工和财富创造。制度一方面要有效能；另一方面隐含着对违规行为的惩罚。“制度”和“规则”这两个词通常互换使用。“人类社会的相互交往，包括经济生活

① 刘淑萍．全球化与社会主义核心价值观的确立［J］．江苏行政学院学报，2009，5：11—15.

中的相互交往，都依赖某种信任，以一种秩序为基础。而要维护这种秩序，就要依靠各种禁止不可预见和机会主义行为的规则，我们称这些规则为‘制度’①。”中国改革开放总设计师邓小平曾说：“制度好可以使坏人无法任意横行，制度不好可以使好人无法充分做好事，甚至会走向反面。”可见制度对于社会健康正常运行的极端重要性。制度不是从国外照搬移植的，也不是亘古不变的，而是根据实践发展的具体实际，与时俱进地修整和完善。制度化建设是经济市场化的延伸，是国家法治化的深化。无论是在市场经济与法治、法规和法制关系的探讨上，还是在评判市场经济的好坏标准上，制度建设和制度设计及制度创新在其中占据关键地位。从某种意义上说，也是市场与法治相互关系中的核心纽带②。具体到我国竞技篮球职业化改革，在努力寻求举国体制和市场手段的有机结合，为我国篮球运动水平整体提升目标服务的同时，在理论上探讨市场与制度之间的关系，凸显制度建设在职业篮球市场中地位和角色的转变，既是理论界学者们需要研究的新命题，也是我国竞技篮球职业化改革发展实践中面临的现实问题。

制度从本质来说是一种规范，是自然人、社会组织、政府部门发生社会活动时遵循的行为准则。而法治则是上升为统治阶级意志的、以国家强制力保障的，更加稳定的制度。根据研究需要，结合我国竞技篮球职业化发展实际，政府在职业篮球制度化建设中需从微观、中观、宏观三个制度层面进行不断完善，具体见图5-7所示。

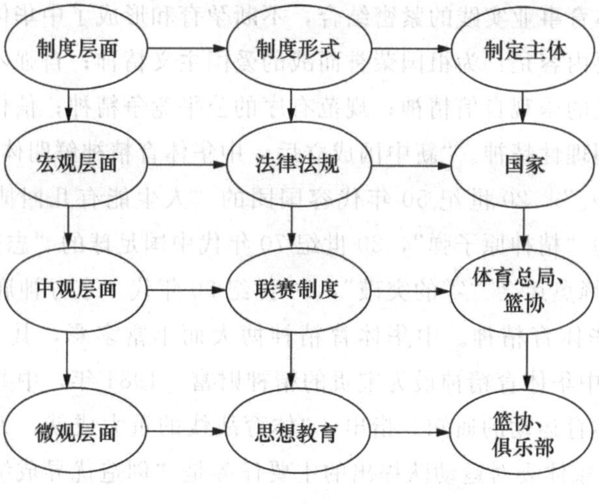

图5-7 我国职业篮球制度化建设示意图

① ［德］柯武刚，史漫飞．制度经济学——社会秩序与公共政策［M］．北京：商务印书馆，2000，3－7.

② 杨鲁慧，傅静．市场法治化：一个制度化建设的视角［J］．理论探讨，2006，129（2）：26－28.

一、微观层面的思想道德教育

回顾中国共产党领导广大人民进行的艰苦革命斗争岁月，无论是百废待兴的新中国建设年代，还是建设具有中国特色的社会主义伟大实践，中国道路、中国模式之所以能够成功，其中的因素非常丰富而厚重，但是思想教育是我们党始终坚持的制胜法宝。毛泽东同志指出："掌握思想领导是掌握一切领导的第一位"①。邓小平同志指出："我们一定要把思想政治工作放在非常重要的地位，切实认真做好，不能放松。这项工作，各级党委要做，各级领导干部要做，每个党员都要做。要做得有针对性、细致深入和为群众所乐于接受。最重要的条件就是凡是需要动员群众做的，每个党员，特别是担负领导职务的党员，必须首先从自己做起。因此，"为了做好思想政治工作，也要求改善党的领导，改善党的领导制度"②。江泽民同志也强调："搞好精神文明建设，抓好思想政治工作，是我们办好一切事情的保障，绝不能'一手硬、一手软'。物质文明建设和精神文明建设必须一起抓。思想政治工作只能抓好，不能放松"③。

回顾新中国体育事业尤其是竞技体育从无到有、由弱到强，思想道德教育为我国竞技体育的不断创新和超越发挥了非常重要的作用。党的思想道德教育优秀传统与新中国体育事业实践的紧密结合，不断孕育和形成了中华体育精神。中华体育精神的主要内容是：为祖国荣誉而战的爱国主义精神；自强不息的英雄主义精神；超越自我的乐观自信精神；规范有序的公平竞争精神；信任宽容的团队精神；辩证的实用理性精神。"新中国成立后，中华体育精神鲜明体现在不同时代、不同运动项目中。"④ 20 世纪 50 年代容国团的"人生能有几回搏"，20 世纪 60 年代攀登珠峰的"精神原子弹"，20 世纪 70 年代中国足球的"志行风格"，20 世纪 80 年代许海峰奥运会"零的突破"，20 世纪 90 年代"东方神鹿""铿锵玫瑰"都在诠释着中华体育精神。中华体育精神博大而丰富多彩，其中"爱国主义""为国争光"是中华体育精神最为宝贵的精神财富。1984 年，中共中央下发《关于进一步发展体育运动的通知》指出："体育战线的重大成就，为祖国争得了荣誉"。1986 年国家体委对运动队提出的主要任务是"创造优异成绩，为国家争取荣誉"。在爱国主义的强大精神和信念激励下，中国体育健儿克服种种困难，为

① 毛泽东．山东有可能成为战略转移的枢纽［J］毛泽东文集，1993（3）：435－435.
② 邓小平．党和国家领导制度的改革［J］．炎黄春秋，2015（8）：64－64.
③ 江泽民．江泽民论社会主义精神文明建设［M］．北京：中央文献出版社，1999，114－114.
④ 黄莉．中华体育精神研究［D］．北京体育大学，2006.

祖国赢得了巨大的荣誉。邓亚萍，这位乒乓球历史上杰出的女子选手，在取得巨大成就的时候，这样深情地说道："祖国母亲的乳汁养育了我，祖国母亲给了我一种大气磅礴的力量，使我能像黄河一样与命运抗争"。

回顾我国篮球运动发展历程，党的思想教育始终贯穿其中。最为著名的贺龙元帅120师"战斗篮球队"成为我国篮球运动发展史上不朽的佳话和宝贵的精神财富。尽管炮火纷飞，物质条件极差，但是队员们勇猛顽强、敢于战斗，时刻为国献身的精神激励着八路军将士勇往直前。中华人民共和国成立后，我国篮球运动在"勇猛顽强、不畏强敌"的思想指导下，迅速提升了我国竞技篮球水平，在同世界各国的比赛中取得了不俗的成绩，所有这些都极大地振奋了人心，为新中国赢得了荣誉。后来随着中国篮球三大中锋先后加入NBA联赛，尤其是姚明在NBA的球技和人品，为世界了解中国产生了极大地宣传作用。2007年9月14日晚北京首钢体育馆，随着中国国家男子篮球队与NBA明星队慈善义赛的结束，2007姚明纳什慈善之旅也划上了圆满的句号。在此前一天举行的慈善拍卖，也是中国体育界历史上第一次慈善拍卖会，共筹集资金七百万元人民币，加之慈善义赛门票及比赛期间的捐赠，这次姚明纳什慈善之旅共计筹集资金大概一千万元人民币，这笔资金全部捐献给中国青少年发展基金会，致力于救助西部贫困地区需要帮助的儿童。随着这次慈善之旅的圆满成功，也为中国运动员慈善行为树立了一个良好标杆。

江泽民同志指出："爱国主义是一个历史范畴，在社会发展的不同阶段，不同时期有不同的内容。"[①] 可见，同是爱国主义，不同时代有不同的主题和表达方式，在我国体育领域也是如此。尽管思想道德教育一直贯彻于我国竞技体育的发展历程，但是随着时代的快速发展，尤其是近年来竞技体育发展方式和运作手段的变化，给思想道德建设提出了新的命题。我国竞技篮球职业化也是顺应世界竞技体育职业化发展趋势，在我国社会转型时期进行的市场化、社会化改革探索。在原先的体制下，篮球运动员是国家的财产，因为篮球运动员成长的每一步都凝聚着国家的投入和关怀。但是随着我国社会主义市场经济体制的建立和发展，我国竞技篮球也开始了职业化改革探索。职业化绩效之一就是所有制结构的突破，篮球运动员以及球队不再是一家独有的局面。不同的人才培养方式造就了不同所有权的篮球运动员。我国竞技篮球发展目标就是提升竞技水平，为国争光。而职业篮球追求的却是市场回报和经济效益。二者不可避免地存在着一定的不适应，加之新形势下运动员不同的成才路径，导致了职业化进程中运动员重个

① 江泽民．爱国主义和我国知识分子的使命［N］．人民日报，1990－05－04.

人利益、轻国家利益；俱乐部也出现重自身利益、轻集体利益的不利局面。

在目前我国竞技篮球职业化进程中，制度建设非常重要。作为微观层面的思想道德教育的内容和方式也需要丰富和完善。在内容上，不仅需要继续加强以爱国主义为核心的中华体育精神教育外，还必须强化职业意识和职业精神教育。王治郅事件的警示，刘伟聚众殴打外援事件的教训，表明在职业化进程中对于运动员思想道德教育的缺失。在方式上，由于时代发生了巨大变化，尤其是篮球职业化改革以来，出现了多元利益主体并存的格局。作为运动员在不违背法律的前提下，理所当然地可以拥有合理的利益追求。“因为作为自然人，他们具有从职业活动中获取物质需要满足的基本要求，否则也会违背市场经济原则，也不符合社会转型和社会发展的目的，因为合理的效率观是社会主义市场经济所必须的”。[①] 可见，在新形势下，作为制度实施主体，篮协和俱乐部应该理性地处理好篮球运动员为国争光和实现自我价值之间的均衡。基本原则是在运动员为国争光的前提下，充分尊重运动员的个人价值实现，包括运动员经济利益的最大化。值得强调的是，运动员为国争光是提升其个人品牌价值的最佳途径。当然，在对我国运动员进行思想道德教育的同时，仅仅依靠软性的道德约束和思想教育还不能完全满足实践需要。因而必须配备完善的联赛制度和健全的法律法规，才能有效地保障我国篮球职业化的健康推进。

二、中观层面的联赛制度建设

“制度提供了一种经济的刺激结构，随着结构的演进，它规划了经济朝着增长、停滞或衰退变化的方向。”[②] 科学有效的制度设计安排，使得亚当·斯密所谓“看不见的手”在资源配置、收入分配等方面的功能得以充分发挥。市场经济就是法制经济，可以说没有配套而适当的制度，任何发展阶段的市场经济都是无法存在和发展的。

我国竞技篮球职业化是在我国社会主义市场经济条件下，借鉴国外职业篮球发展经验的基础上，由政府主导的市场化、社会化改革探索。客观而言，相比较国外职业篮球发展阶段，我国竞技篮球职业化起步的“先天条件”存在不足，比如竞技水平、人才资源、管理体制、社会制度环境等方面制约。我国职业篮球的制度改革是在尽可能避免直接触动既得利益格局的前提下探索展开的，现存的职

① 文红为，俞继英．论运动员为国争光与自我价值的实现［J］．体育文化导刊，2006，(6)：3—5.

② 谭崇台．发展经济学的新发展［M］．武汉：武汉大学出版社，1999：235.

业篮球管理制度仍具有高度集权的计划管理体制的结构特征，在一定程度上制约了我国职业篮球的制度创新与发展。尤其是关于联赛运行的制度安排几乎完全空白。可喜的是，在政府的主导下，联赛发展遵循“边发展边摸索，边摸索边发展”的模式。于是，在我国竞技篮球职业化进程中，有关联赛运行的制度不断出台。可以肯定的是，这些不断充实的制度安排为CBA联赛整体上正常、平稳发展奠定了制度保障。

(一) 联赛制度建设取得的成绩

自从1995年我国竞技篮球实施职业化改革以来，作为CBA联赛的组织者和管理者，中国篮协一直在探索和完善有关联赛发展的职业化建设，先后发布出台了《中国篮球协会违规违纪处罚办法》《中国篮球协会诉讼委员会工作条例》《全国篮球CBA甲级联赛章程》《中国篮球协会纪律委员会工作条例》《中国篮球协会注册工作管理暂行规定》《中国篮球协会运动员管理条例》《中国篮球协会运动员身份及转会规定》《中国篮球协会经纪人管理办法》《中国篮球协会俱乐部暂行管理办法》《中国男子篮球职业俱乐部退出暂行管理办法》《中国篮球协会俱乐部股权转让暂行管理办法》《2005—2008赛季中国男子篮球职业俱乐部准入实施方案》《2008—2009赛季中国男子篮球职业俱乐部准入实施方案》《2008—2009赛季中国男子篮球职业联赛裁判员监评组工作方案（试行）》《中国男子篮球职业联赛俱乐部球员和教练员工资管理办法（试行）》《中国篮球协会俱乐部、运动队、运动员和教练员注册管理暂行办法》《2009—2010赛季中国男子篮球职业联赛俱乐部准入实施方案》《中国男子篮球职业联赛纪律处罚规定》等。可见，随着中国篮协关于联赛发展的制度设计不断完善，使得联赛的行为有了规范和准绳，以便使得参与主体“有所为，有所不为”。在众多的制度设计中，俱乐部准入实施方案无疑具有重要的里程碑式意义。该标准对于俱乐部的内部制度及管理；俱乐部经营；参赛保证金及加盟费；运动队建设及管理；俱乐部硬件设施；以及如何服务球迷、服务媒体、服务赞助商等方面设定详细而全面的标准。可以相信，随着各个赛季俱乐部准入标准的不断完善，我国CBA联赛俱乐部标准化、职业化建设水平将逐步提高。

(二) 联赛制度建设中存在的问题和不足

我国篮球职业化改革探索时间短，又没有现成的模式照搬。因此，改革一直在探索中渐进发展。对于联赛如何发展，如何寻求符合中国国情的职业篮球管理及运营模式，一直是管理者和相关利益主体苦苦思索的全新命题。因此，关于联赛不同发展阶段的制度设计也只是在一定时期内，管理者对于联赛的管理水平、认知水平及预见水平的反映。所有这些不可避免地造成在联赛制度建设中存在不足和问题。

1. 制度设计本身存在漏洞和不足

客观而言，任何制度设计不可能十全十美、无懈可击。即使是国家颁布的法律也同样存在一些漏洞。CBA 联赛相关制度设计更不例外，尽管从道义上可以理解和原谅，但是一旦实践中出现了制度中未能明晰或限定的问题和争议，那么这种“制度真空”效应就会立刻显现，从而为管理者的裁决带来被动。凤铝事件的产生在一定程度说就是制度设计的不严谨造成的。因为准入标准中没有明确界定关于“俱乐部准入这一重大问题”需要通过举手表决方式。这也是凤铝俱乐部所钻的制度漏洞。

2. 制度的执行力度存在不足

制度本身是“一纸空文”，在人类进入共产主义社会之前，利益的追逐加之社会文明程度的所限，决定了制度必须依靠严格执行，才能产生规范行为、惩治不端的效应。CBA 联赛的制度本身也不会自动发挥功能，各参与主体在利益的追逐下也不可能完全自觉地遵守制度。因此，制度的严格执行就显得至关重要。总结我国 CBA 联赛制度的执行情况来看，确实存在着执行力度不够的情况。究其原因，篮协作为政府的职能部门，其政府职责决定了发展联赛不仅仅为了市场效应（至少目前是这样），更为重要的责任是提高中国篮球竞技水平，实现为国争光。而联赛的发展目前还处于起步探索阶段，许多不规范的形象大量存在，如果不能严格执法，那么势必造成联赛的动荡颠覆，这对于求稳发展的篮协来说是不愿看到的。

3. 制度的执行效果不理想

执行效果是检验制度设计、制度执行的最终标准。CBA 联赛相关制度在发挥积极作用的同时，也普遍存在执行效果不够理想的局限，以俱乐部球员、教练员工资标准制度的执行效果为例。职业体育就是“烧钱机器”，资金的充足供给是维系俱乐部和联赛稳定运行和发展的重要保障。而球员和教练员的工资支出占据了俱乐部资金预算的大部分。尤其在 CBA 联赛中，部分俱乐部为了追逐球队的比赛名次而高价聘用外籍球员，加之俱乐部之间的攀比角逐，从而使得大多数俱乐部的工资开支大幅攀升，也造成了俱乐部资金链的断裂。为了加强我国篮球职业化建设，规范俱乐部管理，控制俱乐部成本支出，降低经营风险，中国篮协出台了工资管理办法。对于俱乐部的工资支出总额为：上个赛季经营收入的55%，如果上个赛季俱乐部经营亏损，那么工资总额下调5%—10%；对于外籍球员的工资限定为：俱乐部每月支付外援（一名或两名外援）的工资合计不能超过6万美元，若有权额外注册一名亚洲外援的话，全部外援（含亚洲外援）工资总额不能超过8万美元。可见，制度的设计还是比较全面而细致的，但是具体到执行效果又是如何呢？通过对篮协管理者和俱乐部管理者的访谈得知，工资规定（类似NBA的工资帽）更多地只是"一纸空文"。对于外援的工资标准，在实际运作中远远高于篮协的工资标准。究其原因，除了俱乐部顾及自身利益外，我国在法律法规、财务制度、信用制度等方面的不完善，也是造成有关联赛制度执行效果不理想的社会制约因素。

三、宏观层面的法律法规建设

关于法律的概念有各种不同的解读，马克思将其定义为"由国家制定或认可，体现统治阶级意志，以国家强制力做保证实施的行为规则（规范）的总和"①。法规是为执行法律的规定而制定，需要以法律为基础，不得与法律发生抵触。法律是上位法，法规是下位法，服从、服务于法律。从宏观上说，法律属于上层建筑范畴，决定经济基础，并为经济基础服务。法律是阶级社会的必然产物，随着阶级社会以及阶级斗争的消失而消亡。从中观层面来说，法律已经成为国家之间、社会组织之间进行一切活动的依据和准绳。没有法律，世界会更加动荡不安，国家也无法正常运转。从微观层面来说，正常自然人的一切行为都受到法律法规的约束和制衡，并且法律意识已深入人心。知法、懂法、守法已是现代文明人的基本准则。

由此可见，法律是国家稳定和谐、社会长治久安、人民安居乐业的根本保障。目前，我国正处在社会主义市场经济体制的不断完善之中，也正建设社会主义和谐社会的伟大实践。市场经济实质上就是法治经济，法治也是构建社会主义和谐社会的基本保障。"在现代化语境之中，市场经济、民主政治和法治社会，已经作为新时代的鲜明表征和必然趋势。因此也无可争议地成为当代中国人普遍

① 《法学词典》编辑委员会编．法学词典［K］．上海：上海辞书出版社，1984：600－601.

的理性选择。”①

作为我国社会大系统组成部分的体育领域，由于具有独特社会功能而备受国家和社会的高度重视。为了促进我国体育事业的顺利发展，国家在不同的历史时期颁布了一系列法律法规。据统计，从 1949 年至今，全国人大、国务院、国家体委（1998 年改组成立为的国家体育总局）发布的体育法规近 600 件。为维护体育法制的统一，推进依法行政、依法治体，更好地为体育事业服务，国家体育总局近来对现行体育法规进行了一次全面清理，其中包括原国家体委及国家体育总局发布的体育规章和规范性文件共 314 件。经过清理，截至 2002 年底，现行有效的体育规章和规范性文件有 185 件（包括需要修订的 70 件），决定废止的 129 件②。目前初步形成了以《中华人民共和国体育法》为基本法律，其他法规、规章相配套的我国体育法律体系。法律的变迁总是深受社会变迁的影响，并落后于社会的变迁。尤其是在我国社会转型时期内日新月异的体育领域。随着我国体育事业，尤其是竞技体育领域快速发展，体育法律法规已经远远落后于体育发展实践的变迁。

“法律是市场经济的保护神，如果没有法律，市场经济只会成为互欺互诈的混乱无序场所。法律是市场经济中最权威、最统一、最公正的调控者、约束者、制裁者和保护者。”③ 竞技篮球职业化始于 1995—1996 赛季“555”中国男子篮球甲级联赛。CBA 联赛经过十几年的改革探索业已取得了不俗的成绩效应。当然也存在一些矛盾和问题，并且潜藏着具有颠覆性的隐患。理性来说，这些矛盾、问题或者隐患的存在也是正常的。困难并不可怕，可怕的是我们没有面对困难的勇气，以及解决问题的方法。有关职业篮球发展的法律法规就是最好的方法、最有效的工具。但是遗憾的是，目前的境况是关于职业篮球的法律法规还很缺乏。《体育法》作为我国体育法律体系的根本大法，对于职业体育（当然包括职业篮球）没有任何界定。由于无法可依，因此在我国竞技篮球职业化进程中，关于俱乐部、运动员、教练员以及联赛具体运行的一系列法律问题和法律地位，都是由篮协的条例和规定来确定。由于政府的政策代替了国家的法律法规，因而造成了我国竞技篮球职业化进程中一些问题的累积。为了解决篮球职业化进程中的有关法律缺失，客观上急需加强职业篮球相关的法律体系建设。当然，职业篮球法律体系的构建是一个长期渐进的过程，它不仅受到国家整体大环境的制约，

① 胡翔．论依法治国与中国共产党执政方式的转变［D］．湖南师范大学，2004.

② 张家喜．我国体育立法研究状况述评［J］．成都体育学院学报，2006，32（2）：1－4；14.

③ 邹东涛．中国经济体制创新——改革年华的探索（上）［M］．北京：人民出版社，2003：406－407.

还必须紧密结合职业篮球改革中的发展实际，做到与时俱进，最佳状态是防患于未然提前立法。鉴于目前我国体育领域存在的焦点问题以及结合职业篮球发展实际，政府应该加快对于假球、黑哨、赌球等不正之风进行立法，尽管职业篮球领域赌球等不正之风尚未表现出像足球那样令人触目惊心，但是只有出台国家层面的规律，才能有效制止或威慑职业体育领域内的“假、赌、黑”事件发生。

第五节　依托我国竞技体育管理体制改革与创新

马克思和恩格斯在创建共产主义理论时指出：“共产主义不是教条，而是运动。它不是从原则出发，而是从事实出发。”① 可见，马克思主义基本原理与各国实际相结合是马克思主义内在的基本要求。中国革命的成功和中国现代化建设的伟大实践，验证了这一基本要求。中国模式的成功要素固然很多，但是一条基本原理就是紧密结合中国自身实际，这也成为社会主义中国各项事业改革探索的基本要求。

我国竞技篮球职业化作为我国竞技体育职业化改革探索的组成部分，而竞技体育职业化是我国发展竞技体育一种新的发展手段和方式。如何发展我国竞技体育取决于竞技体育管理体制的制约，而我国竞技体育管理体制是我国政治体制、经济体制和体育发展内在规律相互作用的产物。由此可见，我国竞技篮球职业化管理体制改革并不是简单的自我调整与完善，而是受到多种因素、多种体制的约束和制衡。从最直接的制约层面来说，我国竞技篮球职业化的改革，直接受制于我国竞技体育管理体制的创新与发展。而解决我国竞技篮球职业化发展困境的最终路径，还是在于我国竞技体育管理体制的改革与创新。

举国体制作为我国竞技体育管理体制，是在一定历史条件下结合中国国情的基础上形成和发展的。而我国竞技体育职业化的改革主要思想是体制改革和机制转轨。而根据体制和机制的逻辑关系，机制是体制建构的指导原则，体制是机制发挥作用的载体。体制与机制是一一对应的，体制不同，机制也不同。“体制变革，本质上就是机制的转变，转变机制必须进行体制变革。”② 由此可见，要想发挥我国竞技篮球职业化进程中市场机制的作用，必须进行相应的体制改革和调整。

① 马克思恩格斯选集第一卷［C］．北京：人民出版社，1995：211.

② 白景坤．制度、体制和机制的关系辨析［J］．管理观察，2008，10：23－24.

一、举国体制及其历史成就

国家体育总局局长刘鹏同志在接受《人民日报》记者采访时指出："中国成立后特别是改革开放以来，我国运动员在各类国际体育比赛中取得了优异的成绩，一条重要的经验是国家的高度重视和有效组织，就是集中有限的人力、财力、物力，最大限度地调动各方面的积极性，有效配置全国的竞技体育资源。我们将此形象地概括为'举国体制'。"① "举国体制主要是指我国体育界为实现一定目标，采取有效地集中、统一国家力量，迅速提高运动技术水平的发展机制及相应的组织体系，是我国发展体育事业所采取的一种特殊的体育机制，是我国体育事业，尤其是竞技体育飞速发展的制度保障。"②

"竞技体育的举国体制，是我国竞技体育发展过程中采取的一种垄断创新，举国体制的实质是实现竞技体育资源的优化配置。"③ 实践证明举国体制是发展我国竞技体育的一条成功经验，是中国特色的竞技体育发展模式（表 5-14）。

表 5-14　1974 年至 2014 年我国参加历届亚运会的奖牌情况

届次	年份	举办地	金牌排名	金牌	银牌	铜牌
7	1974	德黑兰	3	33	45	28
8	1978	曼谷	2	51	55	45
9	1982	新德里	1	61	51	41
10	1986	汉城	1	94	82	46
11	1990	北京	1	183	107	51
12	1994	广岛	1	125	83	58
13	1998	曼谷	1	129	78	67
14	2002	釜山	1	150	84	74
15	2006	多哈	1	165	88	63
16	2010	广州	1	199	119	98
17	2014	仁川	1	151	108	83

从表 5-14 可知，1974 年中国首次派团参加亚运会至 2014 年，中国队已参加

① 刘鹏称体育要坚持举国体制，反驳劳民伤财说［EB/OL］. 搜狐新闻，2008－09－06.

② 熊晓正，夏思永，唐炎等. 我国竞技体育发展模式的研究［M］. 北京：人民体育出版社，2008：160－161.

③ 许永刚. 中国竞技体育制度创新中政府与垄断问题研究［D］. 苏州大学，2004.

了11届，共计获得1341枚亚运会金牌，共计获得2855枚奖牌（金牌1341、银牌900、铜牌614），平均每届金牌122枚、银牌81枚、铜牌56枚。1982年新德里亚运会，中国第三次参加亚运会便取得了金牌数第一，截止到2014年连续11届亚运会位居金牌榜首位。从1990年北京亚运会起，中国已经连续7届位居金牌榜、奖牌榜双第一。随着1990年北京亚运会的成功举办，中国也从此奠定了亚洲体育第一强国的地位。如果说“冲出亚洲”是中国体育扬威亚洲的呐喊，那么“走向世界”就是中国体育向世界的宣言（表5-15）。

表5-15　1984年至2016年我国参加历届奥运会的比赛成绩

届次	年份	举办地	奖牌排名	金牌	银牌	铜牌
23	1984	洛杉矶	4	15	8	9
24	1988	汉城	11	5	11	12
25	1992	巴塞罗那	4	16	22	16
26	1996	亚特兰大	4	16	22	12
27	2000	悉尼	3	28	16	15
28	2004	雅典	2	32	17	14
29	2008	北京	1	51	21	28
30	2012	伦敦	2	38	27	23
31	2016	里约	3	26	18	26

表5-15可见，从1984年中国正式参加奥运会至2016年里约奥运会，中国总共获得227个奥运会冠军，奖牌数共计544枚（金牌227、银牌162、铜牌155）。其中，从悉尼奥运会到雅典奥运会，再到北京奥运会，中国竞技体育实现了三次跨越。金牌数分别从第三到第二，再到北京奥运会的金牌数第一、奖牌数达到一百的飞跃。至此，中国竞技体育已经迈入体育大国的行列。除去亚运会、奥运会这样综合性的大型国际体育赛事外，我国竞技体育也在其他国际体育竞争中摘金夺银。据不完全统计，改革开放以来，中国体育总共获得两千多个世界冠军，共破世界记录一千多次。

“举国体制是后发优势战略在体育领域成功实施的典范；举国体制并非计划经济的专利；举国体制既是计划经济也是市场经济实现国家利益的手段；举国体制只有通过中国特色社会主义制度优越性才能发挥最大效力。”① 我国竞技体育

① 杨桦，孙淑惠，舒为平．坚持和进一步完善我国竞技体育举国体制的研究［J］．北京体育大学学报，2004，27（5）：577－582．

取得的巨大历史成就，充分证明了举国体制的强大生命力和凝聚力。胡锦涛总书记在北京奥运会残奥会表彰大会上总结了成功经验，其中第二条就是：坚持发挥举国体制作用[①]。

二、举国体制对我国竞技体育职业化的客观影响

举国体制是我国发展竞技体育的制度设计或者说发展方式。竞技体育的职业化是竞技体育作为职业分工中的一种职业或者向职业演进的过程[②]。举国体制是计划经济的产物，职业化是市场经济的产物；举国体制追求的是国家利益，职业化追求的是商业回报；举国体制下的竞技体育是一个被动发展的“骄子”，职业化下竞技体育是一个勇搏商海的“弄潮儿”。邓小平说过：“计划多一点还是市场多一点不是社会主义和资本主义的根本区别，资本主义可以搞市场经济，社会主义也可以搞市场经济”。可见，在理论上，举国体制与我国竞技体育职业化不存在根本矛盾。但是，由于举国体制的路径依赖以及职业化探索伊始，在目前的实践中，举国体制客观上对竞技体育职业化改革造成一定的影响和制约。

（一）金牌主义的蔓延

举国体制是以奥运会等国际重大赛事取得优异成绩为目标，以政府为主导，以体育系统为主体，以整合、优化体育资源配置为手段，动员、组织社会力量广泛参与，在国家层面形成目标一致、结构合理、管理有序、效率优先、利益兼顾的竞技体育组织管理体系。而在举国体制这把“尚方宝剑”庇护下，加之各级体育官员自身利益的考量，金牌无疑成为他们自身业绩的硬件指标。因此，一切为了金牌，金牌拥有一切。

“金牌战略”滋生了“金牌主义”的蔓延。“拼搏进取，永争第一”是竞技体育的魅力所在。它一方面反映了竞技体育训练、比赛的艰苦性，一方面反映了竞技体育竞争的激烈性。尤其在我国竞技体育发展过程中，由于使用人海战术使得优秀运动员的淘汰率更高，造成了“千军万马过独木桥”，因此只有夺取冠军才能一夜成名，功成名就。只有第一，没有第二。在2008年北京奥运会上，国人铭记的是51枚闪闪发光、熠熠生辉的金牌。至于获得的21枚银牌、28枚铜牌

① 胡锦涛在奥运会残奥会总结表彰大会上讲话［EB/OL］. http://www.chinanews.com.cn/gn/news/2008/09-29/1399097.shtml

② 徐本力. 21世纪中国竞技体育［M］. 北京：北京体育大学出版社，2001：42-43.

好像可以忽略不计了。在 21 枚金牌中，其中就有张琳的 400 米自由泳银牌。而张琳的名字除了业内，没有被人熟知和牢记。而在一年后的世界游泳锦标赛上，张琳一举夺得了 800 米自由泳金牌，并把世界记录缩短了接近 7 秒。一时间，张琳的名字占据了媒体的头条。媒体的评价是“泳坛的刘翔”“民族的英雄”。从北京奥运会的银牌到一年后的世锦赛冠军，张琳实现了人生的飞跃，从中也折射出“金牌主义”在我国竞技体育中的根深蒂固。

（二）阻滞或延缓了竞技体育自身“造血”机能的形成

纵观世界竞技体育发展路径，随着商业元素的介入，职业化成为可能并逐步成为主流发展趋势。在 20 世纪 90 年代初期，在顺应国际潮流、借鉴国外发展经验的基础上，开始了我国竞技体育职业化的探索历程，这一举措无疑具有里程碑式的重要意义。但是，经过十几年的摸索尝试，我国竞技体育职业化发展还处于起步初级阶段，市场化、职业化程度较低，并且遭到了社会的诸多诟病。当然，我国竞技体育职业化本身就是一种改革探索，在改革中出现的问题是正常不过的，只要正视问题，深入剖析问题的根源，“问题”反而会成为改革进取的动力。客观而言，目前的问题之一就是：“奥运战略”背后的“权利利益”。“金牌效益”绝对是第一位的，而“职业化”带来的社会价值则是第二位的。在管理者的主观上、内心里，职业化并不是他们的初衷和“真情实感”，因为改革成本的大小直接关系到国家对竞技体育的硬性指标，以及自身的利益升迁。因此，为了“对付上级”以及“对得起自己”，我国竞技体育管理者在探索职业化过程中不得不“小心翼翼”“稳打稳扎”，一旦国家队竞技成绩出现波动或下滑，联赛的发展必然受到重大调整。

（三）多元利益诉求的调节机制尚需完善

举国体制形成的时代背景是高度的计划经济时代。在计划经济时代，国家发展竞技体育的价值目标一元化，就是为国争光，运动员的任务和使命就是“胸怀祖国，刻苦训练”。在“为国争光，奉献青春”的同时，运动员个人得到的是“身份认同”和“精神嘉奖”。毋庸置疑，正是在这种拼搏精神和爱国情怀驱动下，我国竞技体育才能在薄弱的基础上，实现快速发展和超越。但是，随着社会的转型、经济体制的转轨、商业元素与体育的不断结合，带来了发展竞技体育过程中多元利益主体并存的格局。而此时，如果还是按照“老套路”“旧体制”思考和解决问题的话，就会出现很多新矛盾和新问题。我国足球和篮球职业化进程中俱乐部长期负债运营，继而发生“罢赛风波”或“另起炉灶”等，就是举国体制在新时期运行过程中出现的新问题、面对的新考验。因此，与时俱进地完善举国体制的发展方式，在保障国家利益的前提下，充分尊重和兼顾各利益相关者的利益诉求，形成各利益主体多元和谐并存的调节体制，是新时期、新形势下坚持和完善举国体制务必着力应对的理论和现实问题。

(四) 市场的资源配置手段、效率意识有待加强

“计划”和“市场”是资源配置的两种手段和方式，发展竞技体育事业也是如此。在我国竞技体育发展过程中，一个显著特点就是高度的计划性和行政性。从而“在中国的国力还相对薄弱、体育传统和体育普及度还很低、人口虽多但人口素质（特别是体育文化素质和身体素质）还较差的历史条件下，集中力量、依靠国家的全力支持，依靠全民的力量，依靠特殊的政策与手段办竞技体育，从而取得特定时代的体育成就，这就是中国要依靠‘举国体制’办体育的理由所在”[①]。但是随着我国社会主义市场经济体制的建立和逐步完善，我国竞技体育的举国体制在运行过程中的方式和方法，完全脱离市场的原则和理念是不可能的。长期以来，举国体制强调和追求的是为国争光效益的最大化，至于投入与产出的效率问题是无人过问的，至于市场资源配置的独特作用也就无人问津了。

可喜的是，近年来举国体制在运行过程中已经开始与市场发生了联系，并取得了初步的成效。但是，举国体制与市场的结合与关联往往是被动的或浅表性的接触，没有发自内心的实质性举措。目前，我国竞技体育资源完全掌握在政府手中，而资源的配置和使用依靠的是政府行政的手段和方式，缺乏市场精神和效率意识。在传统的优势项目上，这种依靠行政和计划的资源配置方式尚可运行，因为这些项目的高端优势资源几乎全部在国内。而对于我国的弱势项目和职业化程度高的项目，如果不能充分利用市场手段汲取国外优势资源，那么我们的竞技水平距离世界强队的差距就会不断拉大。总之，在新形势下，坚持和完善举国体制必须要理性和客观地处理好“政府和市场”的关系，主要举措：一是转变政府职能，二是积极培育市场主体[②]。

---

① 毛振民，查萍．对我国竞技体育“举国体制”的理性思考——激情后的冷静，辉煌下的问题：北京奥运会后的思考［J］．北京体育大学学报，2008，31（12）：1701—1703.

② 钟前涓，赵承磊．市场经济条件下完善举国体制的思考［J］．南京体育学院学报，2004，18（4）：16—18.

三、竞技篮球职业化视野下，改革和完善举国体制的基本思路

胡锦涛在北京奥运会、残奥会总结表彰大会上指出：“要继续推进体育改革创新，体育事业发展活力在于改革创新。要适应社会主义市场经济不断发展的新形势，适应全面建设小康社会的新要求和各族人民过上更好生活的新期待，以改革创新精神不断创新体育发展体制，拓宽体育发展渠道，增强体育发展活力，夯实体育发展基础。”北京奥运会后，国家体育总局局长刘鹏在接受《人民日报》采访时表示：“对于举国体制，我们一是坚持，二要完善。”可见，改革和完善我国体育管理体制不仅是理论工作者思考的命题，同时也得到国家领导人和体育总局负责人的高度关注。

尽管改革和完善我国竞技体育举国体制成为理论研究的热点问题，但是基于竞技体育在我国社会发展中的重要作用，以及举国体制的路径依赖，在实践中，举国体制的运行机制尚没有发生实质性的变化。应该说举国体制的完善和发展涉及多种因素的综合考量，鉴于能力所限以及研究需要，在此仅对我国竞技篮球职业化视野下，拓展举国体制改革和完善的基本思路进行探讨。

（一）创新举国体制人才培养方式

举国体制是我国竞技体育不断创造辉煌、实现超越的根本保障。而不管竞技如何创新发展，归根到底还是通过运动员之间比拼的形式实现。因此，高水平运动员的质量和数量是决定一个国家竞技实力的核心要素。而我国竞技体育的辉煌成就，正是依靠一批又一批优秀运动员创造的。可见，人才培养是举国体制的优势。但是在新形势下，举国体制培养我国竞技篮球人才的方式和理念必须作出调整。一方面，随着我国竞技篮球职业化的开展，竞技篮球后备人才培养的渠道呈现多元化，投资主体呈现多样化。举国体制下的三级训练网络遭到萎缩或破坏，而俱乐部职业化培养模式逐步成为主角。因为俱乐部在经济上更具吸引力，在体制上更具灵活性。但是，俱乐部之间人才培养的理念和效益存在较大随意性和差异性。另一方面，目前世界竞技篮球的前沿成果或高端资源都在国外，尤其是美国。如果还按照以前闭门造车式的培养方式，要想实现我国竞技篮球人才丰富的愿景只能是理想主义。

鉴于国内竞技篮球人才培养渠道的多样化，以及国外竞技篮球资源的主导性。为了突破我国竞技篮球以及竞技篮球职业化人才瓶颈的制约，必须进一步发

挥举国体制的优势，必须创新发展方式。具体来说，一方面，继续加大政府的监管或政策，引导各种人才培养模式，加强俱乐部人才培养的自觉性，以及提高其他投资主体的积极性。另一方面，通过政府的规划运作，充分利用世界范围内的竞技篮球人才培养资源，做到“洋为中用”，快速提升培养效益。因为，丰富的竞技篮球人才既是为国争光的栋梁，也是维系职业联赛发展的基石。

（二）理性审视奥运战略

奥运战略是发展我国竞技体育的一幅蓝图，而举国体制就是实现蓝图的行动指南。因此，二者是目标与手段的关系。不管是全运战略还是奥运战略（其实，全运战略是奥运战略的一部分，服从于奥运战略），其终极目标都是提高我国竞技体育水平。而提高竞技体育水平的直接目标就是参与奥运会：这一水平最高、影响力最为深刻而广泛的世界最高竞技体育竞争平台。而在奥运赛场上获取优异运动成绩，为国争光，为社会主义现代化建设服务，为人民服务是发展竞技体育，实施奥运战略的最终目标。客观而言，没有举国体制的强大后盾和有力保障，奥运战略不可能实现。

在奥运战略的推进下，我国竞技体育不断实现新的突破。但是在取得巨大成绩的同时，必须清醒地看到，我国实施的奥运战略主要攻坚对象都是“少、穷、苦”项目，而这些项目的资源优势大多数集中在国内。尽管北京奥运会中国代表团获得 51 块金牌，但是在三大球项目上只是女排获得了第三名。在奥运战略下，我国各个项目中心都把目标定位在以奥运会为代表的国际大赛上争金夺银。尽管中国篮球，尤其是中国男篮不具备在奥运会上争夺金牌的实力，但是极力争夺好的比赛名次是第一要务。为此，2005 年中国篮协第一次聘请了外籍主教练，旨在完成“保八”任务或实现超越。但是，尽管中国男篮拥有天时地利人和，最终还只是维系了第八名的最好成绩。

篮球、足球等球类集体项目在奥运战略下，始终未能实现期望的效益。因此，理性而客观地审视奥运战略的普适性不仅是一个理论探讨问题，也是一个实事求是的过程。我国竞技篮球竞技成绩一直未有突破的原因是多方面的，既有人才的问题，也有体质的问题。美国篮球的强大犹如中国乒乓球的强大一样，除了深厚的群众基础，契合项目特点的体质特征也是重要原因。北京奥运会中国男篮拥有了被誉为有史以来最具天赋的球员组合，尽管被国人赋予厚望，但最终还是未能突破历史第八的最好成绩。有专家指出，第八名是今后较长时间内中国男篮的奋斗目标。因此，对于我国竞技篮球，尤其是男篮的竞技成绩期望需要理性而客观地对待，不能以一次国际大赛的名次说明一切，更不能简单地把国际大赛的失败归咎于竞技篮球职业化或CBA联赛。鉴于此，举国体制发展我国竞技篮球，短期内不宜使用奥运战略进行绩效考核。

举国体制作为我国竞技体育的管理体制，它的绩效是通过具体的竞技体育项目实现的，不同项目呈现出较大的差异性。同样，举国体制的改革与创新也要考虑项目发展实际，区别对待、逐步推进。对于目前境况下的中国男子篮球项目来说，工作的重心应该放在后备人才培养、项目普及、进一步扩大群众基础、不断提升篮球文化素养，CBA联赛和国家队都应服务于这一工作重心。

第六节 完善我国竞技篮球职业化运行机制

机制一词原指机器的构造和工作原理，后用来借指有机体各部分的结构、功能、特性及其相互联系和相互作用等。社会科学领域引入机制概念，用来研究各种社会事物和现象之间的结构、相互关系和内外影响，从而为社会管理提供了新的理论视角和方法①。机制是体制发挥作用的载体，体制与机制是一一对应的。体制不同，机制也不同，体制变革，本质上就是机制的转变，转变机制必须进行体制变革。机制是体制运行的方式和表现，它是以体制为基础，为体制的管理系统服务的。因此，机制的建立是否科学、合理，是资源能否合理配置的基础。“如果机制不健全或不科学，势必影响资源的合理配置，影响整个市场的正常运行”②。

我国竞技篮球职业化经过十几年的改革探索，在篮协（或篮管中心）的主导下，逐步建立起一套“职业篮球市场”的运行机制。下面依据现代企业发展运行必备的决策机制、动力机制、约束机制、创新机制、管理机制、经营机制寻求，对我国竞技篮球职业化运行机制进行改革和完善的理论分析。

一、决策机制

关于什么是决策机制的问题，可谓众说纷纭，仁者见仁。基于决策主体的关系视角，我国学者沈荣华也指出，决策机制是指政府决策参与主体之间相互联系和相互作用的模式③。决策参与主体可以分为两种类型：一是决策者，即有权对

① 刘敏军．中国共产党执政决策机制改革研究［D］．湖南师范大学，2008：18－19.
② 杨铁黎．职业篮球市场论［M］．北京：北京体育大学出版社，2003：116－117.
③ 沈荣华．政府机制［M］．北京：国家行政学院出版社，2003：211.

决策方案做出抉择的政府机构及其组成人员；二是决策参与者，即以不同方式参与决策的各种机构、组织和个人。构建决策机制的目的，在于通过制度安排，使决策参与主体之间形成合理而顺畅的运作关系，形成共同遵循的决策规程，以提高决策主体的决策能力。因此，决策机制分析所关注的问题，主要是如何确立各种参与决策主体之间相互联系、相互作用的方式和过程。

（一）我国竞技篮球职业化决策机制现状

我国竞技篮球职业化是在政府主导下推进的，在我国现有"职业篮球"管理体制中，篮协（或篮管中心）居于强势主导地位。尽管篮协和俱乐部之间既无行政隶属关系，也没有产权的法律关系，但是在法律赋予和俱乐部准入认可下，篮协掌握着整个联赛市场的开发运作、市场开发权限以及联赛收益的分配权限，对于联赛的重大事件也是由篮协决策。在联赛委员会成立以前，联赛的决策权完全掌握在篮协手中，决策程序直接出台制度或规则即可。2005 联赛委员会成立后，决策程序一般是由篮管中心提出议案，然后递交联赛委员会商议进行表决。尽管《CBA 联赛委员会章程》明确表明，联赛委员会全体会议是联赛的最高权力机构。但是，章程同时指出，联赛委员会是在篮协授权范围内开展工作的，接受中国篮协领导、指导和监督。可见，联赛的决策权还是掌握在篮协手中。俱乐部尽管是联赛的主要投资者，但是在实践中不具备真正的决策权。而篮协作为政府的职能部门，它的职责使命是关注自身的任务和使命（包括领导人的政绩考量），因此在决策中，作为决策主体的篮协不可能客观而均衡地顾及决策参与主体的利益需求。目前，尽管联赛发展融入了多种所有制形式和多元利益主体的积极参与，但是在篮协一家说了算的决策机制尚未得到根本改观。

（二）完善我国竞技篮球职业化决策机制的构想

党的十七大报告指出："推进决策科学化、民主化，完善决策信息和智力支持系统，增强决策透明度和公众参与度，制定与群众利益密切相关的法律法规和公共政策原则上要公开听取意见。"① 可见，执政决策机制改革是一项复杂的系统工程。结合我国竞技篮球职业化发展实际，完善决策机制主要体现在以下方面：

① 十七大报告辅导读本［M］．北京：人民出版社，2007：29.

1. 科学决策

科学是在客观事实基础之上，对客观规律的认识和揭示。我国竞技篮球职业化科学决策必须遵循以下基本要求：第一是任何决策必须符合客观规律，必须从我国竞技篮球发展现状和竞技篮球职业化初级阶段出发，做到实事求是。第二是必须充分了解世界竞技篮球发展现状和世界职业篮球发展经验的总结，对世界职业篮球的发生、现状和趋势有充分了解。第三是决策要有长远的战略眼光，避免短视行为，尽力处理好联赛发展的当前利益和长远利益，俱乐部个体利益和联赛整体利益之间的均衡。第四是决策的价值取向应做到公共利益取向，即决策的制定和实施要站在联赛整体利益的角度，避免篮协决策为篮协的狭隘理念。

2. 民主决策

所谓决策民主化，是指决策主体在决策过程中与联赛利益主体保持密切联系，最大限度地让俱乐部参与决策，使俱乐部能够通过各种有效的信息渠道，充分表达对各种政策方案的意见和建议。具体而言，决策民主化的基本内涵：一是决策价值取向的民主化。任何决策要以反映和实现联赛整体利益作为根本宗旨。这就需要充分尊重俱乐部的发展诉求，广泛征求和听取俱乐部的意见，准确把握俱乐部的意向和愿望。二是扩大和明晰决策范围。目前，联赛委员会是在篮协的授权范围下开展议事商榷的，但是章程中所指的重要事件涵盖哪些方面存在模糊和笼统。因此，对于应该明确联赛委员会的决策范围，对于任何有关联赛发展的决策都在权限之列。三是决策制定程序符合民主化。在执政决策过程中广开言路，集中各个俱乐部的智慧和优势，使决策成为联赛利益群体的共识。

二、动力机制

动力机制是指推动事物发展的动力要素，以及这些要素在事物发展过程中如何起作用。从经济学角度看，“动力机制主要是指经济体在其实现某种目标的过程中，受到的来自经济体内部和外部的各种力量以及通过这些力量的构成要素、结构、作用过程和作用机理等形成的统一体”①。具体到我国竞技篮球职业化动力机制，其实质是指满足联赛参与主体的利益，充分发挥其工作积极性，调动其潜在能动性，最终形成合力促进我国竞技篮球职业化稳步发展。

① 王欣，靖继鹏．信息产业演化的动力机制研究［J］．情报科学，2009，27，(12)：1885—1890.

（一）我国竞技篮球职业化动力机制现状

由于国情和体制的原因，我国竞技篮球职业化制度设计具有明显的“双轨制”特点。联赛的决策权和主导权掌握在篮协（或篮管中心）手中，同时积极引导社会资本和多种所有制形式参与其中，继而积极挖掘市场机制的作用。同时作为联赛的两大主体，篮协和俱乐部由于不同的角色定位，也造成了不同的发展动力。篮协作为政府的职能部门，职责和使命（领导人的政绩需要也是重要因素）决定了竞技成绩提高是其主要发展动力。而俱乐部作为市场主体形式之一，追求市场回报是其原始发展动力。但目前联赛的决策权和市场开发权掌握在篮协手中，俱乐部拥有的决策参与权和有限的市场开发权是在篮协的授权下获取的，距离俱乐部的发展诉求尚存在较大距离。逐利是资本的天性，目前大多数俱乐部赤字运行的困境在一定程度上影响了其发展信心和动力。当然，广告效应和社会效益的获取，在较大程度上弥补了俱乐部发展动力的不足。

（二）完善我国竞技篮球职业化动力机制的构想

相比较 NBA 联盟一体化动力机制，CBA 联赛的动力机制尚未形成统一体。篮协和俱乐部作为联赛的两大主体，各自的发展动力不尽相同。篮协的发展动力主要体现在竞技成绩的提升或保持，职业化只是手段，目的是通过联赛培养人才，提升水平继而创造理想竞技成绩。既是自身发展的需要，也是适应世界竞技篮球职业化发展趋势的需要。而创造理想竞技成绩的动力源是充沛的优秀篮球人才，因此只有扎实推进人才培养工程，才能保持篮协发展联赛的动力，否则在巨大的成绩压力下，篮协的职业化发展规划势必反复和动荡。

从俱乐部动力方面，逐利是主要的动力，参加联赛是手段，目的是获取市场回报。因此，逐步增加俱乐部的市场开发权限是增强俱乐部发展动力的直接有效手段。从本质上来说，俱乐部的发展动力主要依靠经费投入和优秀球员。在联赛整体层面来说，发展动力一方面是国家宏观政策的支持，另一方面发展动力来自联赛参与主体利益调解机制的均衡，从而统一思想，形成发展合力。基于此，国家在宏观上需要不断给予职业体育发展政策空间和鼓励措施。

篮协方面，在可预期时间内重新设计联赛市场开发的规划，积极拓展开发空间，提升市场效益，使得联赛参与主体真正分享职业联赛发展成果。当然，这一切都建立在丰富的人力资源基础之上，包括充沛的优秀运动员、高水平的教练员以及大量的职业篮球市场运作的相关专业人才。

三、约束机制

无以规矩，不成方圆。上至国家下至普通民众，总有一系列规则限制其行为在既定的目标范围之内。所谓约束机制是指为了规范组织成员行为而制定和颁布的具有规范性要求、标准的规章制度和手段的总称。依据约束形成的机制，约束机制分为外生性和内生性。外生性约束机制来自组织外部，比如行政、法律等。内生性约束机制来自组织内部的约束，如管理体制的约束。

（一）我国竞技篮球职业约束机制现状

由于我国竞技篮球职业化是多种利益主体参与的市场化、社会化探索，而不同利益主体有着不同的约束机制。

1. 联赛

NBA等西方较为成熟的职业体育联赛，其约束机制主要体现在政府的宏观调控，政府通过制定一系列规章制度引导和规范联赛的平稳发展。CBA联赛作为我国竞技篮球职业化的载体或试验田，联赛是在协会的主导下开展的，联赛的所有权、决策权掌握在篮协的手中。因此，联赛的约束机制体现在篮协的部门文件和章程中。目前，我国政府关于职业体育发展的规章制度和行为规范基本缺失，对于联赛的约束是通过政府的职能部门代替行使监督约束职能，于是便形成了篮球协会约束自己的局面。实践证明，这种约束机制缺乏科学性和透明性。我国足球职业化积存问题的集中爆发，有力证明了目前我国职业体育联赛缺乏约束机制的有效监管。

2. 篮协（篮管中心）

中国篮球协会虽然名义上是社团组织，而篮球运动管理中心是协会向实体化过度的产物。但是二者实际上是“一套人马，两块牌子”。联赛的发展和规划始终掌握在篮协的手中，CBA俱乐部准入标准明确规定联赛的所有权归中国篮协。目前，篮协的约束主要来自国家体育总局，而约束的主要形式就是竞技成绩的好坏，以及领导人的工作和绩效考核。而对于联赛以及篮协如何发展规划联赛，基本处于约束缺失的局面，足球职业化失败教训以及篮协不同领导人不同的发展规划都是有力的证明。可见，篮协的约束主要来自篮协自身，或者说来自协会领导人的批评和自我批评。

3. 俱乐部

俱乐部作为联赛的主要组织形式，也是联赛主要投资主体，理应成为联赛发展的主要决策者。但是由于我国国情和体制的原因，俱乐部目前在联赛的发展中还处于弱势地位。俱乐部的约束主要来自以下方面：

(1) 篮协的章程或准入约束

在CBA联赛环境下，篮协和俱乐部在行政上没有上下级的隶属关系，在产权上也没有法律关系。因此，篮协对于俱乐部的约束是通过联赛章程和后来的准入细则对俱乐部进行约束的。对于俱乐部的违规行为，篮协根据相关规章进行通报批评、经济处罚直至强制俱乐部退出整顿。客观而言，篮协在整体和外部层面对于俱乐部的约束还是比较有力的。但是，在俱乐部具体内部的运行监督方面尚缺乏有力举措。比如俱乐部的资金情况、球员薪水发放情况、外援的薪水额度以及后备梯队建设的实际效果等方面的约束存在漏洞或缺失。

(2) 俱乐部之间的竞争约束

随着我国职业体育俱乐部逐步进入联赛市场，市场经济特有的“优胜劣汰，适者生存”的竞争机制，正在对俱乐部的运行发挥约束作用①。结合CBA联赛市场目前发展现状，俱乐部之间的竞争约束主要体现在联赛成绩排名。联赛名次的高低不仅仅是为了篮协的收益分成，更为主要的是使得赞助商获取更大的商业回报，而对于俱乐部来说，由于联赛成绩的良好带来更多的社会关注和媒体曝光，从而生产更多的注意力经济。但是，CBA联赛多数俱乐部为了快速提升球队竞争实力，争取更好的比赛名次，在投资投入和外援引进方面陷入“恶性竞争“的局面。究其原因，一是外援水平确实高于国内球员；二是俱乐部发展存在投机和短视行为，篮协在监督约束方面存在缺失。

(二) 完善我国竞技篮球职业化约束机制的构想

约束机制和动力机制的作用力方向正好相反，但是其最终目标是趋同的，即为了机制作用对象的更好发展。基于目前我国竞技篮球职业化约束机制存在的不足，建议从以下方面进行完善。

联赛方面。目前，我国已经开展的职业联赛虽然是政府主导下开展的，但是实质上是政府的职能部门——协会推进，国家层面的宏观约束机制基本空缺，即使作为项目协会的直接主管领导，体育总局对于相关项目的职业化约束除去竞技

① 张林．职业体育俱乐部运行机制［M］．北京：人民体育出版社，2001：128—129.

成绩压力之外，也没有具体有效的约束手段和方式。足球职业化出现的种种问题就是充分证明。因此，为了职业体育的更好发展，进一步规范联赛市场运作，国家有必要出台具体的职业体育管理和监督的法律法规或产业政策。2010年3月19日中华人民共和国国务院办公厅颁布了《关于加快发展体育产业的指导意见》[①]。意见的出台标志着我国职业体育一直以来由部门推进向政府推进的根本转变。

篮协方面。改善篮协的约束机制可以从内外两个方面进行，外部约束来自总局的监督指导，对于篮协领导人实行问责制。内部约束需要进一步加大联赛委员会的约束权限，使得联赛委员会逐步成为联赛发展决策的最高权力组织。

俱乐部方面。目前，篮协对于俱乐部的约束机制大多体现在宏观和书面契约上，而对于俱乐部内部一些关系联赛发展的运行活动缺乏必要的、有效的监督和约束。因此，目前篮协应该加大俱乐部的财务活动监管，大力推进俱乐部财务电算化远程监控，加大对俱乐部球员薪水额度及发放情况的监管约束。此外，篮协应该始终如一地监督约束俱乐部后备梯队建设。

四、创新机制

“创新是一个民族进步的灵魂，是国家兴旺发达的不竭动力。如果自主创新能力上不去，一味靠技术引进，就永远难以摆脱技术落后的局面。一个没有创新能力的民族，难以屹立于世界先进民族之林”。[②] 我国竞技篮球职业化是在借鉴国外职业体育运作模式和发展经验的基础上开展的改革探索。回顾十几年的探索发展，尽管取得了一些客观的成绩效益，但是在创新体制方面还存在严重不足，CBA联赛在很大程度上依托于NBA联赛的移植和模仿。NBA许多经验确实具有科学性和先进性，但是中国有中国的国情和体制，如果一味地照搬模仿永远处于被动和弱势。根据CBA联赛发展实际以及研究需要，管理团队创新显得尤为重要。

管理的目标就是提高效率，而团队管理已经成为现代社会管理的理想模式。而高层管理团队（Top Management Team，简称TMT）的研究自20世纪80年

① 国务院办公厅“关于加快发展体育产业的指导意见”[N]．中国体育报，2010－3－26.

② 江泽民在1995年在全国科学技术大会上的讲话.

代以来开始盛行。管理者们通过以团队形式的合作，被认为可以最大化他们的努力[①]。因此，高层管理团队被认为能够处理由于复杂和混乱的外部环境而导致高管阶层复杂化的任务。可见，科学合理的团队管理是解决发展困境的有效方法。“人口特征学方法主要强调上层管理者的背景、经验、价值观、认知模式和认知结构对于管理者所作出的决策具有一定的解释力”。[②] 研究认为，TMT 异质性与组织绩效之间也建立了一定关联性。有学者认为，对于日常性的问题而言，同质性团队更有效；而对于难于清晰界定，对创新性要求较高的问题而言，由不同观点、知识和背景的人所构成的异质性团队更高效。可见，管理团队的人员构成、学缘关系对于组织绩效都会产生重要影响。我国竞技篮球职业化是在篮协的指导下开展的改革探索，CBA 联赛的管理权、决策权都掌握在篮协的手中，而篮协职权的行使是通过自然人，即领导层团队实现的。现代管理学研究认为，多元化团队是管理团队发展趋势。

（一）目前，中国篮协同质性管理团队情况

中国篮协和篮球运动管理中心是“一套人马，两块牌子”，全面管理中国篮球运动整体发展。而在目前管理体制下，篮协领导人及其团队的管理素养直接影响到篮球运动和联赛的发展。随着足球职业化问题的集中暴露，足协领导人的地缘或学缘显示，沈阳体院是足协领导人团队的主要输出基地。而由于地缘、学缘或师生、上下级关系，在实际管理中往往会形成同质性团队，而同质性团队的创新能力往往表现较差。职业化在我国本身就是一项探索性、持续性较高的难点和重点问题。因此，从此意义上来说，足协 TMT 人员构成必须走多元化道路。反观中国篮协 TMT，由于篮协属于国家体育总局下级职能部门，而北京体育大学又是体育总局直属单位。因此，在现实中篮协的主要领导大多来自北京体育大学，北京体育大学也成为篮协领导团队的主要输送基地。和足协一样，篮协管理团队由于同属体育大学学缘或地缘，因此很容易形成同质性团队。实践表明，篮协同质性管理团队在寻求我国竞技篮球职业化发展困境的解决路径上始终没有突破。

① CARPENTER GELETKANYCZ SANDERS. Upper echelons, research revisited: antecedents elements and consequences of top management team composition [J]. Journal of Management. 2004, 30: 749－778.

② 高静美，郭劲光．高层管理团队（TMT）的人口特征学方法与社会认知方法的比较研究［J］．国外社会科学，2006，6：39－46.

（二）中国篮协异质性管理团队构想

“团队结构研究主要集中在多元化或相似性的效应上，涉及内容包括年龄、性别、婚姻、种族、教育背景、部门背景等。”① 篮协组建多元化团队的目的是寻求不同成员之间，通过合作能在团队内创造协同效应。多元化团队优势体现在，多元化团队内部存在较大的非均质性，这种非均质性的存在对于解决当前我国竞技篮球职业化发展困境是尤其重要的。多元化团队可以允许更大程度的意见和观点的多样性和不确定的存在，更有利于团队的决策。基于博弈论的相关研究也指出，由多元文化组成的团队往往会选择合作型的方案。基于此，在篮协管理团队的构成上，应该避免“同出一校，同出师门”的单一来源。在管理团队包括篮协主要领导人的任命上，应该从全国范围内遴选合适对象。一方面，有利于异质性管理团队的形成；另一方面，在一定程度上避免了利益集团的形成。

“研者不训，训者不研”是我国篮球理论和实践脱离的真实写照，而近年来中国篮球协会管理团队也呈现出“研者为官”的单一局面，领导团队的主要领导人几乎全部来自院校理论工作者，而具有篮球专业背景、熟悉篮球项目规律的实践工作者非常缺乏。中国男篮在历史上曾经创造了可喜的成绩，除了运动员、教练员的刻苦训练外，牟作云、杨伯镛等深谙篮球项目规律的领导团队也发挥了重要的管理、决策和引领作用。因此，鉴于目前中国篮协领导团队院校单一化严重的局面，应该积极吸收和培养具有篮球运动实践的管理人才，做到院校理论工作者和实践工作者的有机结合。

一个管理团队要保持持续创新能力，就要认真分析当前和未来管理人才的年龄结构，在人才选拔和干部培养中做到有的放矢。而在目前的中国篮协管理团队的高层中，大多数年龄集中于50岁，年龄结构过于趋同集中。因此，为了优化管理团队年龄结构，有利于形成良好的领导干部梯队建设，中国篮协在管理团队的构建方面，应该充分考虑“老中青”合理搭配的年龄结构。

五、管理机制

科学高效的运行管理机制，既是所有体制变革的内在要求，更是其变革优势和效益的基础与支撑。从战略管理的角度看，体制变革风险成本高、操作难度大，具有明显的阶段性特点。“而创新发展运行管理机制，则因其更追求既有体

① 芦慧，柯江林．高层管理团队理论研究综述［J］．科技进步与对策，2010，27（1）：155－159.

制下的最大效益，也必须持续推进、不断地健全和完善。”①

(一) 我国竞技篮球职业化运行管理机制现状

通过前面的分析可知，目前我国竞技篮球职业化管理机制的突出特征是“政企合一，管办不分”。这里的“政”既包括篮协，又包括与企业合办俱乐部相关的省市体育局。篮协本是一个公益性的社会团体，但实际上篮协的角色是政府的职能部门，CBA 联赛的所有权、管理权和决策权都掌握在篮协的手中。尽管 1997 年成立了篮球运动管理中心，篮管中心是篮协走向实体化的过度组织，但是目前二者是“一套人马，两块牌子”。在篮协掌握联赛管理权的同时，联赛的经营权也掌握在篮协手中。CBA 联赛的经营权大多掌握在中篮公司，篮协占有公司 51%的股份。而俱乐部的经营权限是在篮协授权下获取的。目前 CBA 半数以上俱乐部在产权上是清晰的，与地方俱乐部没有股权或产权联系。而在与企业合办的俱乐部中，当地省市体育局在很大程度上掌握着俱乐部的发展规划以及重大决策。比如，辽宁盼盼俱乐部是与省体育局合办的，若俱乐部盈利则体育局分享 30%的收益，但是若亏损体育局也不投入。可见，不管是篮协还是省市体育局，“管办不分”“政企合一”的运行管理机制，严重制约了职业联赛的健康发展。

(二) 完善我国竞技篮球职业化运行管理机制的构想

2010 年 3 月 19 日，中华人民共和国国务院办公厅颁发了《关于加快发展体育产业的指导意见》，意见明确指出，职业体育是现代竞技体育发展的重要组织形式，职业体育对于拓宽体育发展手段和方式，促进大众体育发展具有积极意义。在借鉴国际发展经验的基础上，国家要鼓励和引导足球、篮球等职业体育赛事。逐步实现职业体育运行“政企放开”“政事放开”“政社分开”。充分发挥市场在我国体育资源配置中的基础性作用，消除和防止对体育资源的限制和垄断②。基于国务院办公厅意见精神，结合我国竞技篮球职业化运行管理机制现状，改革和完善运行管理体制的构想主要体现在以下方面。首先，进一步完善监管机制，使得联赛参与主体在宏观上接受共同的行为准则，做到“有所为，有所不为”。其次，进一步加强和完善联赛委员会的权力和职责。最后，逐步收回联

① 彭勃．高度重视训练管理机制的创新发展［N］．解放军报，2009 年 9 月 17.

② 国务院办公厅“关于加快发展体育产业的指导意见”［N］．中国体育报，2010－3－26.

赛经营开发权交，由联赛委员会进行决策，让联赛委员会商讨决策联赛经营开发权的委托代理。

六、经营机制

经营机制是现代企业核心竞争力的直接组成部分，指决定企业经营行为的各种内在因素及其相互关系的总称。职业体育作为现代体育发展的重要组织形式，在本质上职业体育就是一种经济活动，是经济活动就必然追求效益和利润，而不断完善经营机制是实现预期效益和利润的重要保障。

（一）我国竞技篮球职业化经营机制现状

“美国体育中每个项目都有一个机构，叫运动卡特尔，它是职业运动公司对该项目整体运作的组织（限制各公司之间对运动员的竞争，分配市场，综合管理开发市场），是各职业运动公司的代表。”① NBA也是如此，联盟垄断着美国职业篮球市场资源，同时结合实施国际化战略，从而产生高额的利润回报。而CBA联赛也存在着垄断，垄断的主体是篮协。在经营机制方面，在利益的博弈过程中，俱乐部获取部分经营空间，目前主要是门票和冠名。由于各支俱乐部竞技实力和品牌影响力差距较大，在分散的经营状态下，俱乐部的整体经营收益普遍较低。一方面缺乏足够的经营空间，另一方面缺乏高水平的赛事载体，因为高水平的赛事是职业体育的核心产品。在篮协方面，篮协拥有大部分联赛经营开发权限，由于篮协是政府职能部门，搞经营开发不是其专长，于是篮协委托中篮赢方进行联赛整体经营开发，篮协专注于联赛和篮球运动的管理和规划。于是形成了“举国体制办篮球，资本主义搞市场”的中国特色联赛经营机制。

（二）完善我国竞技篮球职业化经营机制的构想

在借鉴国际职业篮球发展经验的基础上，结合我国竞技篮球职业化发展趋势，转变和完善经营机制的构想主要体现在以下方面：首先，篮协在结束与赢方公司合作之前，把“如何进行下一步联赛经营开发”的议题交于联赛委员会充分论证商讨，最后形成决策。从而避免联赛开发的盲目与短视行为，逐步增加联赛

① 王庆伟．论西方发达国家职业体育联盟形成的经济学依据［J］．西安体育学院学报，2005，22（5）：9－14.

经营开发的预期收益。其次，由联赛委员会商讨决策成立“CBA 联赛公司”，当然基于改革的渐进性和稳定性，篮协可以成为“CBA 联赛公司”的最大股东。“公司（Corporation）其应有之义就是多个主体资金的联合，即主体多元化的企业组织。”[①] CBA 成立联赛公司，就意味着真正意义上的投资主体多样化，投资主体多样化并不是和国有制不相容的，并不意味着所有者性质的改变，改变的只是公有制的实现形式。CBA 成立联赛公司，各支俱乐部分别成为联赛公司的股东，联赛公司选举成立股东大会、董事会、监事会，从而代替联赛委员会。联赛的经营开发交由联赛公司整体运作，收益分成在平均基数的基础上考虑联赛排名奖金，篮协的经营性收入可以用作篮球运动的发展基金。

本章小结

我国竞技篮球职业化发展困境的产生是发展进程中的必然，随着发展理念、管理手段、政府职能、管理体制和运行机制等制约因素的创新和发展，发展困境也将得到逐步解决，解决的过程具有渐进性特点和阶段性目标。

（1）竞技篮球是职业篮球的保障基础，职业篮球是竞技篮球发展的高级阶段。在职业化改革初期，保障国家队竞技成绩是保障 CBA 联赛平稳发展的重要前提。

（2）有效整合篮球人才培养资源，由于处于社会转型期以及我国竞技篮球与职业篮球融合交错阶段，传统的三级训练网篮球人才培养模式发生了巨大改变，继而形成了多种模式的人才，但是各种模式在衔接性和协同性方面存在较大问题，因此政府有必要利用行政、政策、市场等多种手段加以整合。

（3）加强政府对篮球职业化的监督管理。一方面，总局加强对篮协的监督管理，尤其是发展规划的督促建设。另一方面，篮协对职业篮球俱乐部的有效监督，在法律上以及参与主体的协议认可中，篮协拥有 CBA 联赛的监督管理权限。目前的篮协的监督管理主要内容包括：对俱乐部人才培养的监管、俱乐部内部制度建设。

（4）制度作为行为的准则，市场经济就是法治经济。我国竞技篮球职业化改革发展的制度保障在于宏观层面的法律法规、中观层面的联赛制度、微观层面的思想道德教育等不同维度的制度化建设。

---

① 刘诗白．体制转型论［M］．北京：生活·读书·新知三联出版社，2008：166－167.

(5) 举国体制作为我国竞技体育的管理体制，巨大的历史成就生动地佐证了举国体制强大的生命力和优越性。在举国体制下，奥运战略成为当前我国竞技体育项目的追求目标，但是篮球等球类集体项目的奥运战略实施效果甚微。因此，改革和创新举国体制的发展方式，是突破我国竞技篮球以及竞技篮球职业化发展困境的根本所在。

(6) 目前，完善我国竞技篮球职业化运行机制主要体现在：民主科学的决策机制；不断提升联赛水平、篮协有效下放权限、俱乐部以人为本的动力机制；政府宏观推动、篮协优化管理、俱乐部自我规范的约束机制；优化管理团队的年龄、知识、经历结构，不断探索管理团队人员遴选的创新机制；“政企分开、管办分离”的管理机制；探索成立“CBA联赛公司”的经营机制。

第六章 结论和建议

第一节 结 论

（1）欧美篮球强国一直引领和主导世界竞技篮球发展潮流。近年来随着西亚篮球的快速崛起加之大洋洲球队的加入。迅速改变了亚洲篮球竞争格局，中国男子篮球面临新的严峻考验。世界竞技篮球强国发展路径显示，职业化是发展现代篮球运动的创新手段和重要路径之一，而不同国家篮球职业化发展经验表明，竞技篮球水平稳步提高和篮球人才不断涌现是职业化的基本保障。

（2）我国竞技篮球职业化改革设计是为了提升竞技成绩，从职业化改革前后的国家队竞技成绩来看，CBA 联赛没有达到预期目标。但是，联赛也为中国篮球带来了一些积极的变化，主要体现在：发展方式的转变，所有制结构的调整、品牌影响力的提升、市场开发的深入、人才培养的拓展、职业精神的唤醒以及中外文化的交流。

（3）我国竞技篮球职业化发展困境表现在多个方面：国家队竞技成绩影响着联赛政策的稳定性；指导思想过于理想化，脱离了中国国情和联赛发展实际；职业化水平低，主要体现在参与主体职业意识整体淡薄和职业工作标准缺乏；市场开发薄弱不仅表现在俱乐部，篮协市场开发收益也较低，从而造成联赛受益入不敷出。竞赛体系不完善主要表现在主导性、波动性、模仿性。颠覆性隐患存在于竞技成绩的重大滑坡、联赛不正之风以及缺乏有效的民主监督。

（4）我国竞技篮球职业化发展困境是由不同层面的多种因素造成的，“管办不分，政企合一”的管理体制约束；国内优秀球员的匮乏、外援依赖的人才瓶颈制约；篮球职业化目标定位模糊不清，急功近利；法制化建设滞后使得联赛发展缺乏法律地位和政策推动；转型期政府与市场的博弈，以及转型期存在的不确定性，也是我国竞技篮球职业化发展困境产生的外部因素。而市场主体地位未确立直接导致了 CBA 联赛市场开发薄弱。

（5）我国竞技篮球职业化发展困境存在必然性的同时，也存在阶段性的路径选择。第一阶段，保障国家队竞技成绩提升和有效整合篮球人才培养资源。第二阶段，强化监督职能和深化联赛制度建设。通过有效监督避免联赛发展的随意性和人为性，通过制度完善确保联赛发展稳定性和可持续性。第三阶段，依托管理体制改革与运行机制创新。举国体制的发展理念急需更新，在发展方式和手段上避免“一刀切”，在此基础上进行运行机制的探索创新。

第二节　建　议

(1) CBA 联赛作为我国竞技篮球职业化的积极探索，在目前的初级发展阶段，不宜过度追求市场效益。当前的迫切任务是明确目标，培养人才，切实提高中国篮球整体水平，这是稳步实现各方利益的共同载体。

(2) 中国篮球协会作为联赛的管理团队，在人员构成上应避免同质性团队，尽量形成异质性团队，具体说应避免单一领域人员结构组建管理团队，做到理论型人才与实践型人才有机结合。在管理团队的年龄结构上应形成合理的梯队，同时篮协内部组织结构尽量保持稳定性。

(3) 我国竞技篮球职业化改革探索是由部门（篮协）推进的，鉴于部门自身利益的考量加之部门权力的有限，从而导致了发展理念的狭隘，联赛发展缺乏强有力的政策推动，未能充分调动和吸引社会力量的参与。因此，建议国家承认职业体育的法律地位，出台产业发展规划，明确界定各投资主体的职责和使命，积极推动职业篮球的稳步发展。

(4) 伴随中国进入新时代，中国体育也由体育大国向体育强国迈进。鉴于此，在建设体育强国的实践中，要把国民的健身意识和健康水平放在第一要务。在国家的引导下，逐步使得国民对待我国竞技体育发展趋于理性和客观。

(5) 在实施奥运战略中，实施区别对待的原则。对于传统金牌优势项目继续强化奥运战略的实施力度，金牌效益既是国家的需要，也是国民的需要。对于篮球项目，为了更好地实现既定目标，同时借鉴世界先进篮球国家的发展经验、发展方式可坚定地走职业化、市场化道路。

参考文献

[1] 林德布洛姆．政治与市场：世界的政治—经济制度［M］．王逸舟，译．上海：上海人民出版社，1996.

[2] 梁晓龙，鲍明晓，张林．举国体制［M］．北京：人民体育出版社，2006.

[3] 毛泽东．毛泽东选集（第一卷）［M］．2版．北京：人民出版社，1991.

[4] 吴冷西．十年论战（上）［M］．北京：中央文献出版社，1999.

[5] 邓小平．邓小平文选（第二卷）［M］．2版．北京：人民出版社，1994.

[6] 徐本力．21世纪中国竞技体育［M］．北京：北京体育大学出版社．2001.

[7] 熊晓正，夏思永，唐炎，等．我国竞技体育发展模式的研究［M］．北京：人民体育出版社，2008.

[8] 杨铁黎．职业篮球市场论［M］．北京：北京体育大学出版社，2003.

[9] 孙民治．篮球运动高级教程［M］．北京：人民体育出版社，2000.

[10] 张林．职业体育俱乐部运行机制［M］．北京：人民体育出版社，2001.

[11] 鲍明晓．财富体育论［M］北京：人民体育出版社，2012.

[12] 伍兹．体育运动中的社会学问题［M］．田慧，译．北京：人民体育出版社，2011.

[13] 潘光旦．人文史观［M］．上海：上海三联书店，2008.

[14] 费孝通．费孝通论文化与文化自觉［M］．北京：群言出版社，2005.

[15] 卢现祥．寻找一种好制度——卢现祥制度分析随笔集［M］．武汉：华中科技大学出版社，2010.

[16] 梁希仪．我在美国看篮球［M］．呼和浩特：内蒙古大学出版社，2008.

[17] 张文健．职业体育组织的演进与创新［M］．北京：北京体育大学出版社，2006.

[18] 田麦久．运动训练学［M］．北京：人民体育出版社，1994.

[19] 田麦久．运动训练学［M］．北京：高等教育出版社，2006.

[20] 熊晓正．体育概论［M］．北京：北京体育大学出版社，2008.

[21] 全国体育院校教材委员会．实用体育管理学［M］．北京：人民体育出版社，2004.

[22] 中共中央马克思恩格斯列宁斯大林著作编译局．列宁全集（第十二卷）[M]．2版．北京：人民出版社，1987.

[23] 孙晓红．闫涛．管理学[M]．大连：大连财经大学出版社，2005.

[24] 纪康宝．体育俱乐部市场化运作与现代化管理实务手册[M]．长春：吉林电子出版社，2003.

[25] 邓小平．邓小平文选（第三卷）[M]．北京：人民出版社，1993.

[26] 章辉美．社会转型与社会问题[M]．长沙：湖南大学出版社，2004.

[27] 叶国雄，陈树华．篮球运动研究必读[M]．北京：人民体育出版社，1999.

[28] 费孝通．论文化与文化自觉[M]．北京：群言出版社，2005.

[29] 法律出版社法规中心．中华人民共和国常用法律大全[M]．北京：法律出版社，2004.

[30] 柯武刚，史漫飞．制度经济学——社会秩序与公共政策[M]．北京：商务印书馆，2000.

[31] 毛泽东．毛泽东选集（第三卷）[M]．北京：人民出版社，1991.

[32] 中共中央文献研究室．社会主义精神文明建设选编[M]．北京：中央文献出版社，1996.

[33] 谭崇台．发展经济学的新发展[M]．武汉：武汉大学出版社，1999.

[34] 邹东涛．中国经济体制创新——改革年华的探索（上）[M]．北京：人民出版社，2003.

[35] 徐本力．21世纪中国竞技体育[M]．北京：北京体育大学出版社，2001.

[36] 杨铁黎．职业篮球市场论[M]．北京：北京体育大学出版社，2003.

[37] 沈荣华．政府机制[M]．北京：国家行政学院出版社，2003.

[38]《十七大报告辅导读本》编写组．十七大报告辅导读本[M]．北京：人民出版社，2007.

[39] 张林．职业体育俱乐部运行机制[M]．北京：人民体育出版社，2001.

[40] 刘诗白．体制转型论[M]．北京：生活·读书·新知三联书店，2008.

[41] 陈钧，孙民治．“篮球职业化”概念的界定[J]．体育学刊，2002（4）：108－110.

[42] 梁继超，郑德荣．中国特色社会主义道路的历史逻辑[J]．毛泽东思想研究，2010（2）：41－45.

[43] 梁晓龙．举国体制：中国发展竞技体育的成功之路（上）[J]．广州体育学院学报，2005（6）：1－5.

[44] 熊晓正，郑国华．我国竞技体育发展模式的形成、演变与重构 [J]．体育科学，2007（10）：3－17.

[45] 何强，熊晓正．我国竞技体育发展模式及其选择 [J]．体育学刊，2010（4）：8－12.

[46] 孙民治．从篮球运动本质及发展进程论国际强队的格局与形成要素 [J]．体育学刊，2003（6）：109－112.

[47] 杨桦．论篮球运动的本质、特征及规律 [J]．成都体育学院学报，2001（4）：60－62.

[48] 贾志强．我国竞技篮球发展环境特征研究 [J]．北京体育大学学报，2008（4）：546－549.

[49] 王郓，周贤江．竞技篮球运动时空特征与制胜因素的探讨 [J]．武汉体育学院学报，2003（5）：70－72.

[50] 池建，苗向军，米靖，等．现代竞技篮球比赛负荷特征研究 [J]．北京体育大学学报，2007（2）：145－148.

[51] 潘杰．试论竞技篮球运动的美学特性 [J]．辽宁体育科技，2004（4）：18－22.

[52] 辜德宏，刘伟一，王金稳．竞技篮球的运动美探析 [J]．四川体育科学，2007（1）：77－80.

[53] 李颖川，孙民治，于振峰．新视角下的篮球文化内涵、现状与趋势的再研究 [J]．北京体育大学学报，2006（6）：726－730.

[54] 刘玉林．世界篮球运动发展趋势和我国篮球运动改革现状 [J]．成都体育学院学报，2000（2）：69－72.

[55] 刘旭．从NBA季后赛探析当代竞技篮球发展的新趋势 [J]．成都体育学院学报，2008（3）：49－52.

[56] 郭永东，唐大鹏，柴云梅，等．欧洲篮球与世界竞技篮球主流板块迁移 [J]．成都体育学院学报，2008（6）：49－52.

[57] 葛耀，李可可，施鲜丽．世界男子篮球竞技格局的演变及发展趋向 [J]．首都体育学院学报，2006（3）：92－95.

[58] 贾志强，祈红．我国竞技篮球运动发展现状及对策的研究 [J]．北京体育大学学报，2003（1）：115－117.

[59] 张华江，吴涛．中国竞技篮球运动发展的内外环境及其特征分析 [J]．体育科技文献通报，2008 (3)：6-7.

[60] 张华江，毛竹，汪哲．中国竞技篮球运动发展内外环境的优化研究 [J]．绵阳师范学院学报，2008 (2)：110-113.

[61] 刘刚，张锡庆．制约我国竞技篮球运动发展因素的分析 [J]．首都体育学院学报，2005 (2)：36-37.

[62] 毕仲春，陈丽珠，马小平．国家与市场关系变迁过程中——我国竞技篮球的市场化转变 [J]．北京体育大学学报，2007 (4)：555-557.

[63] 张雄，朱雷亚．中国竞技篮球人力资源生态环境的研究 [J]．体育文化导刊，2005 (4)：15-16.

[64] 于振峰，张振东，张建军，等．中国篮球竞技后备人才现状调查与培养对策 [J]．体育学刊，2002 (5)：123-126.

[65] 高建磊，陈树华，许永刚．我国篮球竞技后备人才可持续发展影响因素的研究 [J]．广州体育学院学报，2001 (1)：82-85.

[66] 张波，冯洪，张道启．我国竞技篮球人力资源可持续发展的研究 [J]．辽宁体育科技，2006 (3)：6-8.

[67] 孙义良，梁小军．我国职业篮球俱乐部现状与发展走向研究 [J]．武汉体育学院学报，2008 (3)：30-33.

[68] 周庆功．中国职业篮球俱乐部十年发展的主要问题分析与对策 [J]．体育与科学，2005 (2)：64-67.

[69] 范宏旗．对我国职业篮球俱乐部理想模式的研究 [J]．武汉体育学院学报，2000 (4)：6-8.

[70] 侯德红，武振盛．篮球俱乐部发展模式的研究 [J]．湘南学院学报，2009 (2)：110-113.

[71] 周武．我国职业篮球产业政府规制研究 [J]．体育科学，2008 (8)：65-80.

[72] 周贤江，王郓，高治．中国职业篮球运动的成长机理探析 [J]．武汉体育学院学报，2007 (7)：13-16.

[73] 吴永林．企业市场主体地位浅析 [J]．冶金经济与管理，1997 (4)：35-36.

[74] 白喜林，盛绍增．中国职业篮球俱乐部的经营现状与发展对策 [J]．中国体育科技，2000 (5)：35-37.

[75] 罗建章．对 CBA“宏远模式”的探析［J］．山东体育学院学报，2007（1）：30—33.

[76] 华凤岩．影响篮球项目竞技能力的主要因素分析［J］．北京体育大学学报，2009（6）：109—111.

[77] 张振东，陈永亮．我国男子篮球技战术风格研究［J］．体育文化导刊，2010（5）：46—50.

[78] 苗凤藻，郭涤．篮球赛前训练与比赛负荷强度之关系［J］．上海体育学院学报，1997（1）：65—69.

[79] 张宏成．从世界职业篮球的发展看中国职业篮球改革［J］．体育文化导刊，2002（6）：16—18.

[80] 陈钧，孙民治．美国篮球职业化的起因、发展给我们的启示［J］．西安体育学院学报，2002（4）：65—67.

[81] 杨铁黎，张建华，王必琪．NBA 职业篮球市场的成功经验及启示［J］．北京体育大学学报，2000（3）：300—302.

[82] 方武，刘买如．浅谈 NBA 的起源和成功秘诀［J］．湖北体育科技，2007（4）：414—415.

[83] 陈新键，杨欣．NBA 运行机制对 CBA 职业化改革启示的研究［J］．广州体育学院学报，2003（4）：27—28.

[84] 潘前．中美体育后备人才培养体制初探［J］．西安体育学院学报，2003（3）：23—25.

[85] 梁建平，李敦杰，汤悟先．对我国篮球职业化改革的思考［J］．北京体育大学学报，1996（2）：24—27.

[86] 李庚．首届 CNBA 职业联赛给中国篮坛带来了什么？［J］．篮球，1997（4）：34.

[87] 王贺立，姚望，杜丛新，等．中国篮球职业化进程回顾［J］．广州体育学院学报，2008（1）：18—21.

[88] 苑高兴，金卫东，李福祥，等．我国体育冠名权的法律性质分析［J］．体育与科学，2006（5）：40—42.

[89] 程培鹏．NBA 与 CBA 联赛赛制功能对比研究［J］．湖北体育科技，2007（5）：512—514.

[90] 杨杰，方俐洛，凌文铨．绩效评价的若干问题［J］．应用心理学，2000（2）：53—58.

[91] 杨桦，任海．转变体育发展方式由“赶超型”走向“可持续发展型”[J]．北京体育大学学报，2013（1）：1—9.

[92] 李培林．理性选择理论面临的挑战及其出路[J]．社会学研究，2001（6）：43—55.

[93] 刘健，舒盛芳．夏季奥运会竞赛项目全球影响力定量分析[J]．上海体育学院学报，2015（3）：23—27.

[94] 刘江船．社会影响力——传播学的新视角[J]．河南社会科学，2010（1）：180—182.

[95] 于建原，赵淳宇．市场影响力对企业创新绩效影响的分析与建议[J]．经济社会体制比较，2009（6）：168—172.

[96] 郝家春，汪如峰．CBA联赛品牌影响力及提升路径研究[J]．哈尔滨体育学院学报，2011（3）：7—10.

[97] 胡利军，杨远波．中国职业体育发展研究[J]．体育科学，2010（2）：28—40.

[98] 李国立．中美篮球文化符号构成差异与中国篮球文化的发展[J]．体育学刊，2014（4）：26—29.

[99] 鲍明晓．关于建立和完善新型举国体制的理论思考[J]．天津体育学院学报，2001（4）：48—51.

[100] 刘海涛．中国共产党指导思想的创新[J]．科学社会主义，2009（6）：14—17.

[101] 徐济成．CBA的“北极星计划”[J]．中国新闻周刊，2005（4）：65.

[102] 张桂宁．基于就业质量的职业意识教育探析[J]．广西民族大学学报（哲学社会科学版），2007（9）：138—140.

[103] 周武，范民运，曹芳平．我国职业篮球俱乐部无形资产评估指标体系研究[J]．北京体育大学学报，2004（9）：1184—1186.

[104] 徐丰，赵映辉．CBA篮球联赛裁判职业化可行性研究[J]．北京体育大学学报，2007（2）：185—186.

[105] 赵世飞．CBA职业联赛裁判职业化的必要性研究[J]．山东体育学院学报，2009（7）：84—86.

[106] 赵冰．职业道德悖论现象审思[J]．道德与文明，2010（2）：156—159.

[107] 程利群．CBA联赛人文环境优化问题探析[J]．体育与科学，2009（4）：65—72.

[108] 毕波．球迷文化内涵基本构成要素探析 [J]．体育与科学，2007 (5)：68—70.

[109] 林清，吴周礼．大力开发我国篮球市场 [J]．浙江树人大学学报，2003 (6)：40—42.

[110] 李开元，赵鲁南．我国职业体育俱乐部经费来源及市场开发状况探析 [J]．中国体育科技，2000 (10)：14—15.

[111] 金汕．球市断想 [J]．体育博览，1995 (10)：11—13.

[112] 刘勇，郭迪．中国足球“赌球”的成因及防治 [J]．长沙铁道学院学报，2009 (4)：24—25.

[113] 刘东锋．中国体育管理体制改革的路径选择 [J]．成都体育学院学报，2005 (2)：20—23.

[114] 马郑刚．缺乏监督的权力与缺乏权利的监督 [J]．科学社会主义，2005 (5)：34—36.

[115] 鲍明晓．论现阶段中国体育改革的艰巨性 [J]．武汉体育学院学报 1994 (2)：13—16.

[116] 张雄，朱雷亚．中国竞技篮球人力资源生态环境的研究 [J]．体育文化导刊，2005 (4)：14—16.

[117] 刘志民．上海市竞技体育可持续发展的社会学论述 [J]．成都体育学院学报，2001 (2)：54—55.

[118] 蔡晓波，金凯，海祥．国内外体育产业发展的法律环境比较研究 [J]．上海体育学院学报，2003 (6)：4—6.

[119] 贾文彤，郝永朝．欧洲职业足球中的法律制度对我国职业足球法制建设的启示 [J]．天津体育学院学报，2004 (3)：74—76.

[120] 李路路．社会变迁：风险与社会控制 [J]．中国人民大学学报，2004 (2)：10—16.

[121] 董雪，孙郧峰．塑造政府市场主体地位的几点建议 [J]．决策与咨询，2009 (2)：170—171.

[122] 吴永林．企业市场主体地位浅析 [J]．冶金经济与管理，1997 (4)：35—36.

[123] 孙义良，梁小军．我国职业篮球俱乐部现状与发展走向研究 [J]．武汉体育学院学报，2008 (3)：30—33.

[124] 杨桦．坚持和进一步完善我国竞技体育举国体制的研究 [J]．北京体育大学学报，2004 (5)：577—582.

[125] 孙民治，陈钧，方明．21 世纪世界篮球竞技运动的发展趋势——兼论中国篮球运动现状及对策 [J]．体育科学，2001 (1)：44—46.

[126] 陈少坚．转型期中国竞技体育管理体制与运行机制构建研究 [J]．东南学术，2006 (4)：161—168.

[127] 孙民治．焦卫宾．我国篮球运动训练指导思想与技术特点、战术风格的研究 [J]．广州体育学院学报，2005 (5)：1—7.

[128] 邓飞．中国篮球运动发展指导思想辨析 [J]．体育文化导刊，2003 (3)：18—19.

[129] 王家宏，李燕领．中国竞技篮球运动风格发展的反思与把握 [J]．上海体育学院学报，2009 (6)：83—86.

[130] 李鸿亮，韩学民．我国篮球技战术风格的发展 [J]．体育文化导刊，2009 (11)：48—51.

[131] 徐军海，王涛，任洁，等．中国国家级以上篮球裁判员队伍基本现状的调查研究 [J]．北京体育大学学报，2004 (3)：422—424.

[132] 商勇，刘翠萍．我国优秀篮球裁判员成才的促进因素分析 [J]．山东体育学院学报，2006 (4)：92—94.

[133] 刘玉林，白喜林．从篮球后备力量看我国的篮球运动水平 [J]．中国体育科技，1998 (8)：30—34.

[134] 阎军．我国篮球后备人才培养体制改革研究 [J]．山东体育学院学报，2009 (2)：37—39.

[135] 池建．论竞技体育与高等教育的结合 [J]．北京体育大学学报，2003 (2)：149—150.

[136] 侯德红，唐建倦．中国竞技篮球后备人才培养模式研究 [J]．首都体育学院学报，2009 (3)：375—377.

[137] 张林，徐昌豹．现代职业体育俱乐部的本质与特征 [J]．上海体育学院学报，2001 (3)：1—6.

[138] 孙民治，杨伯镛．关于我国篮球文化的一些思考 [J]．上海体育学院学报，2006 (2)：30—34.

[139] 李忠杰．提高规划制定的科学化水平 [J]．人民论坛，2006 (3)：1.

[140] 吉文丽．完善企业财务管理 [J]．中国乡镇企业会计，2007 (9)：41—43.

[141] 黄莉．中华体育精神的文化内涵与思想来源 [J]．中国体育科技，2007 (5)：3—15.

[142] 刘淑萍．全球化与社会主义核心价值观的确立［J］．江苏行政学院学报，2009（5）：11－15.

[143] 杨鲁慧，傅静．市场法治化：一个制度化建设的视角［J］．理论探讨，2006（2）：26－28.

[144] 文红为，俞继英．论运动员为国争光与自我价值的实现［J］．体育文化导刊，2006（6）：3－5.

[145] 张家喜．我国体育立法研究状况述评［J］．成都体育学院学报，2006（2）：1－4.

[146] 白景坤．制度、体制和机制的关系辨析［J］．管理观察，2008（10）：23－24.

[147] 杨桦，孙淑惠，舒为平，等．坚持和进一步完善我国竞技体育举国体制的研究［J］．北京体育大学学报，2004（5）：577－582.

[148] 毛振民，查萍．对我国竞技体育“举国体制”的理性思考——激情后的冷静，辉煌下的问题：北京奥运会后的思考［J］．北京体育大学学报，2008（12）：1701－1703.

[149] 钟前涓，赵承磊．市场经济条件下完善举国体制的思考［J］．南京体育学院学报，2004（4）：16－18.

[150] 王欣，靖继鹏．信息产业演化的动力机制研究［J］．情报科学，2009（12）：1885－1890.

[151] 高静美，郭劲光．高层管理团队（TMT）的人口特征学方法与社会认知方法的比较研究［J］．国外社会科学，2006（6）：39－46.

[152] 芦慧，柯江林．高层管理团队理论研究综述［J］．科技进步与对策，2010（1）：155－159.

[153] 王庆伟．论西方发达国家职业体育联盟形成的经济学依据［J］．西安体育学院学报，2005（5）：9－14.

[154] 池建．论竞技体育与高等教育的结合［J］．北京体育大学学报，2003（2）：149－150.

[155] 徐成立．科技时代现代奥林匹克运动的发展困境与超越［D］．福州：福建师范大学，2009.

[156] 许永刚．中国竞技体育制度创新中政府与垄断问题研究［D］．苏州：苏州大学，2004.

[157] 李明哲．现代竞技篮球运动优势转移规律的初步研究［D］．开封：河南大学，2006.

[158] 宫士君．竞技篮球制胜系统的研究——兼论中国男女篮制胜要素状况［D］．北京：北京体育大学，2006.

[159] 白喜林．中国竞技篮球发展战略研究［D］．北京：北京体育大学，2003.

[160] 李征．中国民族传统文化对我国当代竞技篮球发展影响的研究［D］．苏州：苏州大学，2008.

[161] 宋君毅．现代竞技篮球防守技术、战术理论与应用研究［D］．苏州：苏州大学，2007.

[162] 张丹．我国竞技篮球后备人才培养体系的研究［D］．武汉：武汉体育学院，2008.

[163] 冯海涛．我国竞技篮球运动人力资源配置研究［D］．石家庄：河北师范大学，2006.

[164] 杜丛新．对职业篮球产权制度的研究［D］．北京：北京体育大学，2002.

[165] 毕仲春．我国职业篮球市场组织与行为法律规范的研究［D］．北京：北京体育大学，2006.

[166] 方明．关于中国职业篮球法规体系构建的研究［D］．北京：北京体育大学，2001.

[167] 陈钧．中国篮球职业化可持续发展战略研究［D］．北京：北京体育大学，2001.

[168] 唐建倦．中国竞技篮球后备人才培养运行机制研究［D］．北京：北京体育大学，2007.

[169] 张自明．对 CBA 联赛市场开发现状及发展对策研究［D］．北京：首都体育学院，2005.

[170] 戴永冠．2008 年奥运会后中国竞技体育举国体制研究［D］．上海：上海体育学院，2009.

[171] 杨铁黎．关于职业篮球市场的基本理论和我国职业篮球市场的现状及对策研究［D］．北京：北京体育大学，2001.

[172] 袁守龙．我国竞技体育赛事组合系统结构的优化与应用［D］．北京：北京体育大学，2004.

[173] 刘卫东．竞技篮球运动制胜规律的研究［D］．苏州：苏州大学，2008.

[174] 梁红娟．东方卫视的媒介影响力研究［D］．大连：大连理工大学，2006.

[175] 黄莉．中华体育精神研究［D］．北京：北京体育大学，2006.

[176] 胡翔．论依法治国与中国共产党执政方式的转变［D］．长沙：湖南师范大学，2004.

[177] 刘敏军．中国共产党执政决策机制改革研究［D］．长沙：湖南师范大学，2008.

[178] 杜尚泽，陈效卫．习近平接受俄罗斯电视台专访［N］．人民日报，2014－02－09.

[179] 王洋．CBA 全明星赛何时褪去山寨外衣，大牌留洋星光暗淡［N］．北京日报，2010－3－22.

[180] 李富荣．谈如何成为一名教练员［N］．中国体育报，2002－12－4.

[181] 刘鹏．充分发挥体育产业服务经济社会发展的作用［N］．中国体育报，2010－3－31.

[182] 江泽民．爱国主义和我国知识分子的使命［N］．人民日报，1990－05－04.

[183] 彭勃．高度重视训练管理机制的创新发展［N］．解放军报，2009－9－17.

[184] Kretchmar R S. Practical philosophy of Sport and Physical Activity［M］. Chigaco：Human Kinetics，2005.

[185] Dunning E，Malcolm D. Sport：Critical Concepts in Sociology［M］. USA：Taylor & Francis，2003.

[186] Mullin B J，Hardy S，Sutton W A，etal. Sport Marketing［M］. Chigaco：Human Kinetics，2007.

[187] Parks J B，Quarterman J，Thibault L. Contemporary Sport Management［M］. Chigaco：Human Kinetics，2007.

[188] Milne G R，Mark A，McDonald. Sport Marketing：Managing the Exchange Process［M］. USA：Jones & Bartlett Publishers，1999.

[189] Kern W S，W E. The Economics of Sports［M］. Michigan：W. E. Upjohn Institute，2000.

[190] Hanlon T W. The Sports Rules Book：Essential Rules for 47 Sports［M］. Chigaco：Human Kinetics，2004.

[191] Mandelbaum M. The Meaning of Sports：Why Americans Watch Baseball，Football，and Basketball and what They See when They Do［M］. Washington. D. C.：Public Affairs Press，2005.

［192］ Noll R G，Zimbalist A. Sports，Jobs，and Taxes：The Economic Impact of Sports Teams and Stadiums ［M］. Washington，D. C.：Brookings Institution Press，1997.

［193］ Barros C P，Mo M I，Szymanski S. Transatlantic Sport：The Comparative Economics of North American and European Sports ［M］. Cheltenham：Edward Elgar Publishing，2002.

［194］ Stimpson P，Taylor R. Basketball the Skills of the Game ［M］. Ramsbury：The Crowood Press，1985.

［195］ Atkins K. Basketball Defense & Plays ［M］. Chigaco：Human Kinetics，2003.

［196］ Wissel H. Basketball Steps to Success ［M］. Chigaco：Human Kinetics，2004.

［197］ Bach G. Coaching Basketball for Dummies ［M］. State of New Jersey：Wiley Publishing INC，2007.

［198］ Lane J. Under the Boards the Culture in Basketball ［M］. Seate of California：University of Nebrasky Press，2007.

［199］ Hatchell S. The complete Guide to Coaching Girls Basketball ［M］. New York：The McGraw－Hill Companies，2006.

［200］ LEE J H. Evaluating Management Efficiency of Korean Professional Teams Using Data Envelopment Analysisi（DEA）［J］. International Journal of Applied Sports Sciences，2009（2）：93－112.

后 记

本书是在笔者的博士论文《我国男子竞技篮球职业化发展的困境与路径研究》的基础上进行修改、补充、完善而成。在本书写作过程中，笔者得到了导师孙民治教授的悉心指导。在此，向导师表示衷心的感谢。

需要郑重说明的是，伴随着国家发展和社会进步，尤其是党的十八大以来，在以习近平同志为核心的党中央坚强领导下，中国体育发展环境发生了巨大变化，“体育产业”“全民健身”“体育强国”等国家战略相继出台，标志着中国体育进入了新时代。在中国体育转型发展的春天里，CBA 联赛发展环境日益优化，发展愿景令人向往。加之姚明当选篮协主席以来，创新举措和改革步伐不断发力，CBA 联赛呈现出良好的发展态势。

但是由于时间和能力所限，一些新鲜素材和联赛数据未能在本书中得到及时更新替换，在此表示诚挚歉意。

本书得到了“中南民族大学学术团队资助项目（XTS15020）”的资助，同时也得到了“中南民族大学中央高校基本科研业务费专项资金资助（CSY18042）”的支持。作者谨对上述机构及其相关评审人员表示诚挚谢意。尤其要对中南民族大学学术团队、少数民族传统体育文化传承与发展研究中心负责人、体育学院院长黄银华教授的鼎力支持表示衷心感谢。同时要感谢中南民族大学体育学院领导班子和全体同仁的关心和帮助。

最后，本书的出版得到了北京工业大学出版社的大力支持，作者由衷地表示感谢。